彝族苗族语言生态研究

——以云南省楚雄彝族自治州禄丰市为例

张春艳 著

冯广艺 审订

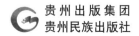

贵州出版集团
贵州民族出版社

图书在版编目（CIP）数据

彝族苗族语言生态研究：以云南省楚雄彝族自治州
禄丰市为例 / 张春艳著. -- 贵阳：贵州民族出版社，
2024. 9. -- ISBN 978-7-5412-2928-2

Ⅰ. H217; H216

中国国家版本馆CIP数据核字第20242S5P24号

彝族苗族语言生态研究：以云南省楚雄彝族自治州禄丰市为例
YIZU MIAOZU YUYAN SHENGTAI YANJIU: YI YUNNANSHENG CHUXIONG YIZU ZIZHIZHOU LUFENGSHI WEI LI

张春艳　著

出版发行：贵州民族出版社
地　　址：贵州省贵阳市观山湖区会展东路贵州出版集团大楼
印　　刷：贵阳精彩数字印刷有限公司
版　　次：2024年9月第1版
印　　次：2024年9月第1次印刷
开　　本：787 mm×1092 mm　1/16
印　　张：16.75
字　　数：250千字
书　　号：ISBN 978-7-5412-2928-2
定　　价：68.00元

前　言

　　一直以来，我国西南地区少数民族族群较为复杂，且是中华人民共和国民族识别以来世居民族种类最多的地区。彝族在西南地区主要分布在云南、四川、贵州三省及广西西北部，历史文化悠久。云南彝族居住地较为分散，各个县都有分布。彝族居住地分散等特点使其与众多少数民族形成大杂居、小聚居的分布特征。云南与四川交界处的广大地区，尤其是西北边境金沙江畔绵亘数千米的山山水水之间，都散布着少数民族村寨，其中彝族、苗族分布最广。以本次调研地的云南省楚雄彝族自治州禄丰市仁兴镇为例，由于仁兴镇东部与昆明市富民县接壤，北部与武定县（狮子山）为邻，此地的彝族和苗族与武定县、富民县和禄劝彝族苗族自治县等地的彝族和苗族在分布上呈现连为一体的状态，构成了彝族、苗族聚居的现象。

　　彝族和苗族均是云南少数民族中人口较多的民族。云南省统计局公布的云南省第七次全国人口普查主要数据公报结果显示，云南省总人口4 720.9万人，少数民族人口1 563.6万人，占总人口的33.12%。在全省少数民族中，人口在百万以上的少数民族有6个，分别是彝族、哈尼族、白族、傣族、苗族、壮族，占云南少数民族总人口76.94%。其中彝族人口最多，占少数民族人口32.43%，哈尼族占10.44%，白族占10.26%，傣族占8.05%，苗族占8.02%，壮族占7.74%。

　　苗族居住地较为分散，全省各地几乎都有分布。滇东南文山、红河两个自治州的苗族居住人口相对集中，研究成果较多。滇东北、滇中地区有乌蒙山、五莲峰两条呈南北走向的山脉，分布于滇东北的苗族村寨就点缀在这两条山脉的半坡和山巅之中。在滇中，由于四川西部的几座大山南延跨过金沙江，构成了昆明和楚雄以北几列南北走向的山。这些山川和河流两旁的群山之间均散布着大大小小的苗族村落，进而把滇东北和滇中地区的苗族联为一体。作为本次调查地的仁兴镇，与富民县、武定县接壤的这一带群山之间，分布着零零星星的彝族和苗族聚居村落，构成了典型的彝族、苗族聚居区。彝族和苗族均是云南省少数民族人口较多的民族，以调查地为代表的彝族、苗族分布状态在整个云南省较为突出和典型。民族分布情况决定了语言的分布情况和生存现状。云南彝族、苗族聚居区的语言生态状况如何，民族语是否面临着濒危和消亡的风险，少数民族的语言文字使用现状、语言文化存在形式、语言观、民族认同和语言认同如何等问题都需要通过田野调查结果的分析来加以立体呈现。仁兴镇作为楚雄彝族自治州禄丰市历史文化源远流长、具有浓郁的民族民间文化特色小镇之一，历史遗存丰厚，自然风光旖旎，人与自然和谐发展，其语言与文化方面的研究理应受到研究者们的重视。

　　西南地区彝族和苗族的聚居与融合是我国少数民族语言和文化接触的典型。云南省楚雄彝族自治州禄丰市、武定县和昆明市禄劝彝族苗族自治县的彝族、苗族聚居优势和语言接触特色十分明显，这样一种民族聚居的分布模式和生态特征在云南省、西南地区乃至全国的彝族、苗族聚居区内都具有一定的代表性。目前，彝族、苗族的语言使用和良性发展评估是当前少数民族语言研究、川滇交界彝族、苗族聚居区语言文化研究、西南彝族、苗族聚居区语言生态研究及和谐语言生活可持续发展研究的重点。本书通过文献梳理发现，单独把彝族、苗族大量聚居区域内的聚居村落作为语言学研究对象来研究语言生态问题的相关研究较为罕见。因此，本书将选点和研究范围细化，通过对地处西南地区的云南省楚雄彝族自治州禄丰市仁兴镇的彝族、苗族以及彝语转用汉语村落的语言使用、语言观、语言认同、民族认同、民间语言艺术等情况进行系统分析，旨在呈现彝族、苗族聚居区的语言生态特征，探寻如何正确认识语言生态学视域下的西南地区彝族、苗族聚居区的少数民族语言和谐、保护、传承及可持续发展等问题。

较为可贵的是，在保持民族语言文化多样性和保护非物质文化遗产的高潮推动下，此次采集到的民族地区的彝族密岔支系和苗族大花苗支系的个人访谈，包括中华人民共和国成立后彝族聚居村第一批乡政府公务员代表、第一批民族地区乡村小学校长或教师代表、第一批彝族聚居村婚丧嫁娶主持人（毕摩）代表、研究成果颇丰的民族文化振兴和研究工作者、有学识的古稀老人等配合我们完成了调研和访谈。除此之外，其他较为稀缺的资料在本书中也得以首次面世，如彝语失语者民间自传、云南高寒山区农村现行彝族婚礼主持词、苗剧剧本、苗族谜语、谚语、歇后语、祭祀词理、招财词理等。本次收集到的第一手少数民族语言文字调查资料，研究价值巨大。例如，彝族民间自传属个人文字记录，此类以汉语方言及口语体娓娓道来的语言形式可算作口述历史档案的升级版。民间个人手写自传与市面上传统的自传完全不一样，体例和语言表达也许不太规范，但更加真实和原始，是十分少见的少数民族自述历史记忆。

本书是笔者于华中师范大学语言研究所攻读博士学位的研究成果之一，主要内容由笔者在导师冯广艺教授的指导下撰写完成，后由冯广艺教授统稿并审订。

由于笔者水平有限、视野尚存局限，书中论述难免挂一漏万，不当之处恳请广大读者批评指正。笔者在此一并表示感谢！

目　录

绪　论

第一节　调查设计

一、研究意义

（一）云南彝族密岔支系和云南苗族大花苗支系的语言使用现状
研究价值和意义

楚雄彝族自治州是典型的彝族、苗族聚居区和彝语、苗语使用区，
语言情况比较复杂。截至2022年末，楚雄彝族自治州总人口2 652 544人，
少数民族人口981 306人，占总人口的36.99%，其中彝族人口787 912人，
占总人口的29.70%，占少数民族人口的80.29%。万人以上少数民族有彝
族787 912人、傈僳族60 235人、苗族50 815人、傣族24 449人、回族21 918
人、白族19 237人。中国彝族有三个较大的聚居区，这三个聚居区也是较
大的彝语使用区，即四川省凉山彝族自治州、云南省楚雄彝族自治州和
云南省红河哈尼族彝族自治州。四川省凉山彝族自治州的北部方言、云
南省楚雄彝族自治州的东部方言和中部方言，以及云南省红河哈尼族彝
族自治州的南部方言大部分和东南部方言的大部分，是使用较为广泛的
方言。除这三个自治州外，有些彝族比较聚居的自治县，如云南省的路
南（今石林）、新平、景东、禄劝、宁蒗、巍山、南涧、峨山，四川省
的马边、峨边和贵州省的威宁等。还有彝族人口多且居住相对集中而又
不是自治县的，如云南省的丘北、砚山、云县、凤庆和贵州省的水城、
赫章等，大多数彝族都会说彝语，他们在日常生活中也多用彝语。①随着

---

① 王成有：《彝语方言比较研究》，四川民族出版社2003年版，第2~3页。

时间的推移，各地区语言使用情况已经发生了变化。以云南省楚雄彝族自治州为例，这些居住在边远山区的少数民族语言使用现状如何，母语能力和使用范围减弱和缩小的程度如何，民族语言内部环境和外部环境的变化状况、语言态度、族群认同和语言认同等问题是语言生态研究首先应关注的问题。

我国幅员辽阔，民族众多，语言复杂，自古至今是一个多民族、多语言的国家。早在秦汉时期，古人就对少数民族语言有所记录。半封建半殖民地时期，我国各少数民族政治上处在不被承认、受歧视，经济上、文化上非常落后，生活上极端贫困的状态。中华人民共和国成立前的少数民族语言调查和研究基本上处于无序状态，仅有很少的学者从个人兴趣出发，对少数民族语言开展实地调查研究。20世纪50年代，在彝族语言调查方面，袁家骅、马学良等对云南彝语进行调查，分别发表了《阿细民歌及其语言》《撒尼彝语研究》；高华年对彝语、哈尼语进行调查研究，发表了《黑彝语法》《扬武哈尼语初探》等；傅懋勣对云南、四川的彝语、纳西语、白语进行调查，发表了《蒙自附近一种傈僳语研究》《维西么些语研究》《彝语描写语法》等。许多少数民族研究专家开拓了少数民族语言研究领域，起到了拓荒和奠基的作用。[①]王均在总结过去历史阶段的情况时有这样一段话："在旧社会，少数民族语文总的来说是受歧视的，除少数几种外，一般被禁止使用。民族语文研究方面，一是对于少数民族语言有研究的专家少；二是大多数民族语言从来没有人研究过；三是大多数民族历史上没有文字，少数有文字的民族，尽管文献资料有多有少，但从文献的时代来看，连续的，特别是早期的、能用作语言历史研究的资料，是不够多的，而且也很少有人进行研究。"[②]

彝语方言的划分，早在1956年前，研究学者就在我国西南地区通

---

① 孙宏开、胡增益、黄行：《中国的语言》，商务印书馆2007年版，第16页。

② 王均：《中国少数民族语言研究情况》//《民族语文》编辑部：《民族语文研究文集》，青海民族出版社1982年版，第3页。

过150个县（市）调查分析、比较研究，并参考了彝族的历史来源、支系分布、自称和他称、语言、服饰以及风俗习惯等差异情况，把彝语分为六大方言，即东部方言、西部方言、南部方言、北部方言、东南部方言和中部方言。东部方言分滇黔、盘县（今盘州市）、滇东北三个次方言，北部方言分北部、南部两个次方言，其他四个方言都不分次方言。[①]东部方言的彝族自称ŋi⁵⁵su³³pʰu⁵⁵、nɯ⁵⁵su³³pʰu⁵⁵、ne⁵⁵su³³pʰʊ⁵⁵（nʌ³³su³³pʰu⁵⁵、no⁵⁵sʊ³³pʰʊ⁵⁵）、kʊ³³pʊ⁵⁵、ʌ³³lʊ³³pʰu⁵⁵等，他称"黑彝"等，分布于贵州省的毕节、大方、赫章、威宁、水城、黔西、织金、纳雍、金沙、安顺、清镇、兴仁、普安和云南省的楚雄、昭通、曲靖、镇雄、永善、鲁甸、彝良、会泽、巧家、威信、泸西、师宗、寻甸、嵩明、富源、罗平、禄劝、武定、元谋、禄丰、安宁、永仁、昆明市郊区的一部分，以及四川省的会理等部分地区，约100万人，其中较大的聚居区在云南的禄劝、武定和贵州的大方、威宁、水城等县（市）。滇东北次方言的彝族自称nʌ³³su³³pʰu⁵⁵、ʌ³³ʊ³³pʰʊ⁵⁵、kʊ³pʰu⁵⁵，他们主要分布在云南省楚雄彝族自治州的禄劝（今属昆明市）、武定、元谋、安宁（今属昆明市）、禄丰、永仁，曲靖市的师宗、寻甸、罗平、富源、嵩明（今属昆明市），红河哈尼族彝族自治州的蒙自、弥勒、泸西，昭通市的会泽（今属曲靖市），昆明市郊区也有少部分，四川省会理的部分地区也有居住。[②]本次语言生态调查的区域隶属于禄丰市仁兴镇。仁兴镇马鞍村委会马鞍桥村小组（后文简称马鞍桥村）的彝族，他们自称为mi⁵⁵tɕi³³、mi⁵⁵tɕi³³pʰo³¹。在语言方面，马鞍桥村的彝族始终认为自己的彝语与周边所有彝族所操语言不一样。访谈中，多数受访者表明"只有我们村讲这种话"，这体现了密岔支系极强的语言认同及族群认同的特殊性。

根据第七次全国人口普查的数据，苗族在我国主要分布在贵州、湖南、云南、重庆、广西、湖北、四川等省、自治区、直辖市。云南

---

① 王成有：《彝语方言比较研究》，四川民族出版社2003年版，第2页。

② 王成有：《彝语方言比较研究》，四川民族出版社2003年版，第21~22页。

楚雄的苗族，大部分居住在山区，中华人民共和国成立后一部分迁到平坝地区。从分布上来看，楚雄彝族自治州的苗族主要分布在武定、禄丰、元谋、牟定、大姚、楚雄等县（市）。大分散、小聚居是苗族分布的特点，一般由几家、几十家形成一个村寨，大都居住在海拔2 000米以上的高山，只有少数居住在平坝地区。据流传在楚雄、武定、大姚苗族地区的传说和一些文字记载，楚雄的苗族是由贵州迁入的。本次调研地大箐村小组（后文简称大箐村）隶属于楚雄彝族自治州禄丰市仁兴镇大箐村委会，而大箐村委会是楚雄彝族自治州一个苗族聚居村委会，位于禄丰、武定、富民三县（市）交界处，苗语保持完好，地理位置优越。

禄丰市仁兴镇作为调查地，其范围内的彝族、苗族聚居特色鲜明，语言文化保持良好，是研究彝族、苗族语言生态的重要区域。因此，该研究从云南少数民族中的苗族"大花苗"支系、彝族"密岔支系"及彝语转用汉语村落的语言使用情况出发，多维度探讨彝族、苗族、汉族大杂居及彝族、苗族小聚居的少数民族语言生态，意义十分重大。

（二）彝族、苗族聚居区的语言生态研究的重要性和必要性

我国少数民族众多，民族语言使用情况十分复杂。地处我国西南边陲的云南，是全国世居少数民族最多的省份，有25个世居少数民族。其中15个是特有民族，分别是白族、哈尼族、傣族、傈僳族、拉祜族、佤族、纳西族、景颇族、布朗族、普米族、阿昌族、怒族、基诺族、德昂族和独龙族。据统计，云南少数民族占云南省总人口的33.12%，云南省少数民族人口占三分之一以上的有63个县（市），其中比重超过50%的有45个县（市）。云南各少数民族和汉族在人口分布上呈现出大杂居、小聚居的特点。在云南所有民族当中，汉族、彝族、回族、苗族四个民族分布较广，几乎每个县（市）都有。云南民族分布的又一重要特征是依地势、海拔呈立体分布，俗话说，"苗族住山头，彝族住坡头，瑶族住箐头，壮族住水头，汉族住街头"是

云南省民族分布的生动写照，同时也体现出楚雄彝族自治州苗族、彝族、汉族分布的特点。

　　本书的研究对象是云南省楚雄彝族自治州禄丰市仁兴镇境内的彝族和苗族。楚雄彝族自治州辖8县2市103个乡镇，全州有4个民族乡，31个民族聚居乡镇，664个民族聚居村委会，6 889个民族聚居自然村。楚雄彝族自治州民族语言资源丰富，语种多样，语言关系复杂，各语言和谐共生已有较长的历史，是研究语言生态和语言和谐的好对象。结合云南省省情和楚雄彝族自治州少数民族分布特点，我们进一步细化了研究对象和研究范围，最终把楚雄彝族自治州禄丰市与武定县接壤地带的彝族和苗族聚居区作为此项研究的主要调查点，选定仁兴镇境内的彝族聚居村落马鞍桥村、苗族聚居村落大箐村作为主要的调查点。之所以选择这个区域内的某一调查点，是因为楚雄彝族自治州本身的区位特征、民族特色优势及丰富的少数民族语言资源。2022年末，楚雄彝族自治州常住人口237.2万人，按公安户籍人口统计，2022年末全州总人口2 652 544人。其中，乡村人口1 441 560人，城镇人口1 210 984人。在总户籍人口中，少数民族人口981 306人，占总人口的36.99%，彝族、傈僳族、苗族排名前三。彝族、苗族在云南省内和楚雄彝族自治州内的人口数量分布和比例都占有绝对的优势。其中，禄丰市和武定县接壤地带是整个云南省乃至西南地区彝族、苗族聚居的区域，研究该地区的语言生态问题具有一定的必要性和实用价值。

　　楚雄彝族自治州的彝族、苗族分布优势及其自身民族特色和国家发展战略区位表明，研究彝族、苗族的语言生态及语言和谐对社会、地方乃至国家生态文明建设及发展都具有一定的实用价值。云南省86%的苗族人口集中分布于滇东南、滇东北的山区和半山区，其余分散于省内各区域。从目前官方公布的数据来看，楚雄彝族自治州境内的苗族主要分布在禄丰市和武定县的山区和半山区地带，居住相对集中。禄丰市和武定县彝族、苗族聚居优势和特色明显，这样一种民族聚居生态在楚雄彝族自治州、云南省、西南地区乃至全国的彝族、苗族聚居区中都具有一定的代表性。但单独把彝族、苗族大量聚居的点挑选出来作为语言学研究对象研究语言生态并揭示其真正的语言生活景象的相关研究还比较少见。

随着我国现代化进程的加快，少数民族的语言使用特点也处于不断变化之中。没有科学的、微观的、符合客观实际的语言使用国情调查，就难以对语言的使用情况有一个宏观的、整体的估量和把握，也就不可能构建语言和谐。[①]新常态下，思考如何研究我国少数民族语言生态，探讨少数民族语言生态现状及其发展演变，构建良好的少数民族语言生态系统，创建中华民族和谐共存的语言生态环境，是语言工作者神圣的使命。[②]研究少数民族语言生态问题，就是用语言生态学的理论和方法探讨少数民族语言生态系统，探讨少数民族语言生态与社会生态环境的关系，研究语言接触所引起的语言生态的各种变化。语言生态学，是一门新兴的实用性强、富有活力的学科，它对研究少数民族语言生态问题具有很强的解释力，无疑提升了语言学科的整体研究活力。除此之外，研究少数民族语言生态，处理好四个关系，即共时描写与历时比较的关系、单一语言研究与不同语言比较研究的关系、语言本体研究与非本体研究的关系、借鉴与创新的关系，对我们正确地认识少数民族语言生态研究的理论并付诸实践，具有很强的指导意义。[③]因此，该研究拟从彝族、苗族聚居区的语言使用情况、族群认同和语言认同、双语教育现状、四个家庭语言使用个案、民间语言艺术入手，探讨以楚雄彝族自治州为代表的西南地区彝族、苗族聚居区的语言生态，从而有效构建彝族、苗族聚居区的语言生态

---

① 戴庆厦：《构建我国多民族语言和谐的几个理论问题》，载《中央民族大学学报（哲学社会科学版）》2008年第2期。

② 冯广艺：《语言生态研究》，光明日报出版社2020年版，第218页。

③ 戴庆厦：《正确处理民族语言研究中的四个关系》，载《河北师范大学学报（哲学社会科学版）》2006年第2期。

及和谐语言生活。

二、国内外研究现状

语言生态研究由于研究内容和侧重点的不同和偏向，研究者所使用的术语也不尽相同，有学者使用"语言的生态"或"语言的生态学"，也有学者使用"生态的语言学"或"生态语言学"。从目前国内研究的情况来看，"生态语言学"用得比较普遍，"语言生态学"次之。

语言生态学在国内外的发展历程和研究途径各有不同。总的来说，语言生态学研究在国外发展较早、历史较长。在众多的研究者中，豪根和韩礼德的相关研究在学界得到了普遍的接受和认可，有学者依据其研究内容、途径、方法等不同解释把两人的研究总结认定为豪根模式和韩礼德模式。在我国，利用豪根模式展开对语言与语言社区关系的研究主要包括语言政策、语言规划、语言保护和语言活力等问题；而借助韩礼德模式展开的语言对生态环境的影响的研究则包括对语言中施事、指示语、委婉语、名物化结构等问题的讨论。近年来，国内学者从生态语言学的视角出发，利用豪根模式和韩礼德模式对语言相关问题展开的研究在一定程度上直接促进和推动了语言生态研究在国内和国际的发展。除此之外，国外学者斯提比、斯特芬森、考利、菲尔等在不同的理论指导下，从不同的研究角度出发，把语言生态研究推向了综合化和多样化。

语言生态学和生态语言学是不同的两个概念。从目前可查阅的期刊论文、专著、硕博论文等语言生态研究主题和研究内容来看，国内外各学者由于研究侧重点的不同等因素，对"语言生态（学）"和"生态语言（学）"存在不同的提法。目前，有不少语言学者把"生态语言学"和"语言生态学"作为等同术语或近似术语来看，常见的表述有"生态语言学，又称语言生态学""语言生态学或生态语言学""生态语言学，即语言生态学""语言生态学（生态语言学）"等。黄国文

（2016）①指出，"尽管生态语言学和语言生态学之间存在一些差异，但国内很多人都把它们等同起来，认为它们同指一个学科"，他在文中也指出了二者的差异。另一种观点认为"语言生态学"和"生态语言学"是截然不同的学术术语，是两个学科，代表人物是陈茜（2014）②等。目前，学者们对"语言生态学"和"生态语言学"指称问题尚存争议，但不可否认的事实是，"语言生态学"和"生态语言学"都是语言学与生态学结合发展的产物，也是多学科交融发展的结果，他们存在一定的共性也必然存在其差异性。因此，语言生态学和生态语言学是不同的两个概念，或者至少可以说它们不完全等同。

根据范俊军（2005）③的说法，"生态"首先是一个隐喻概念：语言生态就是语言与其所处的生态环境的关系，包括种族、社会、文化、地理、历史等因素，属于语言生态学的研究范畴；同时，"生态"也是一个非隐喻概念，生态语言就是有利于生态系统健康、和谐发展的语言，属于生态语言学的研究内容。我国学者冯广艺先生长期致力于少数民族语言生态研究，成果显著，观点权威。相关论文如《生态文明建设中的语言生态问题》（2008）④、《生态文明建设与语言生态构建互动论》（2009）⑤、《生态文明建设与语言生态变异论》（2009）⑥、《生态文明建设与语言生态构建本质论》（2011）⑦、

---

① 黄国文：《生态语言学的兴起与发展》，载《中国外语》2016年第1期。

② 陈茜：《语言生态学和生态语言学辨析》，载《湖北大学学报（哲学社会科学版）》2014年第4期。

③ 范俊军：《生态语言学研究述评》，载《外语教学与研究》2005年第2期。

④ 冯广艺：《生态文明建设中的语言生态问题》，载《贵州社会科学》2008年第4期。

⑤ 冯广艺、陈碧：《生态文明建设与语言生态构建互动论》，载《中国地质大学学报（社会科学版）》2009年第3期。

⑥ 冯广艺：《生态文明建设与语言生态变异论》，载《中南民族大学学报（人文社会科学版）》2009年第4期。

⑦ 冯广艺：《生态文明建设与语言生态构建本质论》，载《贵州社会科学》2011年第1期。

《语言生态学的性质、任务和研究方法》（2011）[①]、《语言生态与语言嫉妒》（2011）[②]、《论语言接触对语言生态的影响》（2012）[③]、《生态文明建设中的语言生态对策》（2012）[④]、《时代呼唤语言生态意识》（2012）[⑤]、《论语言生态与语言国策》（2013）[⑥]、《谈谈语言生态规划及其原则》（2013）[⑦]及《语言人与语言生态》（2013）[⑧]等，语言和谐及语言生态相关的重要论著如《语言和谐论》（2007）[⑨]、《语言生态学引论》（2013）[⑩]、《南方少数民族语言生态研究》（2016）[⑪]、《语言生态研究》（2020）[⑫]等是语言生态及语言和谐研究者必读书目。

在少数民族语言生活、少数民族语言使用现状及演变、少数民族语言和谐调查等研究方面，戴庆厦先生自2007年以来开展的语言国情系列课题研究极具代表性。目前，由商务印书馆出版的"语言使用

① 冯广艺：《语言生态学的性质、任务和研究方法》，载《毕节学院学报》2011年第1期。

② 冯广艺：《语言生态与语言嫉妒》，载《江汉大学学报（人文科学版）》2011年第4期。

③ 冯广艺：《论语言接触对语言生态的影响》，载《中南民族大学学报（人文社会科学版）》2012年第5期。

④ 冯广艺：《生态文明建设中的语言生态对策》，载《贵州社会科学》2012年第6期。

⑤ 冯广艺：《时代呼唤语言生态意识》，载《湖北师范学院学报（哲学社会科学版）》2012年第4期。

⑥ 冯广艺：《论语言生态与语言国策》，载《中南民族大学学报（人文社会科学版）》2013年第3期。

⑦ 冯广艺：《谈谈语言生态规划及其原则》，载《湖南师范大学社会科学学报》2013年第6期。

⑧ 冯广艺：《语言人与语言生态》，载《江汉学术》2013年第1期。

⑨ 冯广艺：《语言和谐论》，人民出版社2007年版。

⑩ 冯广艺：《语言生态学引论》，人民出版社2013年版。

⑪ 冯广艺、李庆福：《南方少数民族语言生态研究》，中国社会科学出版社2017年版。

⑫ 冯广艺：《语言生态研究》，光明日报出版社2020年版。

现状及其演变"个案专著就有18部。什么是语言和谐？语言和谐是指不同的语言（包括不同的方言）在一个社会里能够和谐共处、互补互利，既不相互排斥或歧视，也不发生冲突。不同的语言在使用中各就各位，协调有序，在和谐中各尽其职，共同发展。一个民族和谐、语言和谐的社会，必须存在尊重对方语言使用的社会风气和民间道德。①云南的彝语、苗语隶属于不同的语族，加之民族内外部的历史原因及居住条件限制等因素，目前彝语和苗语内部分支或种类繁多，彝族同一民族之间即便仅有一村或几村之隔都难以通话，这是一个语言事实。因此，研究云南省彝族语言生态必须从微观层面、从族群或支系出发才更具研究结果的准确性和价值性。语言生态研究视角下的语言和谐研究，一方面是研究各语言和谐程度，另一方面也是研究如何实现语言与语言和谐共生的路径与方法。

2014年，戴庆厦在《语言和谐论集》②一书的"代序"部分指出，云南地区的语言和谐种类多，有汉语和少数民族语言的和谐、少数民族语言之间的和谐、汉语不同方言的和谐、国家通用语和汉语方言的和谐、少数民族语言内部不同支系语言的和谐、跨境语言的和谐、本国语和外语的和谐等，但对如此复杂的语言和谐问题缺乏研究。目前，语言和谐研究相关论文，如周庆生（2005）③《语言和谐思想刍议》、戴庆厦（2006）④《语言竞争与语言和谐》、冯广艺（2006）⑤《语言和谐论》、冯广艺（2007）⑥《再论语言和谐——从语言和谐

---

① 戴庆厦：《开展我国语言和谐研究的构想》，载《黔南民族师范学院学报》2013年第3期。

② 罗骥、余金枝：《语言和谐论集》，四川大学出版社2014年版。

③ 周庆生：《语言和谐思想刍议》，载《语言文字应用》2005年第3期。

④ 戴庆厦：《语言竞争与语言和谐》，载《语言教学与研究》2006第2期。

⑤ 冯广艺：《语言和谐论》，载《修辞学习》2006年第2期。

⑥ 冯广艺：《再论语言和谐——从语言和谐所面临的几个关系谈起》，载《海南师范学院学报（社会科学版）》2007年第1期。

所面临的几个关系谈起》、冯广艺（2007）[①]《关于语言和谐的研究》、冯广艺（2007）[②]《影响语言和谐的几个重要因素》、冯广艺（2007）[③]《论语音和谐的语用要求》、冯广艺（2007）[④]《论语法和谐的语用要求》、戴庆厦（2008）[⑤]《构建我国多民族语言和谐的几个理论问题》、蒋冰冰（2006）[⑥]《双语与语言和谐——来自上海市学生语言使用情况的调查》、陈国华（2006）[⑦]《和谐社会构建进程中的语言和谐支撑》、李宇明（2013）[⑧]《语言和谐生活　减缓语言冲突》、张先亮等（2010）[⑨]《生态观视野中的汉语言和谐》、王远新（2008）[⑩]《多语言、多方言社区和谐的语言生活——湖南省城步县长安营乡大寨村语言使用、语言态度调查》等论文的发表奠定了语言和谐研究的重要基础。总的来看，语言和谐的理论研究、个案研究成果逐渐丰富。语言和谐是良好语言生态的基础，也是语言生态研究的目标之一。从语言生态角度研究云南地区语言和谐问题仍然有较大的空间。

[①]　冯广艺：《关于语言和谐的研究》，载《江汉大学学报（人文科学版）》2007年第5期。

[②]　冯广艺：《影响语言和谐的几个重要因素》，载《湖北师范学院学报（哲学社会科学版）》2007年第3期。

[③]　冯广艺：《论语音和谐的语用要求》，载《平顶山学院学报》2007年第4期。

[④]　冯广艺：《论语法和谐的语用要求》，载《毕节学院学报》2007年第5期。

[⑤]　戴庆厦：《构建我国多民族语言和谐的几个理论问题》，载《中央民族大学学报（哲学社会科学版）》2008年第2期。

[⑥]　蒋冰冰：《双语与语言和谐——来自上海市学生语言使用情况的调查》，载《修辞学习》2006年第6期。

[⑦]　陈国华：《和谐社会构建进程中的语言和谐支撑》，载《河南师范大学学报（哲学社会科学版）》2006年第3期。

[⑧]　李宇明：《语言和谐生活　减缓语言冲突》，载《语言文字应用》2013年第1期。

[⑨]　张先亮、谢枝文：《生态观视野中的汉语言和谐》，载《语言文字应用》2010年第2期。

[⑩]　王远新：《多语言、多方言社区和谐的语言生活——湖南省城步县长安营乡大寨村语言使用、语言态度调查》，载《绍兴文理学院学报（哲学社会科学版）》2008年第4期。

三、研究目标、内容和拟解决的关键问题

云南省楚雄彝族自治州是云南省滇中要塞，是云南省乃至全国重要的少数民族聚居地之一，这里的语言资源丰富，语言变化多样，少数民族语言接触频繁，语言情况十分复杂。楚雄彝族自治州禄丰市与武定县接壤处的彝族、苗族聚居村落的少数民族语言生态田野调查结果展示及语言和谐生活状况探微是该项研究需要达成的基本目标。

研究内容主要涉及语言生态及语言生态中的语言和谐问题，即依托语言生态学理论调查和研究少数民族聚居区彝族、苗族的语言生态问题及语言和谐程度，揭示少数民族聚居地语言生态的现状及语言和谐程度，分析目前语言生态系统中影响语言生态的显性因素和隐性因素。语言生态研究涉及面广，与此同时也是一门与时俱进的学科，社会的进步、国家政策的导向、新兴事物的产生都会赋予语言生态新的含义和内容。但语言生态与语言和谐关系又十分密切，良好的语言生态是语言和谐的基本条件，或者说，构建良好的语言生态环境的目的是语言和谐。在我国，少数民族语言在当前的语言生态环境中，存在三个方面的语言关系的处理问题：处理好少数民族语言同汉语的关系、处理好少数民族语言同少数民族语言的关系、处理好少数民族语言自身内部的各种关系（冯广艺，2020）。为了使研究更具操作性，本书主要采用田野调查和个案研究法分别调查彝族、苗族聚居村落语言生态相关问题，如彝族、苗族的语言使用现状、关系及表现；彝族、苗族的语言认同、民族认同和语言观；彝族、苗族的语言、文字和文化特征；坐落于彝族、苗族聚居村落的小学双语教学情况；彝族、苗族民间语言艺术，包括比较有代表性的民间文学收集；当前少数民族语言生活中存在的问题及策略分析；语言生态研究与民族发展关系等。通过对以上问题的综合考察和分析，最终致力于探索当地语言保护的有效途径、方法和措施等，从而构建云南多民族地区语言生态与语言和谐研究框架。

本书拟解决的关键问题在于云南省楚雄彝族自治州的少数民族，尤其是调查地的彝族和苗族居住地非常偏僻，他们大都居住在海拔2 000米及以上的高山，许多地方由于交通不便，与外界的沟通极少。

四、拟采取的研究方法、实施方案和原则及实施手段和评判标准

（一）研究方法

语言生态研究的田野调查，除了语言本身，还涉及与语言有联系的方方面面，如社会、民族、历史、地理、文化、教育、宗教等。为此，必须明确语言生态调查的使用方法是多学科综合法，即以语言学为主，吸取民族学、生态学、社会学、人类学、文化学、统计学等有关的知识和方法。在调查中，除了对语言使用情况调查外，还要有选择地调查与语言有关的情况。如经济发展、文化习俗、学校教育、交通状况、民族地理分布、社会环境、婚姻、宗教信仰、风俗习惯、人口流动、传统文化等。本选题成败的关键是能否收集到真实的、充分的、有价值的第一手资料。根据本书的研究实际和需要，结合云南省楚雄彝族自治州彝语、苗语使用的实际情况，我们主要采取了以下五种研究方法及路线。

第一，文献法。本书调查的彝族和苗族，他们是云南的世居少数民族，都是迁徙而来的民族，民族自身的发展也具有漫长的历史，各民族内部语言生态已基本形成。要想了解根植于民族心理层面的某些认识，如语言认同及语言观等，就必须深入了解这些民族的发展史。由于苗语和彝语分属于两大不同的语族，只有通过阅读大量的相关文献，才能把握和分析语言内部活力和两种语言和谐的成因及发展趋势。

第二，田野调查法。想要全面获取少数民族的语言使用、语言观、语言保持、语言传承，乃至语言学习和语言教育等方面第一手资料，研究少数民族的语言生态，调查民族地区各语言是否和谐等，都

要求调查者必须走村进寨，深入到民族地区，开展严格意义上的田野调查才能算是真正意义上的语言生态研究。

第三，个案研究法。本次调研我们主要选取云南省内彝族、苗族聚居典型的、重点的村寨作为问卷调查的个案分析试点，以期对调查的问题、对象等作一个全面地微观描写，从个案调查中提取、归纳出规律和认识。除了在调查点发放问卷和访谈彝族和苗族村民，我们还到当地的小学、中学、村委会、乡政府、每周一次的集市上随机走访教师、学生、村干部、公务员、村民代表等。

第四，人物访谈法。访谈法主要通过调查人员与被调查者面对面的交流，在轻松愉快的氛围中获取被调查者的语言态度、语言能力、语言认同、语言使用等相关信息。选取有代表性的人物进行面对面的访谈，能够直接获得许多真实的信息。被访谈者进入被调查的角色后，会不知不觉地把自己的观点、看法呈现出来，我们能够从中提取更多有价值的信息。人物访谈所获取的一手资料是问卷调查等其他形式难以实现的。由于访谈者和被访谈者之间是采用汉语方言交流，为了更好地呈现调查地汉语方言的特点，我们原话转写，个别难理解的地方适当标注。

第五，思辨研究法。这里的思辨研究主要指，在写作过程中我们会立足于自身经验和体验，并结合调研数据等对所要调研的问题进行理性和客观的思考和分析。

通过运用上述几种科学的调查方法，结合冯广艺教授的全程指导，该研究定能顺利开展。在整个调研过程中，数据收集的有效性尤其是访谈等调研工作是否深入直接关系到研究结果的可信度，而笔者自身的彝族身份也能直接有助于真实语言资料的收集和获取。

（二）调查实施方案和原则

本书着力于第一线的田野调查，以第一线的调查资料作为形成数据、认识、理论阐释的依据。为此，我们深入楚雄彝族自治州禄丰市仁兴镇的彝族、苗族、转用汉语的彝族聚居的特色村寨，在实践中具体观察彝族和苗族如何在日常生活中使用语言。当地汉语方言在云南农村少数民族聚居区一直是一种强势语言，然而，它的强势表现在哪里？这些民族聚居区的民族语言保持和使用状况如何？新时代背景下的少数民族的民族认同、语言认同和语言观如何？民间语言文字相关的语料是否对语言生态研究有价值？这些问题仅靠表层的认知是难以解释的，需要我们具体地调查和研究。当我们走进马鞍桥村的彝族家中，看到彝族男女老少都在用彝语交谈，即便是在城市工作多年的彝族，回到村里仍然不由自主地使用彝语，彝族人不同场合使用彝语的频率和程度让我们初步领会了它的强势所在。在农贸市场、学校、政府机关、其他民族村落，我们看到，少数民族之间无论何时都会不约而同地熟练地使用彝语和苗语。少数民族的语言使用、语言观、语言认同、民族认同、语言与语言之间的关系、语言与环境之间的关系、语言的使用现状演变等有关语言生态方面的认识，当没有数据的支撑时，一直都还是存在于表面。那么，如何把这种感性知识上升为理性认识，如何从各种不同的现象和观点中提炼出代表本质特点的认识，是语言生态研究必须遵守的原则。否则，就容易为表面现象或先入为主的思维所遮掩，甚至形成错误的判断。例如，对母语的态度，有的人为了子女将来在学校能够更好地适应教师的汉语普通话教学和未来的升学，就会发表"母语无用论"的观点；而有些人虽主张重视母语，但又不能正确认识母语和国家通用语的关系。

语言生态研究必须基于问卷调查和访谈，结合少数民族多语使用现状、语言和民族发展历史、语言环境、语言文字应用和语言发展走向等，科学地认识母语和国家通用语等其他语言的辩证关系。必须坚持根据语言事实说话，事实是第一性的，由事实形成的观点是第二性的。语言生态调查必须防止用空乏的理论来代替生动活泼的语言事实。广泛积累语言事实是最辛苦的，但只根据少量的事实就发表议论是不妥当的。因此，调研过程中，我们始终要采取尽可能灵活的调研方法，获取有用的第一手资料。

（三）调查实施手段和评判标准

1.关于选点

选点，是语言国情调查的一个重要环节。点选得好不好、有无代表性，直接关系到所调查的材料能否科学地反映语言生活的实际。[①]语言生态调查的选点亦是如此。我们立足云南省彝族、苗族人口分布的现状、语言使用情况等，一共选取了3个村委会的3个自然村作为调查点。3个点的选择考虑到以下几个因素：彝族、苗族、汉族杂居及少数民族聚居程度、村寨地理位置、人口多少、村落发展情况、交通地理及调研的可执行度等。选点完成后，为了更丰富和全面地展现以仁兴镇为代表的彝族、苗族聚居村中以家庭为单位的语言使用现状，我们又分别从各调查点选取了较为典型的家庭语言使用情况作为案例进行了分析。

云南省楚雄彝族自治州禄丰市仁兴镇的马鞍村委会和大箐村委会，是彝族和苗族的聚居地，而革里村委会的绿竹园村小组（后文简称绿竹园村）则主要是彝语转用村落的典型。仁兴镇作为彝族、苗族聚居的主要乡镇之一，与周边各县，尤其与武定县彝族和苗族的语言使用特点方面有许多共通之处。根据这个特点，我们按照少数民族人口的集中度，最终选取了彝族密岔支系聚居村马鞍桥村、苗族大花苗聚居村大箐村、彝语转用村绿竹园村3个调查点。希望通过对这几个点的深度调查，系统掌握云南彝族、苗族的语言生态。除此之外，我们还通过个人访谈、集体座谈、现场观察、聚会等方式对各调查点的民族语使用情况进行全面了解，用于验证问卷调查所得结论的可靠性。

2.关于语言能力的划分

少数民族语言生态调查，首先是掌握调查对象的语言能力。语言能力的评判要有一个统一的、量化的标准，不能各有各的标准。所以，在调查之前，要制定好供大家共同遵守的语言能力评判标准。根

---

① 戴庆厦：《语言国情调查的几个问题》//中国民族语言学报编委会：《中国民族语言学报（第2辑）》，商务印书馆2019年版，第8~9页。

据禄丰市仁兴镇彝族和苗族的具体情况，我们将语言能力等级划分为五个等级。五个等级是流利、可以和别人沟通、沟通有点困难、听得懂不会说、完全不会。

（1）流利：听、说能力俱佳，日常生活中能够自如地运用目标语进行交流。

（2）可以和别人沟通：听、说能力均为一般或较差，或听的能力较强，说的能力较差，日常生活中能正常交流。

（3）沟通有点困难：听、说能力均较为低下，达不到理想的沟通效果。

（4）听得懂不会说：首先是能听得懂大意，但不能与同族沟通；其次，为了统计方便，部分听得懂但仅会说一些简单的常用语且已转用兼用语的少数民族也会统计在此等级内。

（5）完全不会：不具备任何听和说的能力，完全不会说一些常用语，已产生语言转用。

总之，怎样在较短时间内有效地掌握彝族、苗族不同年龄段的语言使用能力，调查中必须按照这个标准进行，以期较为系统和全面地掌握彝族、苗族的语言能力情况。

3.关于语言能力年龄段的划分

不同年龄段的语言能力存在差异。调查对象语言能力的判断需通过不同年龄段的统计来获得。不同的民族，由于文化教育、语言环境的不同，语言能力反映在年龄段上也会有所不同。依据彝族、苗族的特点，本书将年龄段划分为四个阶段：

（1）少年段：7~17岁；

（2）青年段：18~40岁；

（3）中年段：41~65岁；

（4）老年段：66岁及以上。

由于7岁以下儿童的语言能力不甚稳定，所以将统计对象的年龄划定在7岁及以上。上述划分标准参考的是中华医学会年龄段划分标准。

五、研究特色及调研预期进展

（一）本书的特色与创新之处

第一，本书首次对楚雄彝族自治州境内的彝族、苗族聚居区语言生态及语言和谐情况进行调查，为进一步掌握云南语言省情、西南地区语言国情提供翔实的材料。据了解，截至目前，本书的田野调查区域较少有语言研究者真正走进少数民族村寨、田间地头和家中进行较为系统和深入的语言调查工作。随着我们以少数民族语言生态调查为目的的小型科研团队的造访及短期驻村科研的真正开展，一定程度上会促使调查地的少数民族开始关注自身语言使用现实、树立正确的语言态度、了解语言保护和语言传承的重要性，研究结果也可以直接作用于当地政府在改革及发展过程中重视当地少数民族语言、汉语方言等语言资源并协同上一级政府做好语言保护相关工作。第二，课题将云南省境内的彝族和苗族的语言生态进行逐一调查并综合分析，有助于我们客观地认识彝族和苗族的语言生态及和谐语言生活产生的原因和机制。第三，本次田野调查获取了很多的第一手资料，尤其是彝族农村婚礼仪式各环节的毕摩主持词、彝族失语者手写自传、苗族婚俗中的"配茶"仪式、农村地区现行苗剧剧本、苗族民间文学如谜语、谚语、歇后语、祭祀词理、招财词理等都是难得的语言学研究一手资料，在同类研究中也极为少见。除此之外，彝族和苗族的各类非物质文化遗产代表性项目和遗址等的探索和发现都是少数民族语言生态研究的内容和范畴。上述众多彝族和苗族的语言和文化资料的获取和语言学分析都是语言生态研究的多维视角，也是本书的特色和亮点之一。

（二）调研预期进展和成果

本次调研大致分为四个阶段。

1.材料准备和大量文献阅读阶段

认真完成立题工作。在前期文献搜索和阅读的基础上进一步搜集国内外相关文献资料，制定调查词表和调查问卷，查缺补漏地完善自我知识储备，为完成田野调查做好相关的准备工作。

2.田野调查阶段

通过深入彝族、苗族聚居区，按计划进行调查。驻村调查拟分为三个阶段进行，第一阶段是进驻彝族村落，广泛积累大量的彝族语言生活相关的第一手原始资料；第二阶段是进驻苗族村落，广泛积累大量的苗族语言生活相关的第一手原始资料；第三阶段是进驻傈僳族村落、汉族村落、彝语转用村落，广泛积累大量的彝族、苗族与周边少数民族交往和融合的语言问题相关的一手资料。完成驻村数据收集之后，迅速着手对各类资料进行整理和分类，按照提纲着手初稿撰写工作，必要时根据第一手资料对专著提纲进行适当的调整。

3.完成初稿阶段

在调查过程中，我们边调查边整理材料并陆续写成初稿。写作过程中若出现调查不完善而导致的数据或结论等可能有所偏颇的情况，需要再次回归田野，对之前调查不完善的地方加以核实，进一步获取更为翔实的信息，以确保撰写能顺利进行。

4.统稿定稿阶段

统一体例；对注释、图标、标点符号等加以规范，补齐初稿撰写过程中可能遗漏的内容；自我反复修改后上交冯广艺教授审改；按照导师的反馈，认真修改、完善、润色稿件直至交付出版社。

第二节　仁兴镇概况

一、仁兴镇简介

仁兴镇位于云南省楚雄彝族自治州禄丰市东北部的罗次坝子，镇政府驻地大猪街，距县城禄丰市51千米，距州府楚雄市136千米，距省城昆明市100千米。东部与昆明市富民县接壤，北部与楚雄彝族自治州武定县为邻，南部和西部分别与县内的碧城镇与和平镇接壤。仁兴镇政府所在地规划面积1.78平方千米，建成区面积0.52平方千米。

第一，行政区划概况。仁兴镇辖西村、大箐、大猪街、果园、革里、马鞍、银沙、清水河、左所、彰保、白沙、古城12个村委会和居委会、148个村民小组。辖区内有昆明钢铁集团有限责任公司罗次分公司、云南省第二强制隔离戒毒所禄丰分所（大平坝农场）和云南省交通运输厅公路三处伤残职工基地3个省属单位。

第二，人口及民族概况。仁兴镇辖区内有8 881户，总人口为36 115人。全镇有苗族、彝族、傈僳族、白族、哈尼族、壮族、傣族、回族、拉祜族、佤族、普米族11个少数民族。其中，苗族、彝族和傈僳族是仁兴镇人口较多的少数民族。彝族主要分布在革里、马鞍和大猪街的部分村组；苗族主要分布在大箐、西村、大猪街、左所、清水河、彰保和马鞍的部分村组；傈僳族主要分布在马鞍村委会；其他少数民族主要集中在大平坝农场和罗次铁矿。

第三，自然概况。仁兴镇地势呈东北高、西南低。总面积为231平方千米。最高海拔为东部范家山的2 506米，最低海拔为彰保村工农兵大桥的1 760米，全镇平均海拔2 133米，镇政府所在地大猪街海拔1 810米。年平均日照2 246小时，年平均气温15.4℃，年降雨量770~1 125毫米，5月至10月份降雨量占年降雨量的89.6%，平均霜期40天。

第四，景点和遗址。景点有大跃进水库景区、葫芦河水库景区、大箐溶洞等。遗址有黑城遗址、白龙井瓷窑遗址、三家村瓷窑遗址。黑城遗址：黑城，即今仁兴镇古城村委会西北部的水城。水城周长967.5米，城内面积为37 310平方米，开有东、南、北三门，四周有护城河，河中常年有水，故称"水城"，城内有东、西、南、北四条街道，城墙四角上有箭楼，西城上有一较大的建筑。白龙井瓷窑遗址：在仁兴镇银沙村委会白龙井村西北两面。1986年9月在该地调查，发现有瓷窑址8座，分布在村西北两面斜坡上，遗址清晰可见，各窑址四周均有200~300平方米、厚2~4米的瓷片文化层分布。窑址年代上限可达元代，至今未挖掘。2003年被列为县级文物保护单位。三家村瓷窑遗址：在仁兴镇银沙村委会三家村，1986年9月调查发现，该村历史上有6座瓷窑专门烧制大件的缸、罐、盆等青釉瓷器。在各座瓷窑遗址四周均有200～300平方米的瓷片文化层分布。釉色有绿、黄、黑3种。三家村瓷窑遗址年代与白龙井瓷窑遗址相同，上限可达元代，至今未挖掘。2003年被列为县级文物保护单位。

第五，资源情况。仁兴镇有耕地面积约23平方千米。其中，水田约13平方千米，占56.52%；旱地约10平方千米，占43.48%。土壤多为红壤砂土，肥力条件较好。水利资源丰富，水利化程度较高，全镇水利化程度达89%。现有小（一）型水库3个、小（二）型水库18个，小坝塘42个，总蓄水量1 425.7万立方米。有自来水厂1个，日供水能力为6 000立方米。镇境内的矿产资源较为丰富，有铜、铁、钛、煤等。全镇有山林面积约135平方千米，森林覆盖率64%，活立木蓄积46.96万立方米。乡土树种有松、柏、樟、茶、楝等86种。

二、仁兴镇语言分布情况

仁兴镇共有12个村民委员会和社区居民委员会，分别是西村、大箐、大猪街、果园、革里、马鞍、银沙、清水河、左所、彰保、白沙、古城。

表1　仁兴镇民族居住情况

调查点	村委会/居委会	居住民族
仁兴镇	西村	苗族、汉族
	大箐	苗族
	大猪街	彝族、苗族、汉族
	果园	汉族
	革里	彝族、苗族、汉族

（续表）

调查点	村委会/居委会	居住民族
仁兴镇	马鞍	傈僳族、彝族、苗族、汉族
	银沙	汉族
	清水河	苗族、汉族
	左所	苗族、汉族
	彰保	苗族、汉族
	白沙	汉族
	古城	汉族

除了少数民族母语失语者，基本上都是苗族讲苗语、彝族讲彝语或傈僳语、傈僳族讲傈僳语或彝语、汉族讲汉语等的语言分布状况。值得注意的是，与大部分民族地区的民族一样，仁兴镇各少数民族均能兼用两种及以上的语言，是典型的多语人。

三、仁兴镇民族文化资源

（一）仁兴镇州级非物质文化遗产代表性项目名录

1.大箐苗族歌舞之乡

仁兴镇大箐苗族民间歌舞丰富多彩，独具苗族地方特色及风格，伴随着苗族人民的生产生活不断形成、发展，由民间老艺人一代传一代而传承下来。大箐苗族歌舞之乡的名称因大箐文艺队的苗族芦笙舞和金芦笙农民合唱团而出名。大箐文艺队的《芦笙舞》，把苗族同胞的喜、怒、哀、乐等情绪通过芦笙这一乐器表达得淋漓尽致。据说，苗族芦笙舞自宋代传入后，保留了苗族农民在迁徙过程中"探路步"自救的难忘场景，因此，歌舞以集体为主，男人吹芦笙探路在前，女人一边歌一边舞在后。主要舞蹈有《芦笙欢舞》《芦笙翻滚舞》《芦笙托水碗舞》《芦笙滚锅舞》。苗族的歌、舞、乐三位一体，密不可分。芦笙舞既适合广场演出和大规模的自娱自乐，又适应舞台演出。

曲调、舞蹈、音乐和谐统一，较好地反映出民族的特性，具有较强的艺术感染力和观赏性。目前，大箐以村寨为单位，均能形成20～30人为群体的文艺队。文艺队经常演出，曾上过中国中央电视台国防军事频道（CCTV-7国防军事）的《乡村大世界》栏目和中国中央电视台综艺频道（CCTV-3 综艺）的《春节大联欢》栏目。合唱团将苗族千百年来独特的声乐天赋与西方的四声部美声演唱方法有效地结合在一起，把世界名曲翻译成苗语演唱，从而形成了具有原生态民族性、宗教艺术性、激情时代性的演唱技艺，深受欢迎。2005年，大箐苗族歌舞之乡被列为州级非物质文化遗产代表性项目名录。

2.大箐苗剧

苗剧是云南少数民族的一种地方剧种。苗剧是苗族演员扮演苗族神话传说故事的各种角色，用形象的手法和生动的故事情节反映苗族社会生活的一种戏剧，是集苗族文学、音乐、舞蹈、美术等为一体的综合艺术，有较强的艺术感染力和观赏性。仁兴镇大箐苗剧是楚雄彝族自治州最早的苗剧。1958年，禄丰市文化馆专业老师在大箐村编排了苗家用神话故事编演的苗剧《山区烈火》《两朵红山茶》在全州文艺会演中获得了成功。2001年编排的苗剧《斗牛路上》获楚雄彝族自治州"马缨花文艺创作奖"入围奖。大箐苗剧有普遍的群众基础和稳定的骨干力量，并引起各级政府的高度重视。目前，大箐苗剧已作为一种独特的民族民间戏剧登上了舞台，在节假日、婚宴及各种庆典上，苗剧表演已成为广大苗族群众喜爱的文艺表演形式。

苗剧作为云南少数民族地方剧种，在全省流传的地区很少。苗剧的发展对社会和谐发展，对研究苗族文化，尤其是滇中苗族聚居区苗族的历史渊源、审美观念等，有着非常重要的作用。目前，大箐苗剧的主要骨干马天德、龙建先与大箐村的文艺宣传队一起，继承和发扬祖辈们的演技，以自娱自乐等方式将苗剧保护与传承下来。2005年，大箐苗剧被列为州级非物质文化遗产代表性项目名录。①

3.大箐苗族传统文化保护区

大箐地处武定、富民、禄丰三县（市）交界处，是三县（市）苗族文化的交流中心。大箐村委会地处禄丰市仁兴镇政府东边，距镇政府8千米，面积约4平方千米，下辖大箐、后石洞、大平地、石谷村、背阴箐、广地山、烂泥箐、纱帽山、老吴箐9个村民小组，共有农户336户1 230人。大箐村委会平均海拔2 240米，最高海拔2 900米，最低海拔1 500米。大箐苗族文化源远流长，苗族的歌、舞、乐、神话、诗歌、故事、谜语、谚语等极为丰富。尽管随着时代的变迁，一些传统习俗有所变化甚至消失，但在社会公德、生活起居、节庆活动、文艺体育、宗教信仰等方面，苗族的传统文化仍然得到了传承并发扬光大。苗族语言文字、服饰、歌舞、苗剧、芦笙文化、传统礼仪、婚丧习俗、节日庆典、传统体育等值得抢救、保护和利用。大箐苗族传统文化保护区于2009年被列为州级非物质文化遗产代表性项目名录。

4.大箐苗族芦笙滚锅舞

大箐苗族芦笙滚锅舞是苗族先辈迁徙途中探路、生产劳动场景、芦笙舞、苗族小伙子滚油锅传说的演绎，它是苗族传统舞蹈与现代杂技相结合的苗族舞蹈，再现了苗族源远流长的历史文化，展示了苗家古代独特的芦笙风情，体现了苗家儿女自强不息、开拓进取、追求美好生活的坚强品质。大箐苗族芦笙滚锅舞重点演绎了苗族的迁徙史，把每个时期的生产生活、风俗习惯、思想感情、审美观念等艺术表现出来，我们可以通过它去研究苗族迁徙史，因此极具历史价值。大箐苗族芦笙滚锅舞既适合广场演出和大规模的自娱自乐，又适合舞台演

---

① 2023年5月，笔者到楚雄彝族自治州禄丰市仁兴镇文化站调研，张云福（时任仁兴镇文化和旅游广播电视体育服务中心副站长）提供了由其负责整理和汇编的政府工作内部资料《仁兴镇民族文化历史文化资源普查报告》。本节"仁兴镇民族文化资源"部分内容整理自此报告。

出，曲调、音乐律动、舞蹈和谐统一。大箐苗族芦笙滚锅舞突出了苗族历史风格，具有较强的艺术感染力和观赏性，文化艺术价值不可估量。大箐苗族芦笙滚锅舞的表演在苗族传统花山节、苗族斗牛会等活动中，能展示苗族服饰、苗族芦笙，推动销售及其他物资交流，在丰富群众精神文化交流的同时，也促进了文化旅游的发展。大箐苗族芦笙滚锅舞也因此体现了其经济价值。

大箐文艺队表演的芦笙滚锅舞在昆明市、楚雄市、禄丰市等地表演后，均得到了各级的高度赞誉，受到了观众的一致好评，在楚雄彝族自治州乃至全省范围内都具有较大影响力。

（二）仁兴镇市级非物质文化遗产代表性项目名录

1.傈僳族服饰

仁兴镇马鞍村委会燕麦地村现保留下来的傈僳族传统服饰历史久远。马鞍村委会燕麦地村的傈僳族服饰刺绣色彩多以红黑色为底，色彩对比极为强烈，中性色相间杂，起过渡或提亮作用，使纹样变得新鲜、醒目、生动。在色轮上，红和绿互为补色，等量并用于刺绣，可使红显得更红，绿变得更绿，经补色对比，使色彩鲜亮饱和；其绣饰部位主要有衣领、衣袖、裙边、背裙、盖头和挎包。傈僳族服饰于2022年被列为市级非物质文化遗产代表性项目名录。

2.苗族射弩

苗族射弩是流传在云南省禄丰市仁兴镇大箐村委会的一项传统体育项目。射弩经历了从原始的狩猎工具、战斗武器到传统体育活动和竞技体育运动的历史发展过程。起初，大箐苗族的先民为了生存与繁衍，他们把弩作为维持生计、保护庄稼、消灭害兽的一种原始工具，同大自然进行顽强的搏斗与抗争。后来，为了维系本民族的生存和发展，他们把弩从原始的狩猎工具，发展成为战斗武器。近现代，为了满足人们身心发展的需要，大箐苗族人民和其他少数民族创造性地把弩从原始的狩猎工具、战斗武器，逐步发展成为少数民族喜闻乐见的一项民族传统体育活动。2022年，苗族射弩被列为市级非物质文化遗产代表性项目名录。

3.仁兴土陶烧制技艺

白龙井土陶烧制技艺是流传在云南省禄丰市仁兴镇银沙村委会白龙井村的一项传统技艺。目前，白龙井瓷窑遗址保存完好，2003年被列为县级文物保护单位，2005年被列为州级文物保护单位。白龙井村李氏家族世代以烧制陶瓷瓦罐维持生计，李祖和成为县级土陶烧制技艺传承人。白龙井土陶烧制工艺为手工艺作坊生产，保持着原始的生产方式。就地取土，以黏土为胎料，筛选泡浆，以手工拉坯和翻模成形，使用的动力仍为手拉、脚蹬、小发动机带动。成形后，再黏结耳、把、环等，待泥坯干后再彩绘纹饰、上釉色，然后烧制出窑。2022年被列为市级非物质文化遗产代表性项目名录。

（三）仁兴镇州级、市级非物质文化遗产代表性项目代表性传承人

表2　仁兴镇非物质文化遗产代表性项目代表性传承人

姓名	性别	出生年月	民族	文化程度	传承项目	级别	自然村
马天德	男	1968.7	苗	初中	苗剧	2012县级 2013州级	大箐
龙才敏	男	1978.2	苗	初中	苗族芦笙舞	2017县级 2019州级	后石洞
龙军花	女	1985.7	苗	初中	苗族芦笙舞	2012县级	大箐
袁正光	男	1976.12	苗	中专	民族体育	2012县级	后石洞
范顺安	男	1948.7	汉	初中	花灯	2012县级	西村
张绍云	男	1954.6	汉	初中	花灯	2015县级	白沙
马春芳	男	1968.4	汉	高中	马氏家族礼仪	2017县级	白沙
李祖和	男	1970.12	汉	小学	瓷窑烧制技艺	2017县级	白龙井
龙荣华	男	1968.3	苗	初中	苗医	2017县级	老吴箐
张学良	男	1974.10	苗	初中	苗族芦笙舞	2022市级	大坝河
张兰仙	女	1959.1	汉	初中	花灯	2022市级	西村
张丽苹	女	1989.4	苗	大专	苗族古歌	2022市级	大箐

姓名	性别	出生年月	民族	文化程度	传承项目	级别	自然村
马恩兰	女	1982.9	苗	中专	苗族古歌	2022市级	大箐
白玉芬	女	1978.2	傈僳	初中	傈僳族服饰制作	2022市级	燕麦地

马天德（苗剧）、龙才敏（苗族芦笙舞）为州级非物质文化遗产代表性项目代表性传承人，其余12人为市级非物质文化遗产代表性项目代表性传承人。

在民族文化方面，仁兴镇民族民间文化异彩纷呈，具有浓郁的民族文化特色。汉族有花灯等项目，少数民族有苗族芦笙舞、赛马射弩、苗剧、斗牛及彝族和傈僳族跳脚、对歌、磨担秋等项目。节日文化方面，除传统节日外，还有大箐、左所、清水河、马鞍等苗族聚居村落举办苗族花山节、服装节、斗牛会，马鞍彝族火把节、傈僳族"六月六"祭龙节等民族节日。

（四）民族节庆

1.大箐苗族花山节

每年阴历五月初五，是仁兴镇苗族一年中最大的传统节日，仁兴镇苗族称为"花山节"或"踩花山"等。

时逢花山节，楚雄地区苗族村寨都会自发组织集体狩猎、举行苗族传统文艺演出和斗牛、赛马、射弩等体育竞赛活动。节日活动内容多数与贯穿于苗族漫长的迁徙史有关。此外，在节日中，男人们拉着自家的爱牛向别人挑战，彰显自己的本领；女人们穿戴自己精工细作且亮丽的服饰和刺绣品聚集在花山场上，以炫耀自己的聪明智慧与心灵手巧。在节日庆祝场上，久别重逢的人们尽情叙情，年轻人寻觅心中的意中人。顿时，花山场上成了精彩、刺激的斗牛和鲜艳服饰鲜花汇集斑斓欢乐的场景。现在花山节庆典成了苗族人民纪念远古祖先，彰显才华和展望美好未来生活的隆重节日。历年来，大箐村委会举办过三届大型苗族花山节。

2.马鞍彝族火把节

仁兴镇彝族主要分布在马鞍村委会、大猪街社区居委会、左所村委会，他们的传统节日是火把节（阴历六月二十四）。火把节期间，彝族同胞晚上烧起篝火，彻夜跳脚，还有以唱歌对调子交流感情的习俗。彝族村寨流传着多种敬酒歌。彝族火把节期间还会举行磨秋、打陀螺等传统体育活动。

3.马鞍傈僳族"六月六"祭龙节

仁兴镇傈僳族主要分布在马鞍村委会，他们的传统节日为"六月六"祭龙节。这一天，他们穿上傈僳族盛装，杀羊上山祭龙（旱龙），祈求风调雨顺。傈僳族还有一个特别的节日"男人节"。每逢阴历正月十五，傈僳族同胞便上山杀羊拜神、喝酒、载歌载舞以表达对山神的敬意。

4.苗族传统体育运动会

苗族是一个迁徙民族，古时以狩猎为业。现在，苗族同胞定居下来了，他们不再以狩猎为业，但是苗族爱运动的习俗一直传承并延续至今。仁兴镇苗族较集中的大箐村、马鞍白石岩村、左所辣子箐、清水河大坝河村都有在春节举办民族体育运动会的习俗。运动会举办以篮球为主，文艺、赛马、射弩、赛跑、斗牛、拔河等项目的比赛也会设置。

5.苗族斗牛文化节

斗牛文化是苗族人民在几千年的历史长河中形成和发展的自娱文化，具有很深的文化底蕴，很强的吸引力、感召力和凝聚力。斗牛文化节其实也是各族人民庆丰收后的经济、文化交流盛会。斗牛活动一般都是金秋九月草肥牛壮的时候举行，现在民间自发组织的比较多。

（五）其他民间文化

1.汉族花灯

花灯集唱、演、说及乐器伴奏于一身，戏曲表演时惟妙惟肖。仁兴镇花灯队成立于中华人民共和国成立初期，当时主要有西村、白沙、上下营花灯队，每支队伍队员40余人，他们在周边的禄丰、武定、富民等县（市）经常演出，有一定影响力。

现在西村花灯队编演的节目既继承了传统花灯的特点，又结合地方特色，具有一定的创新性。节目主要以云南花灯、小品、彝剧、歌舞的形式反映党的方针政策，弘扬勤劳致富、尊老爱幼、教子有方、团结和睦等中华传统美德，体现党的先进性；批驳好吃懒做、赌博、不务正业等不良风气。节目贴近生活，贴近群众。

2.彝族、傈僳族跳脚、对歌

马鞍村委会彝族、傈僳族逢年过节、办喜事都有男人吹笛子，女人跳脚、对山歌的习俗，特别是燕麦地村傈僳族女同胞背着孩子可以跳脚、对山歌，有时通宵达旦。

3.彝族磨担秋

磨担秋的流程是先固定一根高约2米的立柱于地面，在立柱顶10~15厘米处，削为直径约5厘米的锥形尖端，再用一根长5米的圆栗木，中心点钻一直径与立柱顶尖端套合的孔，然后横套于立柱上，两端各躺上1~2人，沿逆时针方向，一起一落往前推送，做游戏性玩耍。现在，磨担秋作为一项民族传统体育项目，有时参加州、市民族体育运动会比赛，比赛时各队依次上秋，定圈时，时间短为胜。马鞍村委会岔河村彝族、傈僳族仍保留这项民族传统体育活动。

4.苗族射弩

大箐苗族人民习惯把习射、比试与狩猎、采集生产及消灭害兽结合起来。射弩好手和制作精良弩箭的能工巧匠往往能受人们尊重。目前，大箐传统体育竞技项目射弩、赛马、斗牛等都得到传承。市级民族体育传承人袁正光兄弟三人带着其徒弟龙才敏、龙才荣、张晓英等二十年来一直积极参加全国少数民族传统体育运动会、云南省少数民族传统体育运动会、楚雄彝族自治州少数民族传统体育运动会赛马、射弩项目比赛并荣获金、银、铜牌50余枚。2018年向上级争取资金8万元，建起大箐苗族射弩训练场。

5.苗族赛马

赛马是苗族人民喜爱的体育运动之一。每逢举办民族运动会，都会设赛马项目。苗族赛马有两大特点，一是赛马跑得快，二是赛马步伐稳定。苗族生活在山区，交通不便，马是生产生活和出行重要的交通代步工具之一。大箐赛马运动员袁正光多次参加省、州少数民族传统体育运动会并获奖牌30余枚。

6.苗族服饰

苗族在历史发展长河中形成了丰富独特的苗族服饰文化。苗族服饰是苗族人民生活历史的一种符号和象征，是一部穿在身上的"史书"，是一种无声的语言和标志，也是苗族人民劳动智慧的结晶。苗族服饰不仅保暖防寒，它还将流传千年的苗族故事、先民居住的城池、迁徙路线点滴无遗地融进服饰文化当中。随着生活水平的提高，在仁兴镇，逢年过节都能看见苗族妇女穿着艳丽多彩的苗族服饰。2003年，大箐村党支部把苗族服装加工营销作为农民增收的新途径，成立大箐苗族服装加工营销协会，拓宽农民增收渠道。十年来，大箐苗族服装加工营销协会加工、营销的苗族服装既保留了苗族传统文化，又借鉴了现代时尚，受到全国各地苗族同胞的喜爱。协会的服饰也从本地销售到了云南的文山、昭通及贵州等地，协会会员从起初的20人发展到现在的100多人。

7.民间习俗

禄丰市仁兴镇的苗族自称"阿卯"或"卯"，人口约3 000人，其丧葬习俗最大的特点是老人过世"随死随葬"，礼仪比较简单。

苗族频繁迁徙的历程形成了与众不同的丧葬礼仪——简单、不择日安葬。现在仁兴镇的苗族同胞凡是有人亡故，特别是老年人去世，村里的人都会不约而同前来帮忙料理后事。当地老人过世后，不看日子，当天如果来得及，当天就送老人出门上山，入土为安。如果当天来不及，第二天必须安葬老人。

8.仁兴镇历史文物

表3　仁兴镇历史文物一览表

	名称	保护级别	位置
仁兴镇历史文物	黑城遗址	州级	仁兴镇古城村委会古城村
	白龙井瓷窑遗址	州级	仁兴镇银沙村委会白龙井村
	三家村瓷窑遗址	县级	仁兴镇银沙村委会三家村
	王官厂土主庙	不可移动文物	仁兴镇彰保村委会王官厂村
	海孜营崇德宫	不可移动文物	仁兴镇彰保村委会海孜营村
	大美桥铜矿遗址	不可移动文物	仁兴镇彰保村委会大美桥村西观音山
	小新厂炭窑址	不可移动文物	仁兴镇西北边海拔2 100～2 200米的小新厂铜矿山箐
	古城观音寺	不可移动文物	仁兴镇古城村委会南
	大箐苗岭牛魔园	不可移动文物	大箐村委会大坪地村
	"生产救国"石匾	其他文物古迹	仁兴镇文化站篮球场东
	四块历史木匾	其他文物古迹	现存于仁兴镇文化站文物陈列室
	大跃进水库	其他文物古迹	仁兴镇马鞍村委会
	果园大烟囱	其他文物古迹	仁兴镇果园村
	左所黄龙河炼铁土炉	其他文物古迹	仁兴镇左所村委会西北边2 000米的山脚上
	重修嵩华山观音寺常住碑记	其他文物古迹	仁兴镇西8 000米嵩华山观音寺
	敬老院古墓群	其他文物古迹	仁兴镇敬老院
	玉壶春瓶	其他文物古迹	收存于中国历史博物馆
	凤羲桥残碑记	其他文物古迹	收存于仁兴镇文化站
	哨地界趾碑	其他文物古迹	武定、禄丰两县（市）马场箐与新村交界处
	罗次动植物化石出土地	其他文物古迹	大箐与大猪街村委会交界（蝌蚪箐）

第一章　云南彝族密岔支系聚居村落语言生态

第一节　"藏彝走廊"上的彝族

1978年9月，费孝通在全国政协民族组会议上首次提出"藏彝走廊"的概念。在发言中，费孝通首先肯定了氐、羌、戎等民族在中国历史舞台上扮演过的角色。随后提出了"藏彝走廊"概念，并认为"藏彝走廊"的地理范围应该是：北至甘肃，南至西藏察隅、珞瑜，汉藏、藏彝接触边界。以康定为中心，向东、向南大致能划出走廊的轮廓。[①]如此，费孝通把走廊的地理位置确定了，"藏彝走廊"成为"河西走廊"之后社会科学中一个新的拥有实质性意义的概念，同时，民族走廊的"民族"也为"藏彝"所置换，更加突出了地域性及民族性的特点。1981年12月在中央民族学院（今中央民族大学）民族研究所的座谈会上，费孝通以"民族社会学调查的尝试"为题再次强调了"藏彝走廊"的概念，并指出其对西南地区民族社会学的研究具有重要价值。此时，费孝通将走廊范围界定为"西边从甘肃南下到云南西陲的走廊"，并说"历史上彝族属系的不同集团曾在这里建立过一个或几个强大的政治势力。她们正处在汉藏之间"[②]。

1982年4月在昆明召开的中国西南民族研究学会议上，费孝通作了"支持六江流域民族的综合调查"的发言，同时也再次提到"藏彝走

---

① 费孝通：《费孝通民族研究文集》，民族出版社1988年版，第158～187页。

② 费孝通：《费孝通民族研究文集》，民族出版社1988年版，第277页。

廊"的概念。①1982年5月在武汉社会学研究班的座谈会上，费孝通在"谈深入开展民族调查问题"的发言中，再度提及"藏彝走廊"，走廊的地理范围扩大至"包括从甘肃到喜马拉雅山南坡的珞瑜地区"，甚至到了"缅甸北部、印度东北部的那加地区"②。同时，费孝通还提出了"中南走廊""丝绸走廊""南岭走廊""东北走廊"的概念。费孝通最后一次提及"藏彝走廊"是2003年11月在致中国西南民族研究学会和四川大学中国藏学研究所联合主办的"藏彝走廊历史文化学术讨论会"的贺信中。

张曦（2017）③在继承费孝通"藏彝走廊"研究的基础上，在其论著《民族走廊与地域社会：羌族社会·文化的人类学思考》中提出"'藏彝走廊'的命名应该为'藏羌彝走廊'更为合适"的论断，进一步拓展了"藏彝走廊"研究的学术空间。对于"藏彝走廊"这一概念的提出，无论是出于较为狭义的解决民族识别遗留问题的实用主义目的，还是出于"民族研究如何继往开来"及"开拓我国民族研究的新局面"④的宏大目标，费孝通所揭示给我们的"藏彝走廊"这一概念的学术意义及其价值都是难以估量的。1983年出版的《西南民族研究》中，孙宏开根据自己多年的语言调查及研究资料，确认了除藏语、彝语、羌语、普米语等以外，尚有许多不为外人所了解的"历史遗留"语言分布在这一走廊中。

习近平总书记强调，全党同志一定要把实事求是贯穿到各项工作中去，经常、广泛、深入开展调查研究。搞好调查研究是做好工作的基本前提。20世纪40年代，费孝通先生在"云南三村"（禄丰市大北厂村即"禄村"、易门县李珍庄村即"易村"、玉溪市中卫社区即

---

① 费孝通：《费孝通民族研究文集》，民族出版社1988年版，第286~294。
② 费孝通：《费孝通民族研究文集》，民族出版社1988年版，第295~305。
③ 张曦：《民族走廊与地域社会：羌族社会·文化的人类学思考》，社会科学文献出版社2017年版，第3~6页。
④ 石硕：《青藏高原东缘的古代文明》，四川人民出版社2011年版，第3页。

"玉村")开展的田野调查,对国内外农村社区发展、村庄变迁、社会治理等方面都产生了广泛而深远的影响。"禄村"指的是云南省楚雄彝族自治州禄丰市金山镇大北厂村,我们本次调查点均属于禄丰市即"禄村"境内,调查点大北厂村与我们的调研点"三村"(马鞍桥村、绿竹园村、大箐村)直线距离约60千米。云南省在大力推进和发掘费孝通先生学术成果对"云南三村"发展的现实意义、学术价值等方面做了很多的追踪研究。譬如,云南省社会科学院农村发展研究所于2021年出版了《"云南三村"再调查》(共三册),即《新禄村农田》《手工业消失的易村》《玉村商业和农业》系列研究成果。然而,作为我们此次研究对象的楚雄彝族自治州禄丰市("禄村")仁兴镇的彝族,同样作为费孝通"藏彝走廊"上"禄村"中的一员,"禄村"语言生态研究具有重要的理论意义和实践意义。

第二节　云南彝族密岔支系

一、云南彝族支系的划分

据《云南省志·民族志》介绍,彝族的他称主要有:黑彝、白彝、红彝、彝家、罗武、土里、花腰、白罗罗、保族、土族、蒙化、土家、仆族、黎族、栗族、香堂、水田、撒尼、撒梅、明朗、阿细、干彝、阿条、腊屋、孟武、阿哲、山苏、密岔、期期、六得、纳渣、滇峨、他留、他谷、支里、于君、倪朗族等40余种。在彝族自称中,以诺苏泼、纳苏泼、聂(尼)苏泼、罗罗泼自称的彝族人口最多,其中,"泼"与"摩"意义相对,"泼"意为"男人","摩"意为"女人","泼""濮""仆"等为同音或近音异译异写,"摩""姆""磨""麽"等为同音或近音异译异写;"苏"之意为"人"或"族"。[①]目前学界普遍认为较大的几个支系分别是:阿细、

---

① 杨正权:《彝族文化史纲》,云南人民出版社2016年版,第283页。

撒尼、阿哲、罗婺、土苏、诺苏、聂苏、改苏、车苏、阿罗、阿扎、阿武、撒马、腊鲁、腊米、腊罗、里泼、葛泼、纳若等。事实上，彝族支系因其庞杂的民族构成，很难有一种分类法可以全面划分和解释彝族族群的构成。目前，有学者认为彝族支系有三十多个，也有学者认为是二十多个。下面我们将把目前比较有代表性的划分情况依次进行罗列。

（一）彝族24个支系的划分

普忠良（2013）[①]在《中国彝族》一书中，对彝族支系的自称和分布情况进行了总结。彝族24个支系的自称和具体分布如下：

1.自称为诺苏颇、诺苏的彝族支系主要分布在四川省及云南省的宁蒗、华坪、永胜等地区。

2.自称为纳苏颇、纳苏的彝族支系主要分布在云南省武定、禄劝、弥勒、昭通及贵州省毕节地区。

3.自称为迷撒拨、纳罗拨的彝族支系主要分布在云南省巍山、云县、漾濞等地区。

4.自称为罗罗濮的彝族支系主要分布在云南省景东、云县、个旧、墨江、双柏等地区。

5.自称为颇罗、泼哇、昨柯的彝族支系主要分布在云南省文山、开远、砚山、马关、金平等地区。

6.自称为泼拉塔、图拉颇、腊鲁濮、阿鲁的彝族支系主要分布在云南省华坪、云县、普洱、新平、墨江等地区。

7.自称为撒尼濮、尼濮的彝族支系主要分布在云南省路南（今石林）、泸西、弥勒、昆明市郊区等地区。

8.自称为聂苏濮的彝族主要分布在云南省龙武、石屏、云龙、昌宁、双柏等地区。

9.自称为黎颇的彝族支系主要分布在云南省凤庆、华坪、永胜等

① 普忠良：《中国彝族》，宁夏人民出版社2013年版，第9～10页。

地区。

10.自称为山苏、阿租的彝族支系主要分布在云南省武定、新平、元江、峨山等地区。

11.自称为阿细濮的彝族支系主要分布在弥勒、路南（今石林）等地区。

12.自称为阿哲濮的彝族支系主要分布在云南省弥勒、易门、双柏等地区。

13.自称为格濮、阿多拨的彝族支系主要分布在云南省泸西、弥勒、师宗、鹤庆等地区。

14.自称为阿武、阿乌的彝族支系主要分布在云南省弥勒、元阳、西畴、金平等地区。

15.自称为罗米的彝族支系主要分布在云南省凤庆、景东、墨江、普洱等地区。

16.自称为密期的彝族支系主要分布在云南省武定、禄劝、弥勒、昆明等地区。

17.自称为阿罗濮的彝族支系主要分布在云南省武定、师宗、陆良等地区。

18.自称为他鲁苏、他谷苏的彝族支系主要分布在云南省永胜、华坪等地区。

19.自称为拉武苏的彝族支系主要分布在云南省永胜地区。

20.自称为撒摩都的彝族支系主要分布在云南省昆明郊区。

21.自称为他留、堂榔的彝族支系主要分布在云南省丽江地区。

22.自称为纳若的彝族支系主要分布在云南省永胜地区。

23.自称为纳渣苏的彝族支系主要分布在云南省永胜地区。

24.自称为六浔薄的彝族支系主要分布在云南省永胜地区。

（二）彝族21个支系的划分

云南彝族主要分布于红河哈尼族彝族自治州、楚雄彝族自治州，云南其余各县也有彝族分布。彝族支系极其庞杂，彝族在表达自己的民族成分时，一般只说支系自称。彝族和其他民族交流过程中也很少提及自己的民族成分。

唐楚臣[①]以彝族支系的分布和特点，结合张永祥在其著作《彝族文化发展管窥》一书"中国彝族概况"部分的介绍和其他材料，系统梳理出了彝族21个支系，他们分别是：罗罗泼、俚泼、诺苏、纳苏泼、山苏儒、阿哲泼、密撒泼、米切泼、格苏泼、撒尼泼、尼苏泼、罗婺、俐米泼、他留苏、阿细泼、濮拉泼、额尼、纳罗泼、泼胚、腊鲁泼、锅泼。

1.罗罗泼支系：语言属彝语中部方言南华土语，他称保族、白保保。罗罗泼主要分布于云南省南华县、牟定县、楚雄市、祥云县东部、景东彝族自治县、云县、个旧市等。

2.俚泼支系：语言属彝语中部方言大姚土语。俚泼主要分布于云南省姚安县、大姚县、永仁县、元谋县、武定县。

3.诺苏支系：语言属彝语北部方言，他称黑彝、彝家。诺苏分布于四川省凉山彝族自治州十八个县（市）、乐山市的峨边彝族自治县、马边彝族自治县、攀枝花市、米易县、盐边县，甘孜藏族自治州的九龙县、泸定县，雅安市的汉源县、石棉县，宜宾市的屏山县、古蔺县（今属泸州市）、叙永县等。另外，还有金沙江北岸的云南省中甸县（今香格里拉市）、维西傈僳族自治县、兰坪白族普米族自治县、华坪县、永胜县、宁蒗彝族自治县、剑川县、永仁县、元谋县、禄劝彝族苗族自治县、巧家县、永善县。

4.纳苏泼支系：语言属彝语东部方言。纳苏泼分布于云南省的禄丰市、武定县、元谋县、禄劝彝族苗族自治县、富民县、安宁县（今安宁市）、晋宁县（今晋宁区）、西山区、石林彝族自治县、嵩明县、寻甸回族彝族自治县、会泽县、宜良县、麒麟区、陆良县、罗平县、师宗县、马龙县（今马龙区）、富源县、宣威市、昭通市、大关县、

---

① 唐楚臣：《彝族族源主源》，云南民族出版社2013年版，第7～12页。

盐津县、彝良县、永善县、巧家县北部、镇雄县、弥勒市，贵州省的兴义县、盘县（今盘州市）、威宁彝族回族苗族自治县、水城区、赫章县、毕节市、纳雍县、织金县、贵阳市，四川省南部的叙永县、古蔺县，广西壮族自治区的隆林各族自治县、那坡县。

5.山苏儒支系：他称车苏、勒苏。山苏儒分布于云南省的双柏县、峨山彝族自治县、新平彝族傣族自治县、元江哈尼族彝族傣族自治县和石屏县的宝秀镇、大桥乡等地。

6.阿哲泼支系：语言属彝语东南部方言阿哲次方言，他称阿哲、阿车。阿哲泼分布于贵州省西部和云南省东南部的广大地区。云南省主要分布于弥勒市、建水县、开远市、易门县、通海县、华宁县、双柏县。

7.密撒泼支系：语言属彝语西部方言，他称蒙化、土族、土家、蒙化子。主要分布于云南省巍山彝族回族自治县、凤庆县、景东彝族自治县、云县、普洱市、漾濞彝族自治县、双江拉祜族佤族布朗族傣族自治县、南华县。

8.米切泼支系：米切泼支系的自称还有密期、西切泼，他称密岔、期期、麦插等。米切泼现分布于云南省武定县、禄劝彝族苗族自治县、富民县、昆明市、巍山彝族回族自治县、凤庆县、景东彝族自治县、云县、祥云县、弥勒市。

9.格苏泼支系：语言属彝语东部方言。格苏泼主要分布于云南省禄丰市的高峰、妥安、广通、黑井等乡镇。

10.撒尼泼支系：语言属彝语东南部方言撒尼次方言，他称尼泼、撒梅、明朗。主要分布在云南省石林彝族自治县、禄劝彝族苗族自治县、宜良县、武定县、陆良县、弥勒市、泸西县、丘北县、昆明市郊。

11.尼苏泼支系：语言属彝语南部方言。主要分布在云南省石屏县、建水县、个旧市、红河县、元阳县、绿春县、金平苗族瑶族傣族自治县、蒙自市、墨江哈尼族自治县、江城哈尼族彝族自治县、红塔区、澄江县（今澄江市）、元江哈尼族彝族傣族自治县、峨山彝族自治县、新平彝族傣族自治县、通海县、华宁县、易门县、安宁市、晋宁县（今晋宁区）、双柏县，还有一部分人跨境而居，居住在越南、老挝。

12.罗婺支系：语言属彝语东部方言。主要分布在云南省武定县、禄丰市以及双柏县东北部的大庄、法脿、雨龙等乡，此外在滇西、滇西南均有分布。

13.俐米泼支系：俐米泼支系在《云南通志》等书中记作腊米、六米、利米、列米、侏米、脒俐、小米列等，历史上主要分布于今滇西南、滇西的普洱、大理、临沧、保山等地区。

14.他留苏支系：语言与彝族西部方言巍山土语较为接近。有学者认为他留苏支系是古代乌蛮后裔，与南诏蒙氏有直接渊源关系，最初生活在西洱河一带。他留苏主要分布于云南省永胜县、华坪县。

15.阿细泼支系：语言属彝语南部方言，他称阿细、阿系、阿西。分布于云南省武定县、昆明市郊区、石林彝族自治县、陆良县、罗平县、弥勒市。

16.濮拉泼支系：语言属彝语南部方言，他称濮族、朴瓦族、花濮拉、笪箕仆、黑仆等。濮拉泼分布于云南省开远市、蒙自市、屏边苗族自治县、红河县、金平苗族瑶族傣族自治县、个旧市、文山市、砚山县、马关县、陆良县、宜良县、元江哈尼族彝族傣族自治县、新平彝族傣族自治县。

17.额尼支系：语言属彝语西部方言，他称土人，早期活动在今弥渡县红岩一带，之后大部分迁往南涧彝族自治县境内。明代，一部分又迁往巍山彝族回族自治县。

18.纳罗泼支系：语言属彝语东部方言，他称甘彝。纳罗泼分布于云南省武定县、元谋县、禄劝彝族苗族自治县金沙江边。

19.泼胚支系：语言属彝语中部方言，他称水彝、水田白彝。分布于云南省大姚县、永仁县。

20.腊鲁泼支系：语言属彝语西部方言，他称土族、土家。主要分布于大理州境，农耕定居于洱海周围。

21.锅泼支系：锅泼支系又自称锅泼、僰族，他称海巴族、伯族。分布于云南省丘北县双龙营、舍得、官寨、日者、腻脚、树皮六个乡镇。

（三）楚雄彝族自治州彝族13支系划分

由于自然环境、居住区域、历史发展等方面的影响，彝族族称十分复杂。仅汉文献对彝族的族称而言，自商周以来，便有氐、羌，嶲、叟、昆明，爨、乌蛮、白蛮，徙莫祇、撒摩都，倮㑩、罗罗、罗婆、罗武、黑彝、白彝等多种记载，其中有属汉族或其他民族对彝族的他称，也有一些是彝族对自己民族的自称。

仅就楚雄彝族自治州而言，1957年，楚雄专区组织民族工作组分赴所辖各县，进行民族识别和民族调查，发现境内彝族的自称、他称（不包括带侮辱性的称呼）便有40余种。在对各种称呼的群体单位进行了在语言、地域、经济、风俗习惯、心理认同等方面充分调查研究的基础上，经1958年1月楚雄专区各族各界人民代表会议通过，将40余种自称和他称按彝语的方言特征，归并为13个"支系"，统称彝族。

表1-1 楚雄专区彝族支系、族称、人口及分布简表[①]

序号	支系	自称	他称	人口（人）	主要分布地区
1	罗罗	罗罗濮、罗罗儒、腊罗濮	白彝族、底嘎族、高山族、土族、白脚子、阿鲁	140 000	楚雄、南华、姚安、大姚、盐丰、双柏、广通、盐兴、牟定、武定等县
2	俚濮	俚濮、骂池濮	白彝族、黎族、骂池族、傈族	97 800	永仁、大姚、盐丰、元谋、武定、禄丰等县

---

① 楚雄彝族自治州民族事务委员会：《楚雄彝族自治州民族志》，云南民族出版社2014年版，第83～84页。

（续表）

序号	支系	自称	他称	人口（人）	主要分布地区
3	诺苏	聂苏濮	凉山族、黑彝族、彝教族、蛮族	1 643	元谋、永仁、武定、禄劝等县
4	纳苏	纳苏濮、尼苏濮	黑彝族、红彝族、阿车族、罗武族	120 767	武定、禄劝、罗次、富民、元谋、双柏、楚雄、广通、牟定等县
5	山苏	山苏儒	赊苏、山苏	37	双柏县
6	车苏	车苏儒	气苏濮	2 769	双柏县
7	米撒儒	米撒儒	蒙化、土族、土家	90	南华、姚安等县
8	米切濮	米切濮	密岔族	7 785	武定、罗次、富民、禄劝等县
9	格苏濮	格苏濮	彝族	6 753	盐丰、武定等县
10	撒尼	撒尼濮	明朗族	935	武定、禄劝等县
11	水彝	婆胚	水田白彝、水彝族	——	大姚、永仁等县
12	纳罗	纳罗濮、阿罗濮	干彝族	8 522	武定、禄劝、元谋等县
13	葛濮	葛濮	甘彝族	747	禄劝、武定等县

　　上表原件为1958年1月18日由楚雄专区第一届各族各界人民代表会议通过的《关于楚雄区少数民族支系归并的初步意见》的附表。在此后50余年，随着经济社会的发展、民族研究的深入及民族迁徙、行政区划变更等原因，表中所反映的情况也有了变化和不合理之处，主要是：

　　其一，大姚县的"水彝"支系已经完全融入"俚濮"支系当中；

　　其二，双柏县的"山苏"支系已部分迁往相邻的峨山彝族自治县境，其余均由深山迁至"车苏"地区，逐渐与"车苏"支系融合；

　　其三，此表有12项是以彝语方言下的土语来分"支系"的，此表第四项"纳苏"支系所含似不合理，如"纳苏濮"的语言属彝语东部方言滇东北次方言黑彝土语，而"尼苏濮"语言则属彝语东部方言滇东北次方言红彝土语，"阿车族"语言则属彝语东部方言滇东北次方言昆安（昆明安宁）土语。当然，随着学者对彝族各支系研究得越来越深入，楚雄彝族支系的划分将会更为细致和准确。从语言、文化等方面加强对各支系的研究，将直接有利于彝族语言、文化研究的全面性，更有利于各支系语言的记录、保护和传承。

（四）楚雄彝族自治州武定县一带彝族6支系划分

上文提到，自称为密期（米切或密岔）的彝族支系主要分布在云南省武定县、禄劝彝族苗族自治县、富民县、昆明市、巍山彝族回族自治县、凤庆县、景东彝族自治县、云县、祥云县、弥勒市等地区。目前，武定县境内的彝族主要有纳苏（黑彝）、乃苏（红彝）、纳罗（甘彝）、米切（密岔）、罗罗（白彝）和撒尼（明朗）六大支系。

1.纳苏支系：自称纳苏颇，部分自称罗婺颇，他称黑彝。分布于武定县境内各地。

2.乃苏支系：自称乃苏颇，他称红彝。分布于武定县猫街、白路等地。

3.纳罗支系：自称纳罗颇，他称甘彝。分布于武定县己衣、东坡、田心及白路区沿河谷的半山地带。

4.米切支系：自称米切颇，他称密岔。分布于武定县狮山、插甸、高桥等的坝区及半山区。

5.罗罗支系：自称腊鲁颇，他称白彝。分布于武定县猫街和高桥等地的坝区和半山区。

6.撒尼支系：自称啊哆或撒尼，他称明朗。分布于武定县插甸下乐美村、高桥田心村。武定县境内的撒尼多和彝族米切、罗罗支系杂居。

彝族支系众多，上述是目前各学者对彝族支系的划分，几种划分结果都是根据各地区彝族分布尤其是其自称、他称、迁徙史和文化等为依据，这也正说明了彝族支系庞杂的问题。对彝族语言生态的研究尤其是具体到田野调查的选点问题不能马虎，一旦选点不具代表性和不统一，彝族的语言研究结果就可能千差万别。因此，本书从民族支系语言调查入手，以小见大，通过支系语言使用情况窥见云南省少数民族语言生态格局。

二、彝族密岔支系

中华人民共和国成立前，由于地区和方言不同，彝族支系繁多，有许多不同的他称和自称，主要的他称有"夷""黑彝""白彝""红彝""甘彝""花腰""密岔"等。主要的自称中，云南昭通、武定、禄劝、弥勒、石屏和四川大凉山、小凉山的彝族自称"诺苏""纳苏""聂苏"，这部分彝族约占彝族总人口的二分之一。云南哀牢山、无量山及开远、文山、马关一带的彝族自称"密撒（泼）""腊苏（泼）""濮拉泼""尼濮"等。贵州的彝族自称"糯苏""纳""诺""聂"等。中华人民共和国成立后，经过民族识别，按照广大彝族人民的共同意愿，以鼎彝之"彝"作为统一的民族名称。彝语属汉藏语系藏缅语族彝语支，有北部、东部、南部、东南部、西部、中部6种方言，其中包括5个次方言，25个土语。北部方言分布在四川和云南宁蒗等县，东部方言分布在贵州和云南东北部，南部方言分布在云南和广西，其余3个方言分布在云南。彝族文字为表意文字，又称音节文字，史书中称"爨文""韪书"，或"罗罗文""倮文"，统称老彝文。该文字大约形成于13世纪，据估计，现存的老彝文有一万多个字，经常使用的有一千多个。每个字形代表一个意义，没有偏旁和部首，同一字形有多种不同的书写格式，主要为由左向右直书或横书。

"密岔""米切"是彝族族群中的一个人口较多、研究成果较少的群体。密岔支系主要聚居在云南省武定、禄劝、弥勒、昆明等地区，这些地区的自然环境与区域内彝族、苗族大杂居小聚居的历史形态，构成了民族语言的多样性和复杂性。

目前，按民族支系、地区划分的语言使用、语言结构系统、语音、词汇、语法、语言的社会功能等民族语言本体和非本体的研究应该逐步加强。

语言是民族身份的一个重要标志，是民族文化形成和发展的信息物证，语言研究是我们研究民族、民族文化、民族团结、民族共同体建设、"非遗"传承等必不可少的重要方面。一方面，由于各民族所处的地域生态环境不同，随着社会政治、经济的发展而逐渐形成了多姿多彩各具特色的民族文化和语言格局；另一方面，由于社会经济的发展，各民族语言和文化相互接触，相互影响和融合，一些民族语言也出现相互交叉、共有或融合的情况，而在这些相互交叉、共有或融合的部分，在使用范围或场合、使用方法、使用习俗等方面还是会有所不同，语言的不同是构成民族个性不同侧面的表现。事实上，以我们调查地为例的彝族聚居地各彝族村落的村民之间很难用彝语进行通话，同一语言由于民族支系的不同呈现出不同的特征，即便是同一支系的语言，本民族作为使用者在使用过程中又使其形成了自身的民族语言特点和个性。因此，在研究同一少数民族语言时，我们既要看到这个民族共有的东西，也要善于从同一民族不同支系甚至是同一地区不同民族语言之间的相似和不同中寻找各支系语言的不同特点，更要力图准确记录该民族各支系语言的原貌、演变过程及其民族属性、功能的变化情况等，从而更为全面地掌握某一少数民族语言的整体特征。本书开展的目的也就在于从微观层面着手，从彝族密岔支系和苗族大花苗支系语言使用、族群认同和语言认同、双语教育、语言态度、家庭语言使用、民间语言艺术及语言文字应用、语言传承与保护等角度入手，分析同一民族不同支系和不同民族之间语言现状，旨在探讨和全面掌握民族聚居区少数民族语言生态。

第三节　马鞍桥村彝族密岔支系的语言使用情况

仁兴镇的彝族主要分布在革里村委会、马鞍村委会及大猪街居委会。其中，马鞍村委会的彝族最为集中且彝语保留完好。就地理位置而言，马鞍村委会位于仁兴镇西北部，与武定县的狮山镇、猫街镇接壤。根据2022年4月调查小组赴马鞍村委会调研资料获悉，马鞍村委会下辖10个自然村、12个村民小组，有农户368户，1 358人。其中，彝族146户544人、苗族115户386人、傈僳族88户352人、汉族19户76人。

语言使用是语言人的语言权利，语言人在语言使用过程中会自觉或不自觉地使用这种或那种语言实现不同的语言交流。不同的语言选择主要包括人们通过在不同场景选择不同的语言，即民族语、国家通用语、汉语方言等语言选择，也包括不同场合不同语言的词汇、语音、语调、语体等的选择，从而实现交流思想、与他人建立联系、与他人保持距离、适时进行防卫等的现象。为了较为微观和系统地掌握云南乃至西南地区彝族、苗族聚居区的语言生态情况，我们必须首先了解彝族的语言使用情况。

一、马鞍桥村语言使用调查样本分布情况

样本分布情况可以清晰地看到本次参与调研的密岔支系基本情况，也是本次调研数据的来源和渠道。我们本次对马鞍桥村语言使用情况的调查，共有被调查者92人，全部是村内的彝族。

表1-2　彝族密岔支系语言使用情况调查样本分布情况

类别		人数（人）	比例（%）
性别	男	51	55.4
	女	41	44.6
年龄	少年（7~17岁）	18	19.6
	青年（18~40岁）	27	29.3
	中年（41~65岁）	36	39.1
	老年（66岁及以上）	11	12

（续表）

类别		人数（人）	比例（%）
婚姻状况	已婚	63	68.5
	未婚	28	30.4
	离异	1	1.1
配偶民族	彝族	47	51.1
	傈僳族	9	9.8
	汉族	6	6.5
	苗族	1	1.1
	无（未婚）	29	31.5
职业	务农	62	67.4
	学生	23	25
	在外务工	3	3.3
	其他	4	4.3
教育程度	小学	50	54.3
	初中	23	25
	高中	8	8.7
	中专	2	2.2
	大学	3	3.3
	文盲	6	6.5

从表1-2样本分布情况可见，此次调研对象的男性人数是51人，占比55.4%，女性41人，占比44.6%，意味着性别分布均匀，结果具有代表性。除此之外，年龄、婚姻等占比也基本合理。但值得注意的是，参与本次调研的已婚人数是63人，其中配偶是彝族的有47人，占比51.1%。该数据说明，彝族密岔支系目前族内通婚水平比例有所下降，族外通婚的家庭越来越多。婚姻状况一栏，未婚的29人包括学生。从职业上来看，67.4%的密岔支系都是在家务农，25%的是学生这一群

体，在外务工人员比例为3.3%，其他则表示的是自由职业，如做生意等，该群体的人数为4.3%。

二、马鞍桥村彝族密岔支系自然口语能力自我评价情况

表1–3　马鞍桥村彝族密岔支系自然口语能力自我评价

语言	流利		可以和别人沟通		沟通有点困难		听得懂不会说		完全不会	
	人数（人）	比例（%）	人数（人）	比例（%）	人数（人）	比例（%）	人数（人）	比例（%）	人数（人）	比例（%）
彝语	88	95.7	3	3.3	1	1.1	0	0	0	0
汉语方言	85	92.4	5	5.4	0	0	2	2.2	0	0
汉语普通话	31	33.4	29	31.5	11	12	15	16.3	6	6.5
傈僳语	36	39.1	17	18.5	7	7.6	19	20.7	13	14.1
苗语	1	1.1	2	2.2	0	0	16	17.4	73	79.3
当地其他民族语言	1	1.1	1	1.1	0	0	0	0	90	97.8

密岔支系的彝语和汉语方言的流利程度最高，但仍然有2.2%的彝族密岔人对汉语方言是"听得懂不会说"的状态。表1–3数据显示，密岔支系彝语自然口语自我评价为"流利"的人数是88人，占比95.7%，"可以和别人沟通"的有3人（3.3%），是3名学生。访谈中我们观察到，这3名学生可以很轻松自如地使用彝语和同伴交流，因此我们认为，他们的彝语水平是"流利"，而语言能力自我评价为"可以和别人沟通"更多是谦虚的表现。

该表也显示，密岔支系汉语普通话"流利"的比例是33.4%，"可以和别人沟通"的比例是31.5%，"沟通有点困难"的比例是12%，"听得懂不会说"的比例是16.3%，"完全不会"的比例是6.5%。同样，密岔支系傈僳语"流利"比例是39.1%，"可以和别人沟通"的比例是18.5%，"沟通有点困难"的比例是7.6%，"听得懂不会说"的比例是20.7%，"完全不会"的比例是14.1%。该结果显示，密岔支系的

汉语普通话流利程度、语言水平有待继续提高，仍然有听得懂不会说（16.3%）和完全不会（6.5%）说汉语普通话的彝族密岔人。因此，在少数民族聚居区继续推广和提高民族汉语普通话语言能力的步伐不能停滞。与此同时，我们也看到，云南彝族、苗族聚居区的各民族多语能力保持较好，同一地区不同少数民族之间相互兼用对方语言的现象也表明，同一语系之间的语言兼用比不同语系间语言兼用的难度更小且更具有广泛性。民族之间交往越密切，语言兼用能力越强。

三、马鞍桥村彝族密岔支系不同年龄段语言能力自我评价现状

表1-4 马鞍桥村不同年龄段母语（彝语密岔话）

语言能力自我评价

年龄段	人数（人）	流利		可以和别人沟通		沟通有点困难		听得懂不会说		完全不会	
		人数（人）	比例（%）	人数（人）	比例（%）	人数（人）	比例（%）	人数（人）	比例（%）	人数（人）	比例（%）
少年（7~17岁）	18	15	83.3	3	16.7	0	0	0	0	0	0
青年（18~40岁）	27	26	96.3	0	0	1	3.7	0	0	0	0
中年（41~65岁）	36	36	100	0	0	0	0	0	0	0	0
老年（66岁及以上）	11	11	100	0	0	0	0	0	0	0	0
总计	92	88	95.6	3	3.3	1	1.1	0	0	0	0

彝语密岔话是家庭内部及村落彝族密岔支系最主要的交际工具。表1-4数据表明，中年（41~65岁）和老年（66岁及以上）段的彝族密岔人母语语言能力可以达到"流利"程度的比例占这两个年龄段调查人数的100%。目前，马鞍桥村的中年段和老年段的彝族密岔人能稳定流利地掌握彝语密岔话。

少年（7~17岁）和青年（18~40岁）年龄段的彝族密岔人，还暂未出现"听得懂不会说"和"完全不会"母语的情况。少年段母语"流利"的比例为83.3%，"可以和别人沟通"的比例为16.7%；青年段母

语"流利"的比例为96.3%, "沟通有点困难"的比例为3.7%。年龄越大, 母语掌握情况愈加稳定; 年龄越小, 母语流利程度越低。

表1-5 马鞍桥村不同年龄段汉语方言语言能力自我评价

年龄段	人数（人）	流利		可以和别人沟通		沟通有点困难		听得懂不会说		完全不会	
		人数（人）	比例（%）	人数（人）	比例（%）	人数（人）	比例（%）	人数（人）	比例（%）	人数（人）	比例（%）
少年（7~17岁）	18	16	88.9	0	0	0	0	2	11.1	0	0
青年（18~40岁）	27	26	96.3	1	3.7	0	0	0	0	0	0
中年（41~65岁）	36	34	94.4	2	5.6	0	0	0	0	0	0
老年（66岁及以上）	11	9	81.8	2	18.2	0	0	0	0	0	0
总计	92	85	92.4	5	5.4	0	0	2	2.2	0	0

汉语方言是马鞍桥村密岔支系对外交流的重要工具。从表1-5可见, 马鞍桥村不存在完全不会汉语方言的彝族密岔人。虽然不同年龄段都有部分村民的汉语方言语言能力自我评价达不到"流利"的程度, 但青年、中年和老年段中, 均暂未出现沟通有点困难、听得懂不会说和完全不会汉语方言的彝族密岔人。然而, 值得注意的是, 7~17岁年龄段的少年中已出现"听得懂不会说"汉语方言的孩子。这两个孩子目前在家庭内部与长辈沟通都是使用汉语普通话。然而, 随着汉语普通话在农村地区的普及, 少年儿童语言使用的单极话和语言接触导致的语言转用势不可当。

表1-6 马鞍桥村不同年龄段汉语普通话语言能力自我评价

年龄段	人数（人）	流利		可以和别人沟通		沟通有点困难		听得懂不会说		完全不会	
		人数（人）	比例（%）	人数（人）	比例（%）	人数（人）	比例（%）	人数（人）	比例（%）	人数（人）	比例（%）
少年（7~17岁）	18	14	77.8	3	16.7	1	5.5	0	0	0	0

（续表）

年龄段	人数（人）	流利		可以和别人沟通		沟通有点困难		听得懂不会说		完全不会	
		人数（人）	比例（%）	人数（人）	比例（%）	人数（人）	比例（%）	人数（人）	比例（%）	人数（人）	比例（%）
青年（18~40岁）	27	12	44.4	9	33.3	2	7.4	4	14.8	0	0
中年（41~65岁）	36	4	11.1	15	41.7	6	16.7	10	27.8	1	2.8
老年（66岁及以上）	11	1	9.1	2	18.2	2	18.2	1	9.1	5	45.5
总计	92	31	33.7	29	31.5	11	12	15	16.3	6	6.5

表1-6数据表明，密岔支系汉语普通话语言能力两极分化较为明显。少年段和青年段中，没有完全不会说汉语普通话的人，中年段和老年段的彝族密岔人仍然是将来汉语普通话推广和普及的重点对象。

表1-7　马鞍桥村不同年龄段傈僳语语言能力自我评价

年龄段	人数（人）	流利		可以和别人沟通		沟通有点困难		听得懂不会说		完全不会	
		人数（人）	比例（%）	人数（人）	比例（%）	人数（人）	比例（%）	人数（人）	比例（%）	人数（人）	比例（%）
少年（7~17岁）	18	1	5.6	2	11.1	4	22.2	4	22.2	7	38.9
青年（18~40岁）	27	10	37	3	11.1	2	7.4	9	33.3	3	11.1
中年（41~65岁）	36	19	52.8	10	27.8	0	0	4	11.1	3	8.3
老年（66岁及以上）	11	6	54.5	2	18.2	1	9.1	2	18.2	0	0
总计	92	36	39.1	17	18.5	7	7.6	19	20.7	13	14.1

表1-7数据表明，马鞍桥村66岁及以上的彝族密岔人中，没有完全不会傈僳语的人。从傈僳语流利程度上来看，少年段的彝族密岔人傈僳语流利程度最低，完全不会傈僳语的比例最高。傈僳语和彝语因同属藏缅语族彝语支，加之傈僳族和彝族长期的民族交融和族际通婚，因此互相之间能够用各自的母语进行交流。

表1-8　马鞍桥村不同年龄段苗语语言能力自我评价

年龄段	人数（人）	流利		可以和别人沟通		沟通有点困难		听得懂不会说		完全不会	
		人数（人）	比例（%）	人数（人）	比例（%）	人数（人）	比例（%）	人数（人）	比例（%）	人数（人）	比例（%）
少年（7~17岁）	18	1	1.1	0	0	0	0	1	5.6	16	88.9
青年（18~40岁）	27	0	0	0	0	1	3.7	3	11.1	23	85.2
中年（41~65岁）	36	0	0	0	0	1	2.8	10	27.8	25	69.4
老年（66岁及以上）	11	0	0	0	0	0	0	2	18.2	9	81.8
总计	92	1	1.1	0	0	2	2.2	16	17.4	73	79.3

表1-8数据显示，完全不会苗语的彝族密岔人所占比例最大，占所有被调查人数的79.3%，听得懂不会说的比例为17.4%。然而，听得懂不会说的界定是较为宽泛的，主要是指能听得懂大意、听得懂部分常用语的情况。调查过程中，由于语言能力梯度设置的问题，为充分了解彝族密岔人苗语掌握情况，这些彝族密岔人自述为"苗语我就懂一句半句""苗族说他们的民族话的时候，大体意思还是猜得出来的""复杂苗语不会说，懂几句简单的"，被调查对象的语言能力情况，统计时不能被归为"完全不会"，因此被统计为"听得懂不会说"。

表1-9　马鞍桥村不同年龄段其他民族语言能力自我评价

年龄段	人数（人）	流利		可以和别人沟通		沟通有点困难		听得懂不会说		完全不会	
		人数（人）	比例（%）	人数（人）	比例（%）	人数（人）	比例（%）	人数（人）	比例（%）	人数（人）	比例（%）
少年（7~17岁）	18	0	0	0	0	0	0	0	0	18	100
青年（18~40岁）	27	1	1.1	0	0	0	0	0	0	26	96.3
中年（41~65岁）	36	0	0	0	0	0	0	1	1.1	35	8.3
老年（66岁及以上）	11	0	0	0	0	0	0	0	0	11	100
总计	92	1	1.1	0	0	0	0	1	1.1	90	97.8

表1-9数据表明，少年段的18位和老年段的11位被调查者均完全不会任何其他民族的语言，青年段的1位彝族密岔人是由于自己的父亲或者母亲是其他少数民族，因此有1.1%的其他民族语言属"流利"，中年段有1.1%的其他民族语言是"听得懂不会说"。

四、马鞍桥村不同文化程度的密岔支系语言能力自我评价

表1-10 马鞍桥村不同文化程度的密岔支系母语语言能力自我评价

文化程度	人数（人）	流利		可以和别人沟通		沟通有点困难		听得懂不会说		完全不会	
		人数（人）	比例（%）	人数（人）	比例（%）	人数（人）	比例（%）	人数（人）	比例（%）	人数（人）	比例（%）
文盲	6	6	100	0	0	0	0	0	0	0	0
小学	50	50	100	0	0	0	0	0	0	0	0
初中	23	22	95.7	1	4.3	0	0	0	0	0	0
高中	8	6	75	2	25	0	0	0	0	0	0
中专	2	2	100	0	0	0	0	0	0	0	0
大学	3	2	66.7	0	0	1	33.3	0	0	0	0
总计	92	88	95.7	3	3.3	1	1.1	0	0	0	0

表1-11 马鞍桥村不同文化程度的密岔支系汉语方言语言能力自我评价

文化程度	人数（人）	流利		可以和别人沟通		沟通有点困难		听得懂不会说		完全不会	
		人数（人）	比例（%）	人数（人）	比例（%）	人数（人）	比例（%）	人数（人）	比例（%）	人数（人）	比例（%）
文盲	6	6	100	0	0	0	0	0	0	0	0
小学	50	44	88	4	8	0	0	2	4	0	0
初中	23	23	100	0	0	0	0	0	0	0	0
高中	8	8	100	0	0	0	0	0	0	0	0

（续表）

文化程度	人数（人）	流利		可以和别人沟通		沟通有点困难		听得懂不会说		完全不会	
		人数（人）	比例（%）	人数（人）	比例（%）	人数（人）	比例（%）	人数（人）	比例（%）	人数（人）	比例（%）
中专	2	2	100	0	0	0	0	0	0	0	0
大学	3	2	66.7	1	33.3	0	0	0	0	0	0
总计	92	85	92.4	5	5.2	0	0	2	2.2	0	0

表1-12 马鞍桥村不同文化程度的密岔支系
汉语普通话语言能力自我评价

文化程度	人数（人）	流利		可以和别人沟通		沟通有点困难		听得懂不会说		完全不会	
		人数（人）	比例（%）	人数（人）	比例（%）	人数（人）	比例（%）	人数（人）	比例（%）	人数（人）	比例（%）
文盲	6	1	16.7	0	0	2	33.3	1	16.7	2	33.3
小学	50	14	28	17	34	3	6	12	24	4	8
初中	23	8	34.8	7	30.4	6	26.1	2	8.7	0	0
高中	8	4	50	4	50	0	0	0	0	0	0
中专	2	2	100	0	0	0	0	0	0	0	0
大学	3	2	66.7	1	33.3	0	0	0	0	0	0
总计	92	31	33.7	29	31.5	11	12	15	16.3	6	6.5

表1-13 马鞍桥村不同文化程度的密岔支系
傈僳语语言能力自我评价

文化程度	人数（人）	流利		可以和别人沟通		沟通有点困难		听得懂不会说		完全不会	
		人数（人）	比例（%）	人数（人）	比例（%）	人数（人）	比例（%）	人数（人）	比例（%）	人数（人）	比例（%）
文盲	6	2	33.3	0	0	2	33.3	2	33.3	0	0
小学	50	24	48	8	16	3	6	7	14	8	16
初中	23	9	39.1	5	21.7	2	8.7	6	26.1	1	4.3

（续表）

文化程度	人数（人）	流利		可以和别人沟通		沟通有点困难		听得懂不会说		完全不会	
		人数（人）	比例（%）	人数（人）	比例（%）	人数（人）	比例（%）	人数（人）	比例（%）	人数（人）	比例（%）
高中	8	0	0	4	50	0	0	2	25	2	25
中专	2	1	50	0	0	0	0	0	0	1	50
大学	3	0	0	0	0	0	0	2	66.7	1	33.3
总计	92	36	39.1	17	18.5	7	7.6	19	20.7	13	14.1

表1-14　马鞍桥村不同文化程度的密岔支系
苗语语言能力自我评价

文化程度	人数（人）	流利		可以和别人沟通		沟通有点困难		听得懂不会说		完全不会	
		人数（人）	比例（%）	人数（人）	比例（%）	人数（人）	比例（%）	人数（人）	比例（%）	人数（人）	比例（%）
文盲	6	0	0	0	0	0	0	0	0	6	100
小学	50	1	2	0	0	2	4	8	16	39	78
初中	23	0	0	0	0	0	0	6	26.1	17	73.9
高中	8	0	0	0	0	0	0	1	12.5	7	87.5
中专	2	0	0	0	0	0	0	1	50	1	50
大学	3	0	0	0	0	0	0	0	0	3	100
总计	92	1	1.1	0	0	2	2.2	16	17.4	73	79.3

表1-15　马鞍桥村不同文化程度的密岔支系
其他民族语言能力自我评价

文化程度	人数（人）	流利		可以和别人沟通		沟通有点困难		听得懂不会说		完全不会	
		人数（人）	比例（%）	人数（人）	比例（%）	人数（人）	比例（%）	人数（人）	比例（%）	人数（人）	比例（%）
文盲	6	0	0	0	0	0	0	0	0	6	100
小学	50	0	0	1	2	0	0	1	2	48	96

（续表）

文化程度	人数（人）	流利		可以和别人沟通		沟通有点困难		听得懂不会说		完全不会	
		人数（人）	比例（%）	人数（人）	比例（%）	人数（人）	比例（%）	人数（人）	比例（%）	人数（人）	比例（%）
初中	23	0	0	0	0	0	0	0	0	23	100
高中	8	0	0	0	0	0	0	0	0	8	100
中专	2	0	0	0	0	0	0	0	0	2	100
大学	3	0	0	0	0	0	0	0	0	3	100
总计	92	0	0	1	1.1	0	0	1	1.1	90	97.8

从整体上来看，文化程度与个人语言能力有着密切的关系。首先，文化程度对母语语言能力有影响，文化程度越高，密岔支系母语语言能力自我评价越低；文化程度对汉语方言影响不明显，除两名小学生外，所有人的汉语方言水平都可以达到"流利"或"可以和别人沟通"的水平；文化程度对汉语普通话语言能力有影响，文化程度越高，密岔支系汉语普通话语言能力越强。其余语言能力则和家庭内部各成员的语言能力和语言使用情况相关，与学历高低的关系不明显。

第四节　马鞍桥村彝族密岔支系的族群认同和语言认同

一、族群认同

（一）族群与族群认同

"族群"是自然形成的一个历史的共同体，"族群"只要不被国家承认，就不能成为一个"民族"，反之，国家承认的就是"民族"。我们国家一直就是这种情况，通过这种方式来区别"民族"和"族群"。"语言"也是自然形成的，反而跟"族群"差不多可以画等号。①族群认同是民族研究领域的一个重要课题和研究热点，但是目前学界对于族群认同的定义不甚统一。卡拉·麦考恩和雷金纳德·奥尔斯顿把族群认同看作"个体对本族群的信念、态度，以及对其族群身份的承认"。陈枝烈认为："族群认同是关于个人的思考、知觉、情感与行为组型归属于某族群的情形。"②周大鸣认为："族群认同总是通过一系列文化要素表现出来，族群认同是以文化认同为基础的""共同的历史记忆和遭遇是族群认同的基础要素""语言、宗教、地域、习俗等文化特征也是族群认同的要素。"综合而言，族群认同既是个体对族群的自我认同与情感依附，也是由此而产生出的相应态度和价值观等，并借由共同的族源、文化与风俗习惯、宗教信仰、语言行为等作为族群认同的外在表征。同时，族群认同又是一种心理过程，是个体借由自我认同而产生，并经由语言、族群特征与文化意象符号来实现的一种对目标族群的趋同过程，这一过程不是单一不变的，而是随着社会环境的变化与自身心理的需求而变动。从学者对族群认同的不同界定可知，族群认同是一个涉及社会、历史、文化、语言等的复杂概念。③有关族群认同的界定、分析和研究，有从民族志、人类学、语言学等的角度研究，除此之外，实证和定性定量的研究成果也比较多。

对于马鞍桥村密岔支系的族群认同研究，我们采用问卷形式展开实证定量研究，研究结果还基于田野调查结果。我们的题目采取的是5级李克特形式，量表共计4项指标、20个测试题目，题目有"非常同意""同意""无意见""不同意""非常不同意"5种回答，分别计分5、4、3、2、1。

---

① 龙国贻、孙宏开：《八江语言路 浓浓古道情——中国民族语言学家孙宏开先生之茶马古道语言文化专访》，载《百色学院学报》2021年第6期。

② 陈枝烈：《原住民儿童族群认同与文化认知之探讨》，载《原住民教育》1998年第6期。

③ 瞿继勇：《湘西地区少数民族语言态度研究》，民族出版社2017年版，第140~141页。

（二）马鞍桥村族群认同调查样本分布情况

样本分析情况可以清晰地看到本次参与调研的人的基本情况，也是本次调研数据分析和讨论的依据。本次对马鞍桥村族群认同情况调查，共有被试者73人，73人均为村内的彝族密岔支系。

表1-16　彝族密岔支系族群认同情况调查样本分布情况

类别		人数（人）	比例（%）
性别	男	39	53.4
	女	34	46.6
民族	彝族	73	100
	其他	0	0
年龄	少年（7~17岁）	14	19.2
	青年（18~40岁）	21	28.8
	中年（41~65岁）	32	43.8
	老年（66岁及以上）	6	8.2
教育程度	小学	40	54.8
	初中	20	27.4
	高中	7	9.6
	中专	1	1.4
	大学	1	1.4
	文盲	4	5.5

从表1-16样本分布情况可见，此次调研对象的男性人数是39人，占比53.4%，女性34人，占比46.6%，意味着性别分布均匀，结果具有代表性。除此之外，年龄、教育程度占比也基本合理。由于我们是在田间地头随机挑选彝族作为被试对象，且从人口学变量样本分布分析结果来看，本书数据分析结果可具备参考性。

（三）族群认同数据分析

族群认同是指某个少数民族群体中的个人在加入或融入该少数民族群体后，该群体中的成员随着群内其他成员的变化，如何看待自身后续的行为变化或认知自己的族群身份和族群归属。民族地区彝族密岔支系聚居的村落，由于群体内人际关系密切，群体对个人的影响较大，个人在群体中不断在创造和实现着自身的个人价值，个人的各种需要得到满足，于是成员会主动与群体发生认同关系，这种认同是自觉的。那么，彝族密岔支系聚居村内的族群认同现状如何呢？

根据西方学者的研究，最常用来测量族群认同要素的指标是族群身份、族群态度、族群投入与族群知觉四项。[①]本次设计的20题 5 级李克特量表，每题最低分是1分，最高分是5分，每个维度最高分25分，最低分5分，整个量表最高分为100分，最低分为20分，得分越高，说明认同度越积极。统计结果见下表。

表1-17　马鞍桥村彝族密岔支系族群要素与族群认同量表

	最小值（分）	最大值（分）	平均值（分）	标准差
族群身份	12.00	25.00	18.85	3.286
族群态度	16.00	25.00	21.67	2.678
族群投入	12.00	25.00	19.22	2.353
族群知觉	10.00	25.00	17.33	3.701
族群认同	59.00	97.00	77.07	9.611

总的来看，73个彝族密岔人在族群认同上，最低分为59分，最高分为97分，平均分为77.07，可见彝族密岔支系的族群认同是积极的、正面的。他们认同自己的民族身份，了解本民族的文化特征，也

[①] 瞿继勇：《湘西地区少数民族语言态度研究》，民族出版社2017年版，第141页。

愿意参加本民族相关的活动。从族群身份、族群态度、族群投入、族群知觉这四个维度来看，密岔支系的族群态度，即密岔支系在期待政府举办各种活动来提升彝族的语言与文化、喜爱和认同本民族的语言文化、认为自己是具有彝族族群意识的人、认为彝族文化值得好好保存、认为身为彝族是一件快乐的事这几个方面的认同度最高。

二、马鞍桥村彝族密岔支系的语言认同

（一）族群认同与语言认同之间的关系

族群认同与语言认同经常被学者同时讨论，境外学者也无法完全否认语言、文化等客观要素在民族认同中的重要性。查尔斯·凯斯在《族群变迁的辩证法》一文中指出，族群变迁有多种形式，但在变迁的同时，却有表示原族体的认同痕迹。他认为不同文化的人可以区分为不同的族群，没有一种一成不变的文化类型。认同一个文化的族群可以从语言、宗教、神话和传说及仪式等方面得到反映。他还认为，在某种情况下，语言不同，其族群认同感就会不同，但也有语言不同，而有共同族群认同的情况。一个比较典型的例子是马鞍桥村民段学红，她嫁到马鞍桥村之前户籍显示是汉族，父母不会讲彝语，自己也不会讲彝语。目前，段学红在马鞍桥村已生活了二十多年，能说地道的彝语，在访谈过程中也不止一次表明"我是彝族""我现在是彝族了"。彝汉通婚和婚后彝语环境促使以段学红为代表的汉族女性发生了语言转用现象，汉语转用彝语在民族聚居村也十分常见。

很明显，族群认同、民族认同抑或民族意识首先产生于本民族文化与他族文化的接触。也就是说，只有本民族与其他民族文化及语言等的接触和碰撞，才会产生认同的概念。费孝通认为，民族是一个具有共同生活方式的人们共同体，必须和"非我族类"的外人接触才发生民族的认同，也就是民族意识或"族群差异"激发。一个族群成员的民族意识的强弱也会存在着程度上的不同。很显然，一个民族成员

的民族意识和民族认同状况是十分复杂且不断变化的，它不是一成不变的存在。所以，从这个意义上来看，在没有接触到他族文化之前，民族、族群的某一个体也无法谈及民族归属感、族群认同、价值认同及语言认同等。

（二）马鞍桥村语言认同调查情况及样本分布情况

对于马鞍桥村密岔支系的语言认同调查和研究，我们采用问卷调查结合访谈法展开相关研究。我们的题目采取的是5级李克特量表形式，量表共计4项指标、12个测试题目，题目有"非常同意""同意""无意见""不同意""非常不同意" 5 种回答，分别计分5、4、3、2、1。本次设计的12题5级李克特量表，每题最低分是1分，最高分是5分，每个维度最高分25分，最低分5分，整个量表最高分为60分，最低分为12分，得分越高，说明认同度越积极。

样本分析情况可以清晰地看到本次参与调研的人的基本情况，也是本次调研数据分析和讨论的依据。本次对马鞍桥村语言认同情况调查，共有被试者73人，73人均为村内的彝族密岔支系。

表1-18　彝族密岔支系族群认同情况调查样本分布情况

类别		人数（人）	比例（%）
性别	男	39	53.4
	女	34	46.6
民族	彝族	73	100
	其他	0	0
年龄	少年（7~17岁）	14	19.2
	青年（18~40岁）	21	28.8
	中年（41~65岁）	32	43.8
	老年（66岁及以上）	6	8.2

（续表）

类别		人数（人）	比例（%）
教育程度	小学	40	54.8
	初中	20	27.4
	高中	7	9.6
	中专	1	1.4
	大学	1	1.4
	文盲	4	5.5

从表1-18样本分布情况可见，此次调研对象的男性人数是39人，占比53.4%，女性34人，占比46.6%，意味着性别分布均匀，结果具有代表性。除此之外，年龄、教育程度占比也基本合理。由于我们样本是随机挑选彝族作为被试对象，从人口学变量样本分布分析结果来看，数据分析结果可具备参考性。

（三）语言认同数据分析

表1-19　彝族密岔支系语言认同整体测量值结果统计表

	人数（人）	最小值（分）	最大值（分）	平均值（分）	标准差（分）
彝语认同	73	18.00	30.00	24.78	3.404
汉语普通话认同	73	18.00	30.00	25.07	3.267

从表1-19可知，73个彝族密岔支系受访者中，彝语认同整体测量值最高分为30分，最低分为18分，平均得分为24.78。汉语普通话整体测量值最高分为30分，最低分为18分，平均得分25.07。这就表明彝族密岔支系对彝语和汉语普通话的态度都是积极的、正面的，对汉语普通话的评价高于对彝语的评价。

表1-20　彝族密岔支系语言认同各要素均值表

		人数（人）	最小值（分）	最大值（分）	平均值（分）	标准差（分）
彝语	好听度	73	2.00	5.00	4.19	0.811
	亲切度	73	3.00	5.00	4.19	0.811
	有用度	73	2.00	5.00	4.23	0.657
	地位	73	1.00	5.00	3.66	0.901
	语言文化保护意愿	73	3.00	5.00	4.27	0.712
	节目接受度	73	2.00	5.00	4.23	0.717
汉语普通话	好听度	73	3.00	5.00	4.01	0.717
	亲切度	73	1.00	5.00	3.75	0.863
	有用度	73	3.00	5.00	4.48	0.626
	地位	73	3.00	5.00	4.37	0.697
	学习意愿	73	2.00	5.00	4.22	0.731
	节目接受度	73	2.00	5.00	4.23	0.657

　　从表1-20可以看出，"好听度"层面，汉语普通话好听度（4.01）<彝语好听度（4.19）；"亲切度"层面，彝语亲切度（4.19）>汉语普通话亲切度（3.75）；"有用度"层面，汉语普通话有用度（4.48）>彝语有用度（4.23）；"地位"层面，汉语普通话的地位（4.37）>彝语的地位（3.66）；彝语语言文化保护意愿和汉语普通话学习意愿方面，密岔支系都表现出较强的语言文化保护意识和语言学习意愿；"节目接受度"层面，密岔支系对彝语节目和汉语普通话节目的接受度是一样的，语言态度差异不明显。

第二章 楚雄苗族聚居村落语言生态

第一节 楚雄苗族概况

一、楚雄彝族自治州苗族概况

楚雄彝族自治州的苗族主要分布在武定、禄丰、元谋、牟定、大姚、楚雄等县（市）。"大分散、小聚居"是苗族分布的特点，一般由几家、十几家或几十家形成一个村寨，大都居住在海拔2 000米以上的高山，只有少数居住在平坝地区。楚雄彝族自治州共有340个苗族村寨。在生产生活方面，苗族主要从事农业和畜牧业，种植玉米、水稻、荞麦、薯类和豆类，经济作物主要是烤烟、药材、马铃薯、玉米、竹子和白菜等，畜牧业主要饲养水牛、山羊、猪、驴、骡，家禽有鸡、鹅、鸭等。

楚雄彝族自治州内的苗族服饰分便装和盛装两种。苗族女性服饰干净利索，清新素雅，制作省工，穿着清爽，方便生产劳作。上装右开襟，布纽扣，下装蜡染百褶花裙，系围腰，束腰带，裹护腿，戴盘状头帕。衣领、衣袖、帕带、围腰、腰带、护腿、裙脚等部位镶有精美绣花。衣裙或长可抵足，飘逸多姿，或短不及膝，婀娜动人。男性服饰简洁、朴素、厚实、牢固，注重经济、适用。其上装为对襟长袖麻布衣，外罩短褂，下装长裤。苗族在婚俗方面，一般都有传统的仪礼过程。男女青年通过社交活动相互结识，然后请媒人说亲，男女双方皆有媒人，男方叫跑媒，女方叫坐媒。接亲时唱开亲调，在堂屋转三圈，喝三巡酒，唱谢酒歌、客歌、答歌等。嫁到男家后，再行与女家同样的礼节。

楚雄彝族自治州仁兴镇的苗族丧葬礼仪并不复杂。目前，仁兴镇苗族同胞积极响应政府的殡葬改革政策，遵从丧事简办的传统礼俗，老人过世即火化，火化当天入公墓安葬。

苗族是一个能歌善舞的民族，尤以情歌、酒歌享有盛名。情歌多为青年男女隔山对唱，曲调旋律优美、婉转动听。酒歌声调柔和，节拍分明，抒情气氛浓郁。芦笙是苗族最有代表性的乐器。苗族音乐格调古朴，内容丰富，典雅庄重，浑厚婉转，节奏轻快，抑扬顿挫，有独吹、二人吹、四人吹和多人吹多种表现方法。例如，仁兴镇大箐村的"芦笙滚锅舞"，是大箐苗族文化的一颗璀璨明珠，也是地方乃至全国都具有一定特色和影响力的苗族传统文化代表。紧随着芦笙的响声，一位英俊的苗族小伙子身着苗族花衣跳上方桌，芦笙的响声迎来了载歌载舞的苗族，这就是大箐村的"芦笙滚锅舞"。

苗族主要节日之一为花山节，又称踩花山，每年阴历正月十五举行。节日期间，苗族人穿上节日盛装，到高山上栽一棵花树，举行对歌、跳芦笙舞、跳狮子舞、斗牛、爬花杆等活动。苗族十分注重礼仪。客人来访，必杀鸡宰鸭盛情款待，若是远道而来的贵客，苗族人习惯先请客人饮牛角酒。敬酒仪式、敬酒歌，风格独特。饮食方面，楚雄各地苗族普遍喜食酸味菜肴，酸汤家家必备。苗族以辣椒为主要调味品，至今仍保留着特有的民族文化和饮食特色，有"无辣不成菜"之说。例如，武定县苗族的"煮辣椒"，禄丰市勤丰镇红土山苗族聚居村的"筒子骨煮辣椒"、禄丰市仁兴镇大箐村的"干焙青椒"，都是当地苗族特色菜之一。

二、苗族聚居区大箐村委会概述

禄丰市仁兴镇大箐村委会是楚雄彝族自治州一个苗族聚居村委会。大箐村委会位于禄丰、武定、富民三县交界，地处仁兴镇东边，距镇政府13千米，村委会面积12.3平方千米，平均海拔2 100米，年平均气温15.4℃，年降水量1 100毫米，村委会辖9个村民小组、12个自然村，共有425户人家，1 369人。

近年来，大箐村委会在各级党委、政府的关心和支持下，充分发挥本地区位优势、地理环境优势及苗族传统文化优势，加强农业产业结构调整，成立大箐无公害反季节大白菜种植专业技术协会和大箐苗族服装加工营销协会，让人民走上了致富路。同时大箐村民在节假日和农闲时自发组织丰富多彩的文体活动，既弘扬了苗族传统文化，又丰富了自己的精神文化生活，也打造出苗族文化精品。大箐村委会先后成功举办过七届民族传统文体运动会、四届苗族花山节、一届苗族斗牛文化节。大箐经济、文化走进了中国中央电视台《新闻联播》、中国中央电视台国防军事频道（CCTV-7国防军事）的《乡村大世界》栏目，《人民日报》《云南日报》《经济日报》《楚雄日报》及省、州、县有关媒体相继进行了追踪报道。

第一，苗族文化得到传承发扬。2005年至今，大箐苗族歌舞之乡、大箐苗剧、大箐苗族传统文化保护区、大箐苗族芦笙滚锅舞列入了州级非物质文化遗产代表性项目名录；1 000余人口的村委会就有2个州级非物质文化遗产代表性项目代表性传承人，即马天德（苗剧）、龙才敏（苗族芦笙舞）；3个市级非物质文化遗产代表性项目代表性传承人，即龙军花（苗族芦笙舞）、袁正光（少数民族体育射弩）、龙荣华（苗医）。

第二，苗族文化精品辈出。2005年9月，大箐苗族金芦笙农民合唱团在全国首届"聂耳杯"合唱比赛中取得第一名的好成绩；同年10月，大箐文艺队、合唱团走进中央电视台国防军事频道（CCTV-7国防军事）《乡村大世界》栏目；2007年10月，合唱团又在广东省中山市举办的"全国首届社会主义新农村合唱大会"比赛中荣获一等奖。大箐文艺队表演的高难度舞蹈《苗族芦笙滚锅舞》曾参加过云南省首届民族民间文化博览会暨2004年楚雄彝族火把节开幕式、禄丰恐龙文化节、楚雄苗族花山节等演出，2018年4月6日与中央民族歌舞团在禄丰市同台演出。

苗族传统体育竞技水平不断提高。大箐村委会苗族体育传承人袁正光兄弟三人曾参加全国少数民族传统体育运动会、云南省少数民族传统体育运动会、楚雄彝族自治州少数民族传统体育运动会的赛马、射弩项目比赛并荣获金、银、铜牌50余枚。大箐村委会先后成功举办了七届民族传统文体运动会，袁正光先后培养了10余名射弩徒弟。

第三，苗族语言文字传播广泛。大箐小学作为苗族聚居区办学历史较早的学校，2003年被云南省教育厅命名为"双语教学示范学校"，2017年楚雄彝族自治州中小学民族团结教育暨双语教学管理人员和骨干培训班全体人员参观了大箐小学。大箐小学苗文教学骨干、云南省2018年度乡村学校从教20年以上优秀教师张建忠多次参加云南省中小学审定委员会，主审义务教育课程标准实验教科书（双语教学），用苗文翻译党的十七大报告、党的十八大报告、党的十九大报告、习近平系列重要讲话。大箐也是口头文学和书籍丰富多彩的苗乡，近年来先后出版了《小学生苗汉成语词典（滇东北次方言）》《苗岭明珠大箐村》《楚雄苗族村落文化大箐读本》《大箐小学100年》《苗族文史集录》等书。

三、仁兴镇大箐苗族分布

禄丰市仁兴镇苗族自称"阿卯"或"卯"，主要分布在大箐、西村、大猪街、左所、清水河、彰保、马鞍村委会的部分村组，人口约3 000人。其中，大箐各村组的苗族无论在语言保护抑或文化传承方面，一直是仁兴镇苗族的一张亮丽名片。2022年6月，禄丰市仁兴镇大箐村委会的芦笙滚锅舞与禄丰香醋、禄丰剪纸、广通传统手工面4个非物质文化遗产代表性项目，参加了楚雄彝族自治州2022年"文化和自然遗产日"宣传展示暨"红火楚雄·非遗购物节"系列活动展演。仁兴镇苗族聚居村落大箐村独特的芦笙舞再现了苗族源远流长的历史文化，体现了苗族儿女自强不息、开拓进取、追求美好生活的坚强品质。《芦笙滚锅舞》以优美的音律和高难度的舞蹈杂技动作获得了观众的阵阵掌声。

　　大箐村委会位于楚雄彝族自治州禄丰市的东北部，东邻富民，北接武定，西南部与仁兴镇的大猪街、西村接壤，素有"一村连三县"之称。中华人民共和国成立前，大箐村委会是罗次县通往富民县城再到省城昆明的"人马驿道"必经之地。目前，大箐村委会隶属于楚雄彝族自治州禄丰市仁兴镇，既是乌蒙山余脉与罗次坝子东北面青山山脉的接合部，又是乌蒙山与哀牢山的分界线的一个行政村。大箐村委会地理位置特殊，从村委会内向外遥望是一望无际连绵起伏的山峰，外人对大箐村委会的印象就是"箐""山""路难走""偏僻""苗族村"等。

　　由于大箐村委会特殊的地理位置和区位，此地的苗族语言和文化一直保存完好，但随着社会的发展，语言接触愈加频繁，越来越多的大箐人走出了自己的村寨，其语言文化发展的现状和走向如何等问题都值得文化和语言工作者加以深入研究，这也是我们本次彝族、苗族聚居区语言生态调研选取此地作为调查点的原因之一。根据大箐村委会调研数据统计，截至2023年5月，大箐村委会各村民小组总人口情况可参见下表。

表2-1　大箐村委会9个村民小组人口及民族分布情况

调查点	村民小组	人口（人）	村落民族分布
大箐村	大箐	175	苗族聚居
	后石洞	189	苗族聚居
	背阴箐	283	苗族聚居
	老吴箐	112	苗族聚居
	大平地	198	苗族聚居
	广地山	152	苗族聚居
	石谷村	62	苗族聚居
	烂泥箐	73	苗族聚居
	沙帽山	112	苗族聚居

除大箐村委会以外，仁兴镇清水河村委会的大坝河村也是仁兴镇苗族聚居村落之一。该村聚居着128户486名苗族，是仁兴镇正在着力打造的民族风情体验区之一。目前，大箐苗族传统文化保护区、马鞍大跃进水库——彝族、傈僳族传统村寨保护区及清水大坝河沿河苗族风情园也越来越受到外地游客的青睐。本书彝族、苗族村寨调研点也正是位于这几个民族文化保护区或体验区之内。

近年来，仁兴镇人民政府进一步加大了保护和传承少数民族文化的力度。随着少数民族传统文化村落的道路和设施进一步完善，相信这些民族风情体验区的知名度必然会快速打开，与此同时，快速的人口流入可能会导致民族地区的语言、文化、生活方式以及风俗习惯发生巨大的变迁。乡村城镇化、城镇都市化以及经济全球化背景下民族地区经济发展与在发展中造成的文化变迁二者所产生的矛盾，关系到地区经济的发展与民族文化保护成效，一些必要的应急措施和机制应提前考虑。

第二节　大箐村苗族语言使用情况

本节将主要对村委会所在地大箐村的61户苗族的语言使用情况进行汇总。大箐村共有61户171人，全部是苗族，所有家庭都属于族内婚姻。

大箐村委会共1 369人，仅有两户跨族婚姻，一家是汉族，一家是白族，其余均为族内婚姻。因为都是同族的关系，家庭用语都是苗语，母语保持良好，语言属苗语川黔滇方言滇东北次方言。随着我们调查的深入，访谈过程中各村民表示，"我们在家庭内部也会使用汉语方言和汉语普通话""我们学习汉语普通话主要是从电视、手机上学来的"。目前，汉语已全面普及苗族家庭内部。从苗语流利程度上来看，大箐村委会1 369名苗族，凡是具备语言能力的苗族人均能流利地使用苗语，各年龄段苗族人的苗语流利程度接近100%。由于篇幅限制，本节仅罗列并分析了作为9个村民小组之一的大箐村的语言使用情况，可参见表2-2。

表2-2　大箐村语言使用情况一览表

编号	家庭关系	姓名	性别	民族	年龄（岁）	文化程度	苗语	汉语方言	汉语普通话
1	户主	张有华	男	苗族	49	文盲或半文盲	流利	流利	流利
	妻	杨美玉	女	苗族	51	初中	流利	流利	流利
	子	张振文	男	苗族	25	初中	流利	流利	流利
	女	张振梅	女	苗族	19	初中	流利	流利	流利
2	户主	张圣光	男	苗族	50	初中	流利	流利	流利
	妻	张艳珍	女	苗族	38	初中	流利	流利	流利
	子	张俊华	男	苗族	17	高中	流利	流利	流利
3	户主	韩庭珍	女	苗族	47	小学	流利	流利	流利
	子	张仕恒	男	苗族	20	高中	流利	流利	流利
	女	张淑樱	女	苗族	14	小学	流利	流利	流利
4	户主	龙军花	女	苗族	38	初中	流利	流利	流利
5	户主	龙志高	男	苗族	47	小学	流利	流利	流利
	子	龙楚明	男	苗族	22	初中	流利	流利	流利
6	户主	龙英明	男	苗族	71	半文盲	流利	沟通有点困难	完全不会
	妻	潘美芳	女	苗族	71	半文盲	流利	沟通有点困难	完全不会
7	户主	张块德	男	苗族	75	半文盲	流利	沟通有点困难	完全不会
	妻	龙秀英	女	苗族	71	文盲	流利	流利	流利
	子	张有明	男	苗族	44	初中	流利	流利	流利
	儿媳	龙兰珍	女	苗族	34	初中	流利	流利	流利
	孙	张艳梅	女	苗族	15	初中	流利	流利	流利
	孙	张艳虹	女	苗族	6	小学	流利	流利	流利

（续表）

编号	家庭关系	姓名	性别	民族	年龄（岁）	文化程度	苗语	汉语方言	汉语普通话
8	户主	张丽云	男	苗族	42	初中	流利	流利	流利
9	户主	张明杰	男	苗族	64	小学	流利	流利	可以和别人沟通
10	户主	龙水华	男	苗族	36	初中	流利	流利	流利
	妻	王美英	女	苗族	29	中专	流利	流利	流利
	女	龙艳萍	女	苗族	10	小学	流利	流利	流利
11	户主	罗金华	男	苗族	56	小学	流利	流利	流利
	妻	王秀英	女	苗族	55	小学	流利	流利	流利
	女	罗思珺	女	苗族	21	初中	流利	流利	流利
12	户主	龙军福	男	苗族	47	初中	流利	流利	流利
	妻	张琴	女	苗族	46	小学	流利	流利	流利
	子	龙鹏安	男	苗族	20	高中	流利	流利	流利
	子	龙鹏苏	男	苗族	14	初中	流利	流利	流利
13	户主	张圣德	男	苗族	50	小学	流利	流利	流利
	妻	韩美秀	女	苗族	46	小学	流利	流利	流利
	子	张俊伟	男	苗族	22	初中	流利	流利	流利
14	户主	龙高华	男	苗族	45	初中	流利	流利	流利
	子	龙鹏明	男	苗族	15	初中	流利	流利	流利
15	户主	龙文忠	男	苗族	58	小学	流利	流利	流利
	妻	张美英	女	苗族	59	小学	流利	流利	流利
	子	龙水荣	男	苗族	32	初中	流利	流利	流利
	儿媳	王春艳	女	苗族	29	初中	流利	流利	流利
	孙	龙艳婷	女	苗族	8	小学	流利	流利	流利

（续表）

编号	家庭关系	姓名	性别	民族	年龄（岁）	文化程度	苗语	汉语方言	汉语普通话
16	户主	马天福	男	苗族	53	小学	流利	流利	流利
	妻	潘美荣	女	苗族	44	初中	流利	流利	流利
	妹妹	潘美香	女	苗族	42	初中	流利	流利	流利
	女	马飞扬	女	苗族	16	初中	流利	流利	流利
	子	马飞龙	男	苗族	8	小学	流利	流利	流利
17	户主	龙献芬	女	苗族	60	小学	流利	流利	可以和别人沟通
18	户主	张志辉	男	苗族	51	小学	流利	流利	流利
	妻	王建珍	女	苗族	49	小学	流利	流利	流利
	子	张贵华	男	苗族	27	高中	流利	流利	流利
	子	张进华	男	苗族	21	高中	流利	流利	流利
19	户主	罗金光	男	苗族	58	小学	流利	流利	流利
	妻	龙秀珍	女	苗族	57	小学	流利	流利	流利
20	户主	罗金刚	男	苗族	53	小学	流利	流利	流利
	女	罗春艳	女	苗族	26	高中	流利	流利	流利
	女	罗春丽	女	苗族	16	初中	流利	流利	流利
21	户主	龙建才	男	苗族	45	初中	流利	流利	流利
	妻	龙建芬	女	苗族	42	初中	流利	流利	流利
	女	龙海艳	女	苗族	21	初中	流利	流利	流利
	女	龙海琼	女	苗族	14	高中	流利	流利	流利
22	户主	龙英华	男	苗族	71	文盲	流利	流利	完全不会
	妻	韩朝花	女	苗族	67	半文盲	流利	流利	流利
23	户主	王翠兰	女	苗族	57	半文盲	流利	流利	流利
24	户主	潘福花	女	苗族	62	小学	流利	流利	流利

（续表）

编号	家庭关系	姓名	性别	民族	年龄（岁）	文化程度	苗语	汉语方言	汉语普通话
25	户主	龙光明	男	苗族	41	初中	流利	流利	流利
	妻	张美花	女	苗族	37	初中	流利	流利	流利
	子	龙鹏	男	苗族	15	初中	流利	流利	流利
	女	龙晶	女	苗族	8	小学	流利	流利	流利
26	户主	张光明	男	苗族	38	初中	流利	流利	流利
	妻	张绍芳	女	苗族	37	小学	流利	流利	流利
	子	张博智	男	苗族	10	小学	流利	流利	流利
27	户主	杨秀梅	女	苗族	42	初中	流利	流利	流利
	女	龙晶晶	女	苗族	19	高中	流利	流利	流利
	女	龙晶蕊	女	苗族	6	小学	流利	流利	流利
28	户主	潘秀兰	女	苗族	67	半文盲	流利	流利	流利
29	户主	龙啟兰	女	苗族	58	小学	流利	流利	流利
	妹妹	龙会兰	女	苗族	56	小学	流利	流利	流利
30	户主	龙光荣	男	苗族	46	初中	流利	流利	流利
	妻	杨珍美	女	苗族	44	小学	流利	流利	流利
	女	龙好	女	苗族	23	初中	流利	流利	流利
	子	龙涛	男	苗族	15	初中	流利	流利	流利
31	户主	马恩荣	男	苗族	43	小学	流利	流利	流利
	妻	王秀芳	女	苗族	43	小学	流利	流利	流利
	子	马俊伟	男	苗族	18	高中	流利	流利	流利
	子	马俊刚	男	苗族	6	小学	流利	流利	流利
32	户主	王美英	女	苗族	81	文盲	流利	流利	流利

（续表）

编号	家庭关系	姓名	性别	民族	年龄（岁）	文化程度	苗语	汉语方言	汉语普通话
33	户主	龙文高	男	苗族	53	初中	流利	流利	流利
	妻	潘秀兰	女	苗族	48	小学	流利	流利	流利
	女	龙燕	女	苗族	24	初中	流利	流利	流利
	子	龙海云	男	苗族	20	初中	流利	流利	流利
34	户主	龙建高	男	苗族	42	初中	流利	流利	流利
	妻	杨建花	女	苗族	39	初中	流利	流利	流利
	女	龙鹏娟	女	苗族	15	初中	流利	流利	流利
	子	龙鹏军	男	苗族	9	小学	流利	流利	流利
35	户主	马天德	男	苗族	55	小学	流利	流利	流利
	妻	王秀花	女	苗族	53	小学	流利	流利	流利
36	户主	张鑫荣	男	苗族	35	初中	流利	流利	流利
	妻	张建花	女	苗族	29	初中	流利	流利	流利
	子	张浩	男	苗族	8	小学	流利	流利	流利
37	户主	马恩祥	男	苗族	33	初中	流利	流利	流利
	女	马俊婷	女	苗族	10	小学	流利	流利	流利
38	户主	张光荣	男	苗族	53	小学	流利	流利	流利
	妻	韩美丽	女	苗族	53	小学	流利	流利	流利
	子	张洪新	男	苗族	22	初中	流利	流利	流利
39	户主	杨继先	男	苗族	50	小学	流利	流利	流利
	妻	王建兰	女	苗族	49	初中	流利	流利	流利
	女	杨璎虹	女	苗族	23	初中	流利	流利	流利
	女	杨璎娇	女	苗族	13	初中	流利	流利	流利
40	户主	龙圣先	男	苗族	52	小学	流利	流利	流利
	妻	杨美芬	女	苗族	47	小学	流利	流利	流利
	子	龙明	男	苗族	19	高中	流利	流利	流利

（续表）

编号	家庭关系	姓名	性别	民族	年龄（岁）	文化程度	苗语	汉语方言	汉语普通话
41	户主	龙军学	男	苗族	36	初中	流利	流利	流利
	妻	朱学梅	女	苗族	33	初中	流利	流利	流利
	子	龙智鑫	男	苗族	11	初中	流利	流利	流利
42	户主	张泽德	男	苗族	74	文盲	流利	沟通有点困难	流利
	妻	龙芳	女	苗族	73	文盲	流利	沟通有点困难	流利
43	户主	张云学	男	苗族	43	小学	流利	流利	流利
	妻	龙美仙	女	苗族	39	初中	流利	流利	流利
	子	张海平	男	苗族	17	初中	流利	流利	流利
	子	张海鹏	男	苗族	8	小学	流利	流利	流利
44	户主	龙圣光	男	苗族	55	小学	流利	流利	流利
	妻	张秀芬	女	苗族	50	小学	流利	流利	流利
	子	龙吉	男	苗族	25	初中	流利	流利	流利
	子	龙炜	男	苗族	18	高中	流利	流利	流利
45	户主	张圣华	男	苗族	66	小学	流利	流利	流利
	儿媳	龙美琼	女	苗族	31	初中	流利	流利	流利
	孙	张瑞	女	苗族	10	小学	流利	流利	流利
46	户主	张明成	男	苗族	59	小学	流利	流利	流利
	妻	杨美芳	女	苗族	55	小学	流利	流利	流利
	子	张丽雄	男	苗族	27	初中	流利	流利	流利
47	户主	张圣聪	男	苗族	58	小学	流利	流利	流利
	女	张鑫兰	女	苗族	16	初中	流利	流利	流利
48	户主	杨荣福	男	苗族	51	小学	流利	流利	流利
	妻	龙玉美	女	苗族	45	小学	流利	流利	流利
	女	杨海燕	女	苗族	23	初中	流利	流利	流利
	子	杨智能	男	苗族	16	初中	流利	流利	流利

（续表）

编号	家庭关系	姓名	性别	民族	年龄（岁）	文化程度	苗语	汉语方言	汉语普通话
49	户主	龙光福	男	苗族	45	小学	流利	流利	流利
	妻	张秀芳	女	苗族	39	初中	流利	流利	流利
	女	龙娇	女	苗族	16	初中	流利	流利	流利
	女	龙梅	女	苗族	7	小学	流利	流利	流利
50	户主	张丽荣	男	苗族	42	初中	流利	流利	流利
	母亲	杨秀花	女	苗族	66	小学	流利	流利	可以和别人沟通
	妻	龙圣花	女	苗族	40	初中	流利	流利	流利
	女	张睿敏	女	苗族	18	高中	流利	流利	流利
	女	张睿娟	女	苗族	8	小学	流利	流利	流利
51	户主	龙林华	男	苗族	60	半文盲	流利	流利	流利
	妻	张汉芝	女	苗族	59	半文盲	流利	流利	流利
52	户主	张美珍	女	苗族	67	半文盲	流利	流利	可以和别人沟通
	子	龙春华	男	苗族	43	初中	流利	流利	流利
	儿媳	张玉花	女	苗族	34	初中	流利	流利	流利
	孙	龙新平	男	苗族	12	初中	流利	流利	流利
54	户主	张建斌	男	苗族	29	高中	流利	流利	流利
	妻	王虹梅	女	苗族	28	高中	流利	流利	流利
	女	张欣蕊	女	苗族	6	小学	流利	流利	流利
55	户主	龙秀成	男	苗族	84	文盲	流利	沟通有点困难	完全不会
	妻	龙雅丽	女	苗族	84	文盲	流利	流利	完全不会
56	户主	张建文	男	苗族	35	初中	流利	流利	流利
	妻	龙晓萍	女	苗族	37	初中	流利	流利	流利
	子	张卫键	男	苗族	12	小学	流利	流利	流利

（续表）

编号	家庭关系	姓名	性别	民族	年龄（岁）	文化程度	苗语	汉语方言	汉语普通话
57	户主	罗建海	男	苗族	35	初中	流利	流利	流利
	妻	张丽苹	女	苗族	33	初中	流利	流利	流利
	女	罗妤莎	女	苗族	7	小学	流利	流利	流利
58	户主	张美林	女	苗族	82	文盲	流利	沟通有点困难	完全不会
59	户主	杨承先	男	苗族	48	初中	流利	流利	流利
	妻	龙秀兰	女	苗族	46	初中	流利	流利	流利
	子	杨玉川	男	苗族	19	高中	流利	流利	流利
	子	杨玉山	男	苗族	11	小学	流利	流利	流利
60	户主	龙会美	女	苗族	63	半文盲	流利	流利	沟通有点困难
61	户主	张兰英	女	苗族	71	半文盲	流利	流利	流利

第三节　大箐小学双语教学现状

一、大箐小学简介

大箐小学位于大箐村，创办于1916年，是当地创办较早的学校之一，也是一所百年老校。学校占地面积3 401.9平方米，校舍建筑面积1 891.09平方米。生源来自本辖区及周边其他县区的苗族学生。大箐小学是一个寄宿制学校，目前学校共有7个教学班，在校生152人，全部是苗族。全校教师11人，其中苗族教师6人，汉族教师5人，苗族教师全是大专学历。30~40岁2人，41~50岁4人，51岁以上1人，能流利使用苗语6人，掌握苗语文读、写、用的4人（其中2人为省级专家）。大箐小学自1989年开办苗汉双语教学以来，教育教学质量有明显提升，2013年成为全省32所双语教学示范学校之一（楚雄彝族自治州唯一一所）。大箐小学在各级教育部门的关心支持和指导下，双语教学顺利开展，并不断取得可喜成绩。

大箐小学软硬件设施齐全，校园环境优美，为学生营造了一个良好的生活、学习环境。1989年，大箐小学被云南省民族宗教事务委员会和楚雄彝族自治州教育局正式批准为"云南省双语教学实验示范点"；2013年，大箐小学被云南省教育厅命名为"云南省双语教学试点学校"。

二、大箐小学双语教学举措

双语教学是提高民族地区教育发展的重要途径和有效手段，对于传承少数民族文化有着重要意义。多年来，大箐小学在课堂教学中坚持以汉语为主、苗语为辅的双语教学，并取得了一定成效。

双语教学是民族聚居地区学校不可缺少的教学模式，是推进民族教育，提高整体民族素质的重要组成部分，是突破民族学生学习汉语言文字的"语言隔阂"，提升学生的综合能力，提高学校教学质量的有效途径。双语教学从语言运用的方式可以分为以下三种不同的形式：一是浸入型双语教学，二是保持型双语教学，三是过渡型双语教学。仁兴镇的大箐小学双语教学结合苗族聚集的特点，运用苗语和汉语作为教学媒介，教学过程中把汉语作为课堂主要用语，苗语作为教学辅助用语。

（一）以研促教，课题推进双语教学改革

从20世纪80年代开始，我国在民族地区就形成了形式多样的双语教学，双语教学为民族地区培养了大量的各类人才，促进了民族地区的经济、文化和多元社会的发展。双语教学在大箐小学推广多年，但一直以来缺少理论的支撑和专家的引领。学校在双语教学的路上，教师茫然、学生无助、学校办学举步维艰。为了突破双语教学发展的瓶颈，更好地为教学服务，大箐小学成立双语教学课题研究小组。校长或中层班子担任课题组组长，专家和骨干教师组成课题研究团队，通过多年的研究，双语教学已成为推动大箐小学发展的重要因素。2009年，课题研究小组完成了楚雄彝族自治州教育科研"十一五"规划课题《双语教学中两种语言文字使用的衔接规律研究》。另外，大箐小学还承担过县级科研课题《课外阅读对苗族学生提高语文学习能力的研究》和《民族地区"双语"教学在小学低段说话教学的探究》研究并结题，为双语教学提供了理论支持和实践经验。

（二）强化师资，名师引领双语教学之路

学校开展苗汉双语教学的关键是要构建一支具有苗语和汉语语言能力的师资队伍。仁兴镇的小学有在职教师183人，其中苗族教师15人，约占教师总数的8.2%。其中，大箐小学有在职教师11人，苗族教师6人，约占教师总数的54.5%。大箐小学有在校学生152人，其中苗族学生152人，占学生总数的100%。2013年，学校针对大箐小学师资紧张的情况，动员了部分坝区学校的苗族教师到大箐小学支教。同时，学校利用原有苗族师资力量，由云南省中小学教材审定委员会民文教材组成员和义务教育课程标准实验教科书翻译专家张建忠老师在教学工作中引领、示范、指导，并结合学校校本培训，培养出了一批具有扎实双语教学基本功和能力的师资队伍。近年来，大箐小学教师龙建明、王建光、张建忠参加县级双语教学课堂竞赛，获双语教学一、二等奖。大箐小学通过师资队伍的建设，促进了学校双语教学的开展，提升了学校的教学水平，学校得到了当地人民群众的赞誉。

（三）整合资源，打造学校双语教学平台

大箐小学虽然是一所百年老校，但由于地处民族山区，学校软件和硬件设施相对薄弱，学校教育教学水平不高。近年来，在各级党委、政府的关心和帮助下，学校得到了可持续的发展，办学水平得到了提升，学校发展推动了当地的文化、经济、社会的发展。学校在办学过程中一直立足于当地实际，通过加大投入，整合现有的教育教学资源，采取有效的措施提升学校的办学水平，打造优质教育平台，满足当地人民群众日益增长的教育需求。首先，学校抓住"改薄"等项目的机遇，新建了教学楼、学生食堂、学生宿舍等基础设施，解决了少数民族学生就学的问题。其次，学校在云南省教育厅、楚雄彝族自治州教育局、禄丰市民族宗教事务局的关心和帮助下，多次拨款为学校购置了7套教学多媒体、16台学生用机、12台教师备课笔记本电脑、图书、少数民族音乐器材、食堂设备等。设施设备的投入，让云南大山里的孩子通过网络了解外面的世界，让师生双语教学的课堂更加丰富、高效。学校不断优化教育资源，打造优质双语教学平台，促进了当地基础教育的均衡发展。

（四）营造氛围，彰显学校"双语"教学特色

少数民族双语教学需要构建一个多元文化的氛围。学校针对双语教师的培训、双语教学课程设置和教学方式、校园环境等方面强化多元文化氛围的建设。双语教学在初创时只是一种语言教学模式。学术界较为普遍地把双语教学定义为"对少数民族实施民族语文和汉语文的教学"，它的最终目的就是使学生掌握两种语言文字。我们不能仅把对少数民族的双语教学看作是知识的传授或是教学的辅助，而更应该把它看成对多元文化知识的教育。多年来，大箐小学在推进双语教学工作的同时，十分注重学校民族文化氛围的营造。一是课堂教学活动中使用双语教学教材，教学语言使用"双轨"互动交流。二是校园文化建设体现苗族文化特点。如学校的壁画、板报、展板、宣传栏多以苗族文化为主，重要的教育方针、政策以"双语"并轨。三是师生课余活动体现少数民族文艺特点。如每周学校大课间活动安排一次集体芦笙舞，各种节日师生才艺表演以苗族文化为主。大箐小学二十年来始终坚持双语教学之路，打造校园多元文化，走民族教育特色发展之路。

三、大箐小学双语教学成果显著

（一）汉、苗对译教材编审出版工作方面硕果累累

2002年，云南省教育厅、云南省语言文字工作委员会为了认真贯彻落实党和国家的教育方针，加强全省民族地区双语教学工作，全面推行素质教育，召开了"云南省双语教学与民文教材审定会议"，研究部署了云南省14个民族18个语种"义务教育课程标准实验教科书"的译审

工作。大箐小学被云南省教育厅指定为滇东北苗文对译课本编译的唯一指定学校。从2002年8月至2012年6月，大箐小学参与编写完成了"义务教育课程标准实验教科书"小学课本一至六年级《语文》共12册100多万字的翻译审定工作，同时参与了《学前苗文教材》上、下册及一年级《数学》上、下册的翻译审定工作，现已由云南民族出版社出版发行，在全省苗族地区免费推广使用。由于大箐小学对开展苗汉双语教学、苗文教材的编写、审定及党和国家重要文件的民文翻译等工作做出了努力并取得成果，2008年，大箐小学教师张建忠被云南省中小学教材审定委员会聘请为"云南省中小学教材审定委员会民文教材大组成员"，负责苗文教材的翻译、编写、审定工作。2012年12月，张建忠老师参与了党的十八大报告的翻译、审定工作，该书已出版。

（二）着力发展音像传媒之路

2008年，大箐小学张建忠老师应邀参加由云南省委宣传部主办，云南省少数民族语电影译制中心承办的内容为"中国共产党第十七次全国代表大会上的报告""新一届中央领导集体中外记者见面实况"（滇东北次方言苗语版）的翻译、审定、录制工作。2012年12月，张建忠老师再次应邀参与由云南省委宣传部主办，云南省民族宗教事务委员会、云南省少数民族语文指导工作委员会、云南民族出版社、云南省少数民族语电影译制中心等多家单位承办的内容为党的十八大报告、习近平在十八届中共中央政治局第一次集体学习时的讲话等苗文翻译、审定、录制DVD光盘工作。上述作品均已由云南民族文化音像出版社、云南民族出版社出版发行。2016年9月，张建忠老师还参与了云南省学前电子音像制作的编制和审定工作。

（三）大力开发校本课程、教辅资料及工具书

为填补双语教学工具书紧缺的空白，1997年，大箐小学根据双语教学的实际需要编写了《简明看图识字》供几所实验学校使用。此后编撰的苗文工具书《小学生苗汉成语词典》经过8年的收集、整理、修订、完善，编辑出版工作在2012年5月完成，供全省苗族学校推广使

用。这些工具书相继出版，无疑对双语教学都会产生积极而深远的影响。《小学语文词语手册》于2016年2月出版发行。《小学语文教辅》一、二年级上、下册于2015年出版发行。《小学语文教辅》三年级已翻译、审定，等待出版。《新词术语集》于2016年5月翻译，9月审定，已出版发行。《滇苗语教程》自2015年9月起编写，已出版发行。2018年由楚雄彝族自治州苗学会组织开发点读软件及教学课件，该项工作主要由大箐小学张建忠老师和王自祥老师参与完成。软件及课件已申请专利并于2019年2月完成，且投入使用。

总之，大箐小学的苗汉双语教学工作经过多年的实践探索、改革创新，教学成绩稳步提高。但仍然存在一些亟待解决的问题：一是苗汉文对译教材的发行量不能满足双语教学点师生的需要；二是双语师资力量薄弱，苗族教师得不到补充；三是双语教学经费的投入力度不够；四是评价机制不够健全，挫伤了双语教师的工作积极性；五是双语教学过程中把苗语作为教学辅助媒介，忽视了少数民族文化的传承。双语教学工作是民族教育工作的一个重要组成部分。在教学工作中必然会有很多困难、阻力和困惑，在今后的工作中，大箐小学将针对学校存在的问题，继续加强以下几个方面的工作：一是积极投入经费，添置一定数量的苗汉文对译教材，满足双语教学点师生的需要；二是利用校本培训和外派学习等方式，加大对双语师资的培训力度；三是保障民族地区师资配置的优先权，从绩效工资分配、乡镇津贴、职称晋升推荐、年度履职考核、专业技术岗位设置管理等方面给予倾斜；四是学校在办学和教学过程中注重双语在课内外的作用，加强对民族文化的传承和发展。[①]

第四节　大箐苗族的族群认同和语言认同

无论对族群认同要素进行如何分类，一般都认为文化要素是族群

---

① 大箐小学双语教育现状的相关资料由校长王自祥提供。

认同要素中的核心部分。正如周大鸣所言："族群认同总是通过一系列的文化要素表现出来，族群认同是以文化认同为基础的。共同的文化渊源是族群的基础，族群是建立在一个共同文化渊源上的。"[1]同国内多民族杂居村落和单民族聚居村落中的族群研究相比较，大箐村因其鲜明的文化及典型的民族聚居形式使其族群认同和语言认同研究更具必要性，大箐村因其语言文化优势更体现了自身独有的特色。大箐村作为一个典型的苗族聚居的微观社会，其族群认同和语言认同同样值得进一步去探索与研究。现就大箐苗族的族群认同和语言认同特点进行简要分析。

首先，大箐苗族村民族群认同意识不断凝聚，苗族与周边族群的关系和谐发展。中华民族具有悠久的历史和文化传统，在长期的发展过程中形成了独特的民族性格和价值观念。然而，在当今社会中，中华民族群体意识的现状却呈现出许多复杂的变化。随着中国经济的快速发展、国际地位的提升以及铸牢中华民族共同体意识工作的推进，越来越多的少数民族开始意识到自己是中华民族的一分子。这种群体意识的提升尤其表现在本民族文化活动的各种场合。例如，苗族春节期间的花山节，每年都会吸引周边的彝族、汉族、傈僳族等其他民族的参与。大箐当地苗族在春节、花山节期间的相互交往，比起平时来说更加频繁和密切。苗族花山节的参与者除了有周围相邻县、市、村寨的苗族村民，还有很多外出务工或已经远迁他乡的同族和他族，也都会尽力赶回来参加花山节。这体现了苗族内部的凝聚力，也体现了各民族之间的良好交流。在长期历史进程与民族交往中，花山节还构成了一个临时的、对外开放的公共场域。大箐苗族的花山节因"斗牛"活动的长期举行和活动本身鲜明的民族文化特色，因此，花山节也会被称为"斗牛节"。大箐花山节等苗族节日的主办者、主持者及各种祭祀仪式活动的主持者、跳芦笙舞、跳滚锅舞、对歌人员等重要

---

① 周大鸣：《中国的族群与族群关系》，广西民族出版社2002年版，第9页。

成员基本上都明确限于村内苗族代表。其他民族的参与方式，大多只是来观看、游玩以及从事商贸活动，尤其是后者较为凸显。据调查，大箐各类节日活动上的摆摊主，基本是当地汉族。

花山节活动的主体参与者是苗族人，但它同时也接受并欢迎周边其他各民族的参与。这样，原本只属于苗族自身的节日，在政府主导和工作人员代表参与的过程中也不自觉地构建出富有时代特色的民族社会边界。一方面，民族社会边界在逐渐地模糊和消融，但另一方面，民族认同边界也更加明显。花山节是苗族族群认同与民族关系强化的场所，苗族活动参与度十分高，多种民族的身影在同一场域中共庆苗族传统节日也体现了他族对苗族文化和其民族身份的认同。

其次，大箐苗族的语言使用情况和双语教育现状映射出大箐苗族的语言认同现状。大箐苗族具有高度的母语认同和汉语认同，其中，文化程度的高低直接决定了苗语母语的认同度。本次调研过程中，所有学历在高中及以上的被访谈人员都一致认为母语非常重要。苗语在大箐村使用频繁，只要在村里或者遇到外村同族人，人人都是说苗语。在使用范围方面，苗语的使用场域仅局限于家庭内部及与同为各村民小组的苗族间使用。也就是说，在特定的外部语域，譬如扩大到乡镇范围内的多语社区中，苗语基本就处于使用层次，功能也最弱。在调查中，我们发现苗族成员对苗语的社会地位与实用功能评价都较低，不少苗族成员认为汉语普通话的社会地位最高，也最有用。由于大部分苗族对于汉语普通话和汉语方言的有用性评价更高，越来越多的苗族人开始学习、使用汉语方言与汉语普通话。苗族人的语言使用情况深刻反映出苗族人的语言认同是基于社会性、实用性和工具性出发，以发展个人、发展家庭经济作为根本的出发点。

从语言发展、语言适应、语言濒危、语言和谐及语言生态等发展方向来看，苗语也将在与汉语的长期接触中，随着使用功能与结构的弱化而弱化，各受访者均对苗语的未来发展表现出自己的担忧并进行了苗语濒危时间的预测。从访谈内容来看，苗族人对自己的母语存亡问题有着自己的观点和看法，他们认为苗语未来的发展趋势并不乐观，保护苗语势在必行。当下，在苗语保护和苗族历史文化保护进程中，如何提高苗语的地位，在苗族青少年中加强母语认同意识是苗语保护能否成功的关键。随着仁兴镇大力发展民族地区乡村民族文化体验和旅游工作的推进，如何利用苗族丰富的民族文化资源和语言资源开展语言文化旅游建设是民族工作开展、地区民族特色凸显的核心要素。以地处苗族聚居村落的大箐小学为代表，其多年的双语教育模式的构建、双语研究和双语教学工作的开展和所取得的成就，正是遏制苗语作为母语传承的中断、发展民族认同和语言认同、深化少数民族对国家的归属感、增强国家的凝聚力、实现民族和谐与语言和谐良性语言生态构建的重要举措。

据联合国教科文组织在2020年的调查数据显示，全球7 000多种语言中至少有40%处于某种程度的濒危状态。据商务印书馆出版的《中国濒危语言志》丛书记录，我国的130多种语言中，有68种使用人口在万人以下，有48种使用人口在5 000人以下，有25种使用人口不足千人，有的语言只剩下十几个人甚至几个人会说。这样一组数据结果是令人担忧的，也是值得所有语言研究者、教育工作者、民族工作者及各少数民族深思的。据调查，目前大箐小学由于各种因素在双语教学开展规模及有效性等方面有了一些退步。然而，随着大箐村各类非物质文化遗产代表性项目代表性传承人的陆续认定，文化认同、语言认同、语言保护工作也必然是当地政府、各级各类管理部门及少数民族个人共同参与的项目性工程。以大箐小学为代表和主导的双语人才的持续培养和输出，对我们理解大箐苗族的文化认同、民族认同、语言认同及开展苗语保护工作等具有重要的意义。

第三章 彝语转用村落语言生态

第一节 革里村委会概况

革里村委会位于仁兴镇北部，距仁兴镇政府所在地5千米，距县城禄丰市56千米，现有农户595户，有乡村人口2 137人。2016年以前，革里道路基本为土路，现已建成双向车道水泥路通向各村，交通方便。革里村委会东邻大猪街，西和南邻银沙，北邻马鞍，辖阿三村（阿三村一组、阿三村二组）、唐家村、大革里、小革里、饶家村、梨园村、绿竹园村、铜汞箐8个自然村、9个村民小组。革里村委会有彝族、苗族、傈僳族等少数民族分散聚居，属半山区村委会。全村委会面积10.2平方千米，耕地面积约1.4平方千米，林地面积约4.7平方千米，主要经济作物有烤烟、水稻、萝卜、玉米；辖区内花卉产业有三个。

革里村委会各村农民收入主要以种植业为主。在经济发展方面，革里村委会辖区内有6家矿厂企业，每年向村委会支付一定的土地出租协调费，革里村每年经济收入50 000元左右。革里村烤烟任务数75 000千克，种植面积约0.37平方千米，带动村民经济收入2 437 500元。近年，萝卜的种植，为村民的经济收入新增了一个来源。除此之外，革里村引进外地水果、鲜花、天麻等种植业大户，承包各村土地的同时，也为当地村民打零工提供了较好的平台。农民人均收入逐年上升，2020年底，辖区内村民人均纯收入达11 900元。

革里村委会近年来工作业绩较为突出，相关工作有其特色和亮点。例如，革里村委会阿三村通过向外流转本村集体土地，村集体经济有一定的收益；2019年底安装了33盏路灯，亮化了村庄；2020年9

月，禄丰市罗茨重点中型湖长制高效节水工程革里段，全长3.1千米，方便了村民的农田灌溉；2021年8—9月，对革里村委会大革里、小革里两个村民小组实施革命老区项目道路硬化工程，总投资535 600元，解决了260户915人出行困难问题。

表3-1　革里村委会各自然村（村民小组）情况

调查点	自然村（村民小组）	村落民族分布
革里村委会	阿三村一组	汉族聚居
	阿三村二组	汉族聚居
	唐家村	汉族聚居
	大革里	汉族聚居
	小革里	汉族聚居
	饶家村	汉族聚居
	梨园村	汉族聚居
	绿竹园村	彝族聚居
	铜汞箐	苗族聚居

第二节　绿竹园村各民族的语言使用现状

本次仁兴镇彝族、苗族、汉族杂居村落的语言生态现状主要是以仁兴镇绿竹园村为例展开的调查和分析。绿竹园村目前有住户89户，村内主要居住着彝族、汉族和少数的苗族、白族。绿竹园村苗族仅有一户，女方是从苗族村寨嫁入汉族家庭，目前已是第三代。绿竹园村彝族比例占96%，大姓主要是张姓、李姓，其次是杨姓、虎姓和刘姓等，虎姓目前还能普遍讲彝语，张姓和李姓祖辈均是彝族，但张姓在生活中讲彝语的已不多。造成张姓语言转用的原因有民族关系的发展和变迁，也是由于彝汉通婚和代际传承断代所致。

在外界看来，绿竹园村是一个典型的彝族、汉族杂居村，这是出于语言层面的判断。"是否会讲民族语"是附近村民辨别一个村是否属于少数民族聚居村最直接和最感性的认识。事实上，绿竹园村是典型的彝族母语（彝语）转用村，彝族比例高达96%。在语言使用方面，村内除梨园村和绿竹园村几户在家庭内部会使用彝语，其余村民均已转用汉语，汉语已成为村内外常用语。绿竹园村是典型的彝族语言转用村，是研究语言生态，尤其是语言生态演变过程中语言转用发生机制的极具代表性调查点之一。

一、绿竹园村彝族母语使用情况

绿竹园村距离革里村委会所在地1.5千米，距离马鞍村委会1千米，离武定县城较近。在市场经济的冲击下，绿竹园村彝族的母语能力和多语能力情况如何？带着这个问题，我们对绿竹园村的彝族进行了入户调查和访谈。调查研究发现，绿竹园村彝族的母语能力很弱，属于母语弱势型村寨，大部分彝族已直接转用汉语，多年前还在家庭内部使用彝语的部分彝族也开始放弃使用或者减少使用彝语。本次调查统计了绿竹园村89户300人（不包括其他民族11人和7岁以下儿童6人）的语言使用情况。

表3-2　绿竹园村不同年龄段彝语语言能力情况

年龄段	人数（人）	流利		可以和别人沟通		沟通有点困难		听得懂不会说		完全不会	
		人数（人）	比例（%）	人数（人）	比例（%）	人数（人）	比例（%）	人数（人）	比例（%）	人数（人）	比例（%）
少年（7~17岁）	34	3	8.8	1	2.9	0	0	1	2.9	29	85.4
青年（18~40岁）	102	8	7.8	0	0	0	0	8	7.8	86	84.4
中年（41~65岁）	123	37	30.1	1	0.8	2	1.6	7	5.7	76	61.8
老年（66岁及以上）	41	27	65.9	0	0	0	0	1	2.4	13	31.7
总计	300	75	25	2	0.7	2	0.7	17	5.6	204	68

由表3-2可以看出，在我们所调查的7岁及以上具有完全语言能力的300名彝族人中，彝语流利的有75人，占调查人数的25%；彝语可以和别人沟通的有2人，占调查人数的0.7%；彝语沟通有点困难的有2人，占调查人数的0.7%；彝语听得懂不会说的有17人，占调查人数的5.6%；彝语完全不会的有204人，占调查人数的68%。

从年龄段观察，66岁及以上的老年人彝语流利程度最高，占该年龄段调查人数的65.9%。7~17岁的少年，完全不会讲彝语的人数比例达85.4%，有8.8%的人能够流利地使用彝语，有2.9%的人可以用彝语和别人沟通，有2.9%的人听得懂不会说。

总的来看，少年和青年这两个年龄段的彝语流利的人数最少，仅占调查年龄段人数比例的8.8%和7.8%。部分少年和青年彝语流利的原因是父母都是彝族且父母与孩子在家中与长辈和晚辈仍能保持用母语进行交流。受家庭语言环境的正向影响，子女和后代均能流利地使用彝语。绿竹园村大部分家庭的家庭用语都是汉语方言，村内长时间缺乏彝语学习和交流的环境，20世纪80年代以后出生的孩子在本村和同伴中也都只是讲汉语方言。家庭内部，由于村民母语保护和传承的意识不强，汉语方言的强势地位直接导致了彝语的传承和发展受限。除此之外，彝汉通婚的家庭，若家长在家里有意识地教孩子学习彝语，孩子就能略懂彝语。若家长不再教孩子彝语或与孩子之间不再使用彝语进行沟通，久而久之，随着孩子离开村寨走进学校，孩子接触汉语的机会变多，彝语的学习必然受到了影响。

二、绿竹园村语言使用情况

在绿竹园村语言使用情况总表中，50岁以上的彝族彝语能力经常被划分并标识为"完全不会"这一等级，但他们在调查中也表示自己会说一些常用的彝语，如"彝语我不怎么会说，也就会一句半句"的情况。也就是说，50岁以上的彝族人，他们的语言能力虽达不到"听得懂不会说"，但也不是"完全不会"的状态，为了统计方便，统一标注为"完全不会"。正如绿竹园村虎从云所说："我们村大多数人都还是会说一句半句彝语呢。"在绿竹园村，只要是父母其中一方是彝族且彝语"流利"或"可以和别人沟通"，该家庭的孩子也是属于"会说一句半句"的类型。总之，绿竹园村彝族的彝语能力呈现出较明显的退化，只有部分家庭仍然保留着彝语使用的习惯。虽然全村是彝族的比例高达96%，但彝语转用汉语的现象早已发生。

表3-3　绿竹园村语言使用情况总表

编号	家庭关系	姓名	性别	民族	年龄（岁）	文化程度	彝语	汉语方言	汉语普通话
1	户主	杨桂兰	女	彝族	72	文盲或半文盲	流利	流利	完全不会
	女	张丽	女	彝族	43	初中	流利	流利	流利
	孙	张永慧	女	彝族	17	初中	流利	流利	流利
	孙	胡永佳	男	彝族	12	初中	流利	流利	流利
2	户主	刘会	男	彝族	65	小学	流利	流利	可以和别人沟通
	妻	鲁秀兰	女	彝族	61	小学	流利	流利	可以和别人沟通
	女	刘志美	女	彝族	40	初中	流利	流利	流利
	孙	刘雅婷	女	彝族	19	高中	流利	流利	流利
	孙	刘静蕾	女	彝族	12	小学	流利	流利	流利
3	户主	刘全	男	彝族	71	小学	流利	流利	流利
	妻	李凤明	女	彝族	69	小学	流利	流利	可以和别人沟通
	子	刘志刚	男	彝族	44	初中	沟通有点困难	流利	流利

（续表）

编号	家庭关系	姓名	性别	民族	年龄（岁）	文化程度	彝语	汉语方言	汉语普通话
4	户主	张毕城	男	彝族	54	初中	流利	流利	流利
	孙	张俊华	男	彝族	8	小学	可以和别人沟通	流利	流利
5	户主	张毕中	男	彝族	57	小学	流利	流利	可以和别人沟通
	妻	杨桂莲	女	彝族	60	小学	流利	流利	可以和别人沟通
6	户主	刘能	男	彝族	60	小学	流利	流利	可以和别人沟通
	妻	杨翠珍	女	彝族	57	小学	完全不会	流利	可以和别人沟通
	子	杨建波	男	彝族	36	初中	完全不会	流利	流利
	子	杨建辉	男	彝族	36	初中	完全不会	流利	流利
	儿媳	李艳梅	女	彝族	34	高中	完全不会	流利	流利
	孙	杨梓航	男	彝族	7	小学	完全不会	流利	流利
	孙	杨梓艺	女	彝族	7	小学	完全不会	流利	流利
7	户主	王自芬	女	彝族	82	文盲或半文盲	完全不会	流利	完全不会
	子	杨刘中	男	彝族	52	小学	完全不会	流利	流利
	儿媳	安海芝	女	汉族	51	小学	完全不会	流利	流利
	子	杨建洪	男	彝族	25	大学	完全不会	流利	流利

（续表）

编号	家庭关系	姓名	性别	民族	年龄（岁）	文化程度	彝语	汉语方言	汉语普通话
8	户主	李春云	男	汉族	65	初中	完全不会	流利	可以和别人沟通
	妻	姜美珍	女	汉族	62	小学	完全不会	流利	可以和别人沟通
	子	李剑	男	彝族	41	初中	完全不会	流利	流利
	子	李辉	男	彝族	37	初中	完全不会	流利	流利
	孙	李涵宇	男	彝族	9	小学	完全不会	流利	流利
9	户主	李春贵	男	彝族	57	初中	完全不会	流利	流利
	妻	刘志仙	女	彝族	53	初中	流利	流利	流利
	子	李俊	男	彝族	31	大学	完全不会	流利	流利
10	户主	李忠	男	彝族	58	初中	完全不会	流利	流利
	妻	司洪芳	女	彝族	60	小学	流利	流利	流利
	子	李雪刚	男	彝族	36	中专	完全不会	流利	流利
	子	李雪珊	男	彝族	33	大学	完全不会	流利	流利
	孙	李浩瑜	男	彝族	7	小学	完全不会	流利	流利
11	户主	张绍付	男	彝族	56	初中	沟通有点困难	流利	可以和别人沟通
	妻	毕桂珍	女	汉族	54	初中	完全不会	流利	可以和别人沟通
	女	张燕	女	彝族	32	大学	完全不会	流利	流利
	女	张红	女	彝族	28	大学	完全不会	流利	流利
	孙	李玲汐	女	彝族	6	小学	完全不会	流利	流利

（续表）

编号	家庭关系	姓名	性别	民族	年龄（岁）	文化程度	彝语	汉语方言	汉语普通话
12	户主	张继科	男	彝族	66	中专	听得懂不会说	流利	可以和别人沟通
	妻	李兰芬	女	汉族	61	小学	完全不会	流利	可以和别人沟通
	女	张春艳	女	彝族	38	研究生	完全不会	流利	流利
	女	张春润	女	彝族	36	本科	完全不会	流利	流利
	孙	张峻恺	男	彝族	10	小学	完全不会	流利	流利
	孙	王婧璇	女	彝族	4	幼儿园	完全不会	流利	流利
13	户主	李忠孝	男	彝族	58	初中	完全不会	流利	流利
	妻	钱美兰	女	汉族	58	小学	完全不会	流利	可以和别人沟通
	女	李红艳	女	彝族	34	大学	完全不会	流利	流利
	女	李青睿	女	彝族	31	中专	完全不会	流利	流利
14	户主	李福志	男	彝族	55	小学	完全不会	流利	可以和别人沟通
	妻	虎永秀	女	彝族	58	小学	流利	流利	流利
	子	李加荣	男	彝族	32	大专	完全不会	流利	流利
	子	李加华	男	彝族	28	大专	完全不会	流利	流利
15	户主	张继春	男	彝族	67	小学	完全不会	流利	可以和别人沟通
	妻	鲁定芝	女	彝族	61	小学	流利	流利	流利

（续表）

编号	家庭关系	姓名	性别	民族	年龄（岁）	文化程度	彝语	汉语方言	汉语普通话
	女	张艳华	女	彝族	40	初中	完全不会	流利	流利
	女婿	刘进	男	彝族	40	初中	流利	流利	流利
	女	张艳莉	女	彝族	26	高中	完全不会	流利	流利
	孙	张羽翎	女	彝族	18	高中	听得懂不会说	流利	流利
	孙	张程彬	男	彝族	12	小学	听得懂不会说	流利	流利
16	户主	张继英	女	彝族	83	文盲或半文盲	流利	流利	完全不会
	子	张春明	男	彝族	53	初中	听得懂不会说	流利	流利
17	户主	张继学	男	彝族	52	初中	完全不会	流利	流利
	妻	张自凤	女	汉族	50	初中	完全不会	流利	流利
	女	张莉停	女	彝族	28	本科	完全不会	流利	流利
	子	张浩川	男	彝族	23	本科	完全不会	流利	流利
18	户主	李态昌	男	彝族	90	文盲或半文盲	完全不会	流利	完全不会
	子	李进春	男	彝族	52	初中	完全不会	流利	流利
	儿媳	张玉芬	女	汉族	46	初中	完全不会	流利	流利
	孙	李晓锋	男	彝族	24	中专	完全不会	流利	流利
	孙	李晓辉	男	彝族	19	本科	完全不会	流利	流利
19	户主	李建荣	男	彝族	60	初中	完全不会	流利	可以和别人沟通
	妻	吴梅艳	女	彝族	55	小学	完全不会	流利	流利

（续表）

编号	家庭关系	姓名	性别	民族	年龄（岁）	文化程度	彝语	汉语方言	汉语普通话
	女	李晓香	女	彝族	29	大学	完全不会	流利	流利
	子	李晓祥	男	彝族	24	初中	完全不会	流利	流利
20	户主	李怀英	女	彝族	74	半文盲	完全不会	流利	完全不会
21	户主	张登全	男	彝族	71	小学	流利	流利	完全不会
	妻	王美翠	女	彝族	70	半文盲	流利	流利	完全不会
	女	张树兰	女	彝族	44	高中	流利	流利	流利
	女婿	吴科平	男	彝族	56	初中	完全不会	流利	流利
	女	张瑞敏	女	彝族	20	本科	完全不会	流利	流利
22	户主	张继武	男	彝族	74	半文盲	完全不会	流利	完全不会
	妻	李银珍	女	彝族	73	半文盲	完全不会	流利	完全不会
23	户主	刘玉兰	女	彝族	74	文盲或半文盲	完全不会	流利	完全不会
	子	张春荣	男	彝族	52	初中	完全不会	流利	流利
	女	张春丽	女	彝族	45	高中	完全不会	流利	流利
	女婿	陈道奎	男	汉族	49	小学	完全不会	流利	流利
	孙	张元	女	彝族	18	高中	完全不会	流利	流利
24	户主	李福贵	男	彝族	50	初中	完全不会	流利	流利
	妻	杨进梅	女	彝族	41	初中	流利	流利	流利
	子	李加富	男	彝族	19	中专	完全不会	流利	流利
	女	李彩霞	女	彝族	6	小学	完全不会	流利	流利

（续表）

编号	家庭关系	姓名	性别	民族	年龄（岁）	文化程度	彝语	汉语方言	汉语普通话
25	户主	李树	女	彝族	68	小学	流利	流利	可以和别人沟通
26	户主	李太祥	男	彝族	95	文盲或半文盲	完全不会	流利	完全不会
	子	李建明	男	彝族	58	初中	听得懂不会说	流利	可以和别人沟通
	儿媳	刘菊英	女	彝族	51	小学	流利	流利	可以和别人沟通
	孙	李瑜梅	女	彝族	30	初中	完全不会	流利	流利
	孙	李瑜岗	男	彝族	26	初中	完全不会	流利	流利
	重孙	毕浩然	男	彝族	8	小学	完全不会	流利	流利
27	户主	杨桂美	女	彝族	61	小学	流利	流利	可以和别人沟通
	子	李建红	男	彝族	36	高中	流利	流利	流利
	儿媳	李瑜琼	女	彝族	38	高中	听得懂不会说	流利	流利
	孙	李敏	女	彝族	13	初中	完全不会	流利	流利
	孙	王涵	女	彝族	12	小学	完全不会	流利	流利
	孙	李颖	女	彝族	9	小学	完全不会	流利	流利
28	户主	李琼珍	女	彝族	75	文盲或半文盲	完全不会	流利	完全不会
	子	李波	男	彝族	46	初中	完全不会	流利	流利
	儿媳	杨权丽	女	彝族	40	初中	流利	流利	流利
	孙	李江涛	男	彝族	19	大专	完全不会	流利	流利

（续表）

编号	家庭关系	姓名	性别	民族	年龄（岁）	文化程度	彝语	汉语方言	汉语普通话
	孙	李江月	女	彝族	7	小学	完全不会	流利	流利
29	户主	杨付有	男	彝族	51	小学	完全不会	流利	流利
	妻	朱群仙	女	汉族	47	高中	完全不会	流利	流利
	子	杨建伟	男	彝族	21	大学	完全不会	流利	流利
	子	杨洪伟	男	彝族	16	高中	完全不会	流利	流利
30	户主	李秀珍	女	彝族	88	文盲或半文盲	流利	流利	完全不会
	子	李建文	男	彝族	59	初中	听得懂不会说	流利	可以和别人沟通
	儿媳	张玉珍	女	彝族	57	小学	流利	流利	可以和别人沟通
	孙	李娇	女	彝族	31	专科	流利	流利	流利
31	户主	张开会	男	彝族	58	初中	流利	流利	流利
	妻	张菊仙	女	彝族	57	初中	流利	流利	流利
	子	张自冬	男	彝族	33	中专	流利	流利	流利
	子	张自刚	男	彝族	29	初中	流利	流利	流利
32	户主	刘志中	男	彝族	58	小学	流利	流利	流利
	妻	杨丽仙	女	彝族	53	小学	流利	流利	流利
	子	刘阳	男	彝族	33	初中	听得懂不会说	流利	流利
	女	刘燕	女	彝族	29	初中	听得懂不会说	流利	流利
33	户主	虎从保	男	彝族	54	初中	流利	流利	可以和别人沟通

（续表）

编号	家庭关系	姓名	性别	民族	年龄（岁）	文化程度	彝语	汉语方言	汉语普通话
	妻	何春莲	女	彝族	53	初中	听得懂不会说	流利	可以和别人沟通
	子	虎靖翔	男	彝族	30	初中	听得懂不会说	流利	流利
	子	虎靖朝	男	彝族	26	初中	听得懂不会说	流利	流利
34	户主	张绍华	男	彝族	68	小学	流利	流利	可以和别人沟通
	女	张慧	女	彝族	38	初中	完全不会	流利	流利
	女婿	黄本刚	男	汉族	43	初中	完全不会	流利	流利
	孙	张运泽	男	彝族	14	初中	完全不会	流利	流利
	孙	黄运涛	男	彝族	7	小学	完全不会	流利	流利
35	户主	虎永寿	男	彝族	70	初中	流利	流利	流利
	妻	虎兰美	女	彝族	69	小学	流利	流利	可以和别人沟通
	女	虎雪梅	女	彝族	45	初中	流利	流利	流利
	女婿	李如学	男	彝族	46	初中	完全不会	流利	流利
	孙	虎鉴涵	男	彝族	23	大专	完全不会	流利	流利
	孙	虎鉴宏	男	彝族	17	高中	完全不会	流利	流利
36	户主	虎从云	男	彝族	47	初中	流利	流利	流利
	妻	张春梅	女	彝族	47	初中	听得懂不会说	流利	流利
	子	虎瑞	男	彝族	23	中专	完全不会	流利	流利
	子	虎雄	男	彝族	17	高中	完全不会	流利	流利

（续表）

编号	家庭关系	姓名	性别	民族	年龄（岁）	文化程度	彝语	汉语方言	汉语普通话
37	户主	张少坤	男	彝族	59	中专	流利	流利	流利
	妻	张兰美	女	彝族	56	初中	完全不会	流利	流利
	子	张粽蒲	男	彝族	33	初中	完全不会	流利	流利
	儿媳	杨献枝	女	白族	32	本科	完全不会	流利	流利
38	户主	李正春	男	彝族	51	初中	完全不会	流利	流利
	妻	张美琼	女	彝族	46	初中	完全不会	流利	流利
	女	李国林	女	彝族	22	大学	完全不会	流利	流利
	子	李国欣	男	彝族	17	高中	完全不会	流利	流利
39	户主	高自祥	男	彝族	60	小学	完全不会	流利	可以和别人沟通
	妻	张莲芬	女	彝族	60	小学	完全不会	流利	完全不会
	子	张晓云	男	彝族	32	初中	完全不会	流利	流利
	女	张云香	女	彝族	28	大学	完全不会	流利	流利
40	户主	张莲美	女	彝族	85	文盲	流利	流利	完全不会
	子	张自全	男	彝族	66	高中	流利	流利	可以和别人沟通
	儿媳	李树芬	女	彝族	67	高中	流利	流利	可以和别人沟通
	女	张淑芝	女	彝族	45	中专	流利	流利	流利
	女婿	张亚金	男	彝族	44	中专	完全不会	流利	流利

（续表）

编号	家庭关系	姓名	性别	民族	年龄（岁）	文化程度	彝语	汉语方言	汉语普通话
	孙	张嘉驿	女	彝族	20	中专	完全不会	流利	流利
	孙	张智凯	男	彝族	14	初中	完全不会	流利	流利
41	户主	李云春	男	彝族	62	小学	完全不会	流利	流利
	妻	虎秀兰	女	彝族	61	小学	流利	流利	可以和别人沟通
	女	李淑芹	女	彝族	37	初中	完全不会	流利	流利
	女婿	王前仲	男	彝族	43	初中	完全不会	流利	流利
	孙	李睿哲	男	彝族	15	初中	完全不会	流利	流利
	孙	李梦颖	女	彝族	9	小学	完全不会	流利	流利
42	户主	李建平	男	彝族	58	初中	完全不会	流利	可以和别人沟通
43	户主	陈国芬	女	彝族	54	小学	完全不会	流利	可以和别人沟通
	子	李振瑜	男	彝族	30	初中	完全不会	流利	流利
	女	李淑萍	女	彝族	27	初中	完全不会	流利	流利
44	户主	张春香	女	彝族	57	初中	完全不会	流利	可以和别人沟通
	丈夫	李洪春	男	彝族	56	初中	完全不会	流利	可以和别人沟通
	子	张晓明	男	彝族	34	中专	完全不会	流利	流利
	子	张晓剑	男	彝族	32	中专	完全不会	流利	流利

（续表）

编号	家庭关系	姓名	性别	民族	年龄（岁）	文化程度	彝语	汉语方言	汉语普通话
	儿媳	胡晓艳	女	彝族	36	中专	完全不会	流利	流利
	孙	张羽彤	女	彝族	6	小学	完全不会	流利	流利
45	户主	杨付忠	男	彝族	59	初中	完全不会	流利	流利
	妻	高菊仙	女	彝族	51	初中	完全不会	流利	流利
	子	杨建琳	男	彝族	24	初中	完全不会	流利	流利
	女	杨建梅	女	彝族	17	高中	完全不会	流利	流利
46	户主	潘秀芳	女	苗族	55	小学	完全不会	流利	流利
	女	李东芬	女	彝族	23	中专	完全不会	流利	流利
	子	李东升	男	彝族	21	初中	完全不会	流利	流利
47	户主	李再荣	男	彝族	54	小学	完全不会	流利	流利
	女	李思芹	女	彝族	30	初中	完全不会	流利	流利
	女	李思佳	女	彝族	18	高中	完全不会	流利	流利
48	户主	李春中	男	彝族	61	小学	完全不会	流利	可以和别人沟通
	妻	张兰琼	女	彝族	61	小学	完全不会	流利	可以和别人沟通
	子	李伟	男	彝族	35	初中	完全不会	流利	流利
	子	李映	男	彝族	33	高中	完全不会	流利	流利
49	户主	李平春	男	彝族	58	初中	完全不会	流利	可以和别人沟通

（续表）

编号	家庭关系	姓名	性别	民族	年龄（岁）	文化程度	彝语	汉语方言	汉语普通话
	妻	李琼芬	女	彝族	60	初中	完全不会	流利	可以和别人沟通
50	户主	张开志	男	彝族	65	初中	流利	流利	可以和别人沟通
	妻	胡翠芬	女	彝族	61	小学	流利	流利	可以和别人沟通
	子	张自有	男	彝族	38	大专	流利	流利	流利
51	户主	紫桂珍	女	彝族	74	文盲或半文盲	流利	流利	完全不会
	子	虎从金	男	彝族	52	初中	流利	流利	流利
	儿媳	肖树英	女	汉族	51	初中	完全不会	流利	流利
	孙	虎嵘华	男	彝族	30	大学	听得懂不会说	流利	流利
	孙	虎春燕	女	彝族	26	初中	听得懂不会说	流利	流利
52	户主	李桂英	女	彝族	82	小学	流利	流利	完全不会
	子	虎永国	男	彝族	45	初中	听得懂不会说	流利	流利
	儿媳	余海梅	女	彝族	36	初中	完全不会	流利	流利
	孙	虎志松	男	彝族	13	初中	完全不会	流利	流利
	孙	虎桫槽	女	彝族	6	小学	完全不会	流利	流利
53	户主	李建武	男	彝族	55	初中	可以和别人沟通	流利	流利
	妻	李进芬	女	彝族	52	初中	流利	流利	流利
	子	李鑫	男	彝族	28	高中	完全不会	流利	流利

（续表）

编号	家庭关系	姓名	性别	民族	年龄（岁）	文化程度	彝语	汉语方言	汉语普通话
	女	李丽	女	彝族	23	高中	完全不会	流利	流利
54	户主	虎永德	男	彝族	60	小学	流利	流利	流利
	妻	王树芬	女	彝族	60	小学	流利	流利	可以和别人沟通
	子	虎智洪	男	彝族	34	初中	听得懂不会说	流利	流利
55	户主	李金科	男	彝族	88	半文盲	完全不会	流利	完全不会
	妻	张玉珍	女	彝族	89	半文盲	完全不会	流利	完全不会
56	户主	张继生	男	彝族	69	小学	完全不会	流利	可以和别人沟通
	妻	黄美翠	女	彝族	61	小学	完全不会	流利	可以和别人沟通
	子	张又家	男	彝族	40	初中	完全不会	流利	流利
	女	张莉佳	女	彝族	35	初中	完全不会	流利	流利
57	户主	张兰英	女	彝族	76	文盲或半文盲	完全不会	流利	完全不会
58	户主	李忠城	男	彝族	62	小学	完全不会	流利	可以和别人沟通
	妻	郭光珍	女	彝族	61	小学	完全不会	流利	可以和别人沟通
	子	李逵	男	彝族	39	初中	完全不会	流利	流利
	儿媳	字昌珍	女	彝族	37	初中	完全不会	流利	流利
	女	李虹	女	汉族	26	初中	完全不会	流利	流利

（续表）

编号	家庭关系	姓名	性别	民族	年龄（岁）	文化程度	彝语	汉语方言	汉语普通话
	孙	李明慧	女	彝族	16	高中	完全不会	流利	流利
	孙	李明佳	女	彝族	12	小学	完全不会	流利	流利
59	户主	李再春	男	彝族	60	小学	完全不会	流利	流利
	妻	李永珍	女	彝族	53	小学	完全不会	流利	流利
	女	李思艳	女	彝族	27	高中	完全不会	流利	流利
60	户主	李福中	男	彝族	61	小学	完全不会	流利	可以和别人沟通
	妻	李春兰	女	彝族	60	小学	完全不会	流利	可以和别人沟通
	孙	李志	男	彝族	15	初中	完全不会	流利	流利
61	户主	乔玉芝	女	彝族	58	小学	流利	流利	可以和别人沟通
	丈夫	周荣海	男	彝族	53	小学	完全不会	流利	流利
	女	周晓燕	女	彝族	17	高中	完全不会	流利	流利
62	户主	李建洪	男	彝族	45	初中	完全不会	流利	流利
	妻	王忠琼	女	彝族	41	初中	完全不会	流利	流利
	子	李思宇	男	彝族	17	高中	完全不会	流利	流利
	子	王思宇	男	彝族	7	小学	完全不会	流利	流利
63	户主	张琼梅	女	彝族	49	小学	流利	流利	流利

（续表）

编号	家庭关系	姓名	性别	民族	年龄（岁）	文化程度	彝语	汉语方言	汉语普通话
64	户主	郑桂兰	女	汉族	58	小学	完全不会	流利	可以和别人沟通
	子	杨建平	男	彝族	32	初中	完全不会	流利	流利
	女	杨建琼	女	彝族	28	初中	完全不会	流利	流利
65	户主	李民春	男	彝族	52	初中	完全不会	流利	流利
	妻	卿兴翠	女	汉族	46	初中	完全不会	流利	流利
	子	李斌	男	彝族	24	初中	完全不会	流利	流利
	女	李梦娇	女	彝族	20	大专	完全不会	流利	流利
66	户主	刘进松	男	彝族	42	初中	完全不会	流利	流利
67	户主	李福荣	男	彝族	59	小学	完全不会	流利	可以和别人沟通
	妻	杨菊仙	女	彝族	56	小学	完全不会	流利	可以和别人沟通
	女	李海梅	女	彝族	36	初中	完全不会	流利	流利
	女	李海艳	女	彝族	34	初中	完全不会	流利	流利
	女婿	彭堂文	男	汉族	42	初中	完全不会	流利	流利
	孙	李彭	男	彝族	12	初中	完全不会	流利	流利
68	户主	张春华	男	彝族	49	初中	完全不会	流利	流利
	妻	张美琼	女	汉族	48	初中	完全不会	流利	流利
	子	张仕宗	男	彝族	23	高中	完全不会	流利	流利

（续表）

编号	家庭关系	姓名	性别	民族	年龄（岁）	文化程度	彝语	汉语方言	汉语普通话
	子	张仕欣	男	彝族	18	高中	完全不会	流利	流利
69	户主	杨兰芝	男	彝族	89	文盲或半文盲	完全不会	流利	完全不会
70	户主	张应珍	女	彝族	86	文盲或半文盲	完全不会	流利	完全不会
71	户主	李文海	男	彝族	75	文盲或半文盲	完全不会	流利	完全不会
	女	李春玉	女	彝族	49	初中	完全不会	流利	流利
	女婿	王忠强	男	汉族	49	初中	完全不会	流利	流利
	孙	李会琼	女	彝族	26	研究生	完全不会	流利	流利
	孙	李云川	男	彝族	20	高中	完全不会	流利	流利
72	户主	李贵春	男	彝族	59	小学	听得懂不会说	流利	可以和别人沟通
	妻	乔文芝	女	彝族	55	小学	流利	流利	可以和别人沟通
73	户主	李进才	男	彝族	57	初中	完全不会	流利	可以和别人沟通
	妻	李春菊	女	彝族	57	小学	完全不会	流利	可以和别人沟通
	女	李云梅	女	彝族	31	初中	完全不会	流利	流利
	女	李丽梅	女	彝族	26	初中	完全不会	流利	流利
74	户主	虎永贵	男	彝族	55	初中	流利	流利	可以和别人沟通

（续表）

编号	家庭关系	姓名	性别	民族	年龄（岁）	文化程度	彝语	汉语方言	汉语普通话
	妻	邵菊芬	女	汉族	53	初中	完全不会	流利	可以和别人沟通
	女	虎志琼	女	彝族	23	大专	完全不会	流利	流利
	子	虎志东	男	彝族	17	高中	完全不会	流利	流利
75	户主	李玉珍	女	彝族	89	文盲或半文盲	听得懂不会说	流利	完全不会
76	户主	李春梅	女	彝族	46	初中	完全不会	流利	流利
	丈夫	李啟庆	男	彝族	38	初中	完全不会	流利	流利
	女	杨洋	女	彝族	21	大专	完全不会	流利	流利
	子	李俊杰	男	彝族	13	初中	完全不会	流利	流利
	女	李馨婷	女	彝族	5	幼儿园	完全不会	流利	流利
77	户主	张平	男	彝族	47	初中	流利	流利	流利
	妻	张世美	女	彝族	39	初中	完全不会	流利	流利
	子	张永亮	男	彝族	18	高中	完全不会	流利	流利
78	户主	杨桂芝	男	彝族	81	文盲或半文盲	完全不会	流利	完全不会
79	户主	张秀全	女	彝族	79	文盲或半文盲	流利	流利	完全不会
80	户主	李淑香	女	彝族	46	初中	完全不会	流利	流利
81	户主	张文功	男	彝族	64	文盲或半文盲	完全不会	流利	可以和别人沟通
	子	张春洪	男	彝族	37	初中	完全不会	流利	流利
	儿媳	赵琼芬	女	彝族	35	初中	完全不会	流利	流利

（续表）

编号	家庭关系	姓名	性别	民族	年龄（岁）	文化程度	彝语	汉语方言	汉语普通话
	孙	张锐	女	彝族	12	初中	完全不会	流利	流利
82	户主	张树花	女	汉族	43	初中	流利	流利	流利
83	户主	刘志琼	女	彝族	41	初中	完全不会	流利	流利
	子	张进鑫	男	彝族	12	初中	完全不会	流利	流利
	女	张静敏	女	彝族	15	初中	完全不会	流利	流利
84	户主	刘志兰	女	彝族	66	小学	流利	流利	可以和别人沟通
	子	龚进	男	彝族	42	高中	流利	流利	流利
85	户主	李凤英	女	彝族	62	小学	完全不会	流利	可以和别人沟通
86	户主	张刘仙	女	彝族	80	文盲或半文盲	流利	流利	完全不会
87	户主	张继功	男	彝族	75	文盲或半文盲	完全不会	流利	完全不会
	妻	张玉珍	女	彝族	72	文盲或半文盲	流利	流利	完全不会
88	户主	李聪	男	彝族	88	文盲或半文盲	完全不会	流利	完全不会
	妻	张世英	女	彝族	88	文盲或半文盲	完全不会	流利	完全不会
89	户主	张建恒	男	彝族	51	初中	流利	流利	流利

第三节　茶马古道沿线的民族语言接触情况

访谈过程中，绿竹园村张少坤谈到彝族迁徙及族源关系时两次提到"赶马帮"，这使得我们开始考察茶马古道的路线和网络构成，尤其是以调查地为主的金沙江沿岸的语言问题。

茶马交易治边制度始于隋唐，至清代止，历经岁月沧桑近千年。在茶马市场交易的漫长岁月里，中国商人在西北、西南边陲，用自己的双脚，踏出了一条崎岖绵延的"茶马古道"。所谓茶马古道，实际上就是一条地道的马帮之路。

茶马古道西汉时已现雏形。它东起云南和四川，会合于西藏昌都地区，并穿越整个西藏中南部，经南亚、西亚诸国，历经千百年风霜至近现代才逐渐遭废弃湮没。一种解说为，茶马古道主要分南、北两条道，即滇藏道和川藏道。滇藏道起自云南西部洱海一带产茶区，经丽江、中甸（今香格里拉）、德钦、芒康、察雅至昌都，再由昌都通往卫藏地区。川藏道则以今四川雅安一带产茶区为起点，首先进入康定，自康定起，川藏道又分成南、北两条支线：北线是从康定向北，经道孚、炉霍、甘孜、德格、江达、抵达昌都（即今川藏公路的北线），再由昌都通往卫藏地区；南线则是从康定向南，经雅江、理塘、巴塘、芒康、左贡至昌都（即今川藏公路的南线），再由昌都通向卫藏地区。另一种解说是，茶马古道的线路主要有两条：一条从中国四川雅安出发，经泸定、康定、巴塘、昌都到中国西藏拉萨，再到尼泊尔、印度，国内路线全长约3 100千米；另一条路线从中国云南普洱茶原产地（今西双版纳、普洱等地）出发，经大理、丽江、中甸（今香格里拉）、德钦，到中国西藏邦达、察隅或昌都、洛隆、工布江达、拉萨，然后再经江孜、亚东，分别到缅甸、尼泊尔、印度，国内路线全长约3 800千米。

《西南丝绸之路：从茶马古道的烟尘，到天路的呼啸》一文中指出，中国茶马古道有三条。第一条是陕甘茶马古道，是中国茶叶西行并换回马匹的主道。陕甘茶马古道是古丝绸之路的主要路线之一，主要的运输工具是骆驼。而茶、马，指的是贩茶换马（这里的茶和马均是商品）。陕甘茶马古道是陕西商人在西北进行茶马互市线路，从长安（今西安）、汉中到甘肃、宁夏、新疆，到唐朝时，与丝绸之路相连，走向中亚、欧洲，成为丝绸之路的主要路线之一。

　　第二条是陕康藏茶马古道，近年来又被学术界称为西南丝绸之路。始于唐代，由陕西商人与古代西南边疆的茶马互市形成。由于明清时政府对贩茶实行政府管制，贩茶分区域，其中最繁华的茶马交易市场在康定，称为锃古道，因此陕康藏茶马古道是当时可以在国内跨区贩茶的茶马古道。川藏茶马古道是陕康藏茶马古道的一部分，东起雅州边茶产地雅安，经打箭炉（今康定），西至西藏拉萨，最后通到不丹、尼泊尔和印度，全长近4 000千米，已有1 300多年历史，是古代西藏和内地联系必不可少的桥梁和纽带。

　　第三条是滇藏茶马古道。滇藏茶马古道大约形成于公元6世纪后期，它南起云南茶叶主产区西双版纳易武镇、普洱市，中间经过今天的大理白族自治州和丽江市、香格里拉市进入西藏，直达拉萨。有的还从西藏转口印度、尼泊尔，是古代中国与南亚地区一条重要的贸易通道。普洱是茶马古道上独具优势的货物产地和中转集散地。

　　滇藏茶马古道是唐宋至中华民国时期，云南与西藏之间的贸易通道，以马帮运输为主，实现滇茶与藏马的交易，故称滇藏茶马古道。康藏属高寒地区，当地居民需要摄入高热量的食物，如奶类、酥油、牛羊肉等。但是，当地没有蔬菜，过多的油脂在人体内是不易分解的，而茶叶含有维生素，既能分解脂肪，又防止燥热，所以当地居民在长期的生活中养成了喝酥油茶的生活习惯。而在内地，军队征战与民间仪式都需要大量的骡马，而西藏则产良马。于是，茶马互市应运而生。滇藏茶马古道全程约4 000千米，是世界上最著名的古老驿道。它贯穿亚洲板块最险峻奇峭的高山峡谷，横跨金沙江、澜沧江、怒江、岷江、雅鲁藏布江等水系，千年来已成为沿途人民必不可少的生命线，被称为生命之路。

　　以上所言只是茶马古道的主要干线，也是长期以来人们对茶马古道的一种约定俗成的理解与认识。事实上，除以上主干线外，茶马古道还包括了若干支线。在三条主线的沿途，密布着无数大大小小的支线，将滇藏川"大三角"地区紧密联结在一起，形成了世界上地势最高、山路最险、距离最遥远的茶马文明古道。在古道上是成千上万辛勤的马帮，日复一日、年复一年，在风餐露宿的艰难行程中，用清悠的铃声和奔波的马蹄声打破了千百年山林深谷的宁静，开辟了一条通往域外的经贸之路。

孙宏开认为："茶马古道的语言和文化的确很值得研究。茶马古道最早是费孝通先生提出来的，大约是在1991年，在民族文化宫开一个茶马古道会议，那次我也去了。有一条古道，是从昆明往西，通过保山腾冲到缅甸，一直到印度。还有一条古道，云南的茶叶往西藏运的时候走的那条古道，过去条件更加艰苦一点。"[①]

陈保亚指出，茶马古道是以滇藏川三角地带为中心，跨越世界屋脊的远征古道，也是沟通欧亚大陆的重要古道网络。茶马古道是一个文化传播纽带，它以马驮、人背为主要运输方式（当然也包括牛、骆驼等驮运），以运茶为主要目的，并伴随着马、盐、酒、糖、皮毛、药材等商品交换和佛教、伊斯兰教、基督教、科学观念等精神交换。[②]

茶马古道作为一个以滇藏川"大三角"为核心地区的古道网络，其形成不可能是在短时间内突然出现的，必然经历了漫长的演化过程。有人群的交往才有道路交通，道路交通的格局与人群之间的文化联系有着密切的关联。因某一种文化要素而连接起来的人群就构成了一个文化圈。因此，文化圈是道路交通格局的另一种表述。语言上的关联是文化圈形成的最好证据。[③]研究西南边陲崎岖的茶马古道沿线分布的民族语言分布、语言接触、语言种类、语言使用情况、语言与语言之间共时和历时的关系，可以为茶马古道网络形成、茶马古道沿线文化研究提供十分重要的线索。

---

① 龙国贻、孙宏开：《八江语言路　浓浓古道情——中国民族语言学家孙宏开先生之茶马古道语言文化专访》，载《百色学院学报》2021年第6期。

② 参见陈保亚2011年1月7日发表于《21世纪经济报道》题为《茶马古道：征服世界屋脊的文明通道》一文。

③ 汪锋：《从汉藏语言比较看茶马古道的演化——以汉、白、彝语比较为基础》，载《思想战线》2016年第6期。

第四节　一位彝语失语者自传的语言使用特点

在调研过程中，我们很幸运得到一篇张继科的个人自传文章。自传，顾名思义就是以记述自己的生平事迹为主的文体形式。自传是一种实用性很强的文体，本书采集到的民间个人自传，是一种实录性自传，重在记述自传者客观的生平事迹。张继科写的自传态度纯正，文字朴素、简洁，仅对自己作轮廓性勾勒，算是一种"自我简介"性小传。这种民间自传不同于文学性自传。文学性自传在讲究实用性的同时需兼顾实用性与文学性的融合，文学性强，可当文学作品阅读，是一种文质皆美的，有较强感染力和表现力的自述文字。文学性自传的内容一般较丰富、生动、感人，而民间自传更偏重实用性和真实性。

一、彝语失语者自传的实录性特点

阅读完张继科的自传，我们可以感受到张继科在进行自传创作的过程中，是以一种相对客观的视角来写的，他通过回望自己这六十多年所经历的风风雨雨和点点滴滴，也因此获得了一个自己和他人对话的机会。在这个世界上，在这些少数民族中，总有一些人像他一样，一直在努力工作和反思自己的人生，安静地过着自己的生活，但很少有人在忙碌之余将自己的生活经历和所思所想用文字记录下来，这是一种遗憾！无论经历是美好还是痛苦，写自传的过程其实也是自我疗愈的过程。在本次调研中，张继科无私奉献出自己的自传手稿，可以说是个人日记。我们把该自传作为语言生态研究的一部分，首先是从民间自传所具有的历史意义、文化意义、文字意义及传承意义出发，其次是从少数民族个人经验、视角、叙事、经历、语言文字使用和文化反思情况出发，探讨语言生态研究更广的维度。

二、语言带有一定的地域和时代特征

这是一个20世纪50年代出生于云南农村的彝族男性母语失语者手写下来的自传，是一个故事，是个人的成长史。同时，这也是"50后"乡镇公务员的过去和现在，他的经历反映出地区的发展，其作为个体，也是地区和国家发展的参与者和见证者。在这个简短的手写的自传里，张继科将自己从小到大的经历娓娓道来，这是他的成长经历和个人叙事，也是他自己工作和生活的全部心得。

自传首先体现了主人公吃苦耐劳的精神。吃苦耐劳是中华民族五千年文化所特有的君子之风，成功之路。张继科和千千万万的大众一样，从小早当家，他的经历并不引人瞩目，但绝不是个例，而是代表了中国农村的少数民族是如何通过自己一步步的努力，如何把握住人生中的机会，成为一个知识分子、国家干部的经历。以张继科为代表的这一代人，由国家提供机会，在机遇与挑战并存的时代，他们的努力能否获得成功，能否得到国家的认可，一定程度上影响到国家和民族的未来命运。

张继科所出生的区域，人民秉持着中华文化最基本、最传统的东西，当这些东西和发展最迅速的时代碰撞，又和地区经济、家庭、工作和生活的复杂与创新结合在一起时，势必在很多方面有别于其他地区。张继科的自传是一个时代的缩影，也是中国民众尤其是彝族生活方式如何改变的一个写照。在这样的发展过程中，语言似乎是民族地区人们不太关注和在乎的事情，使用什么语言、语言的发展方向如何等，看似一切都是理所当然，实则过程是曲折的。很显然，此类民间自传的语言是原生态的，同时也具有一定的地域特征，很多句子和词汇都极具方言特色和时代特色。

三、自传体现了地区历史、语言和文化的发展和变迁

本书的研究内容虽然只是一个乡镇的语言生态，却是融合多个学

术研究领域的内容，它涉及人类学、民族学、语言学、口述史等多方面，兼容并蓄。调查和访谈的内容兼顾政治、经济、文化、语言、历史、宗教、风俗等多个方面，访谈对象既有民族干部，又有文化传承人、手工艺人，涉及各个层面。

少数民族语言文化的变迁是一个客观发展的过程，随着社会的发展和时代的变迁，少数民族传统语言文化中的某些特质和精神可能会消失。这种消失应该是一个自然的过程。虽然彝族有文字，但只为个别村民或部分研究者所掌握。我们调查地的彝族，大多只懂语言不懂文字，不仅没有可供书写的文字，也没有可以参考的记录，所有一切都存在于老一辈的心里。个人的文化记忆和对民族历史的了解主要是通过掌握少数民族文化的土司、毕摩或民间艺人口传身授的方式保存和延续下来的。本书涉及的这些口述、笔述的资料原始性强，对研究少数民族历史发展和社会政治、经济、文化、制定和实施民族政策、新农村建设等大力发展少数民族各项事业都有着重要的参考价值和科学价值。很多内容直接体现了乡村、乡镇和地区的历史、语言和文化的发展和变迁。

第四章　彝族、苗族聚居区家庭语言
使用个案调查

在汉语方言和汉语普通话的影响下，尤其是在族际婚姻家庭内部，不同家庭的语言生活是否会出现新的变化？同一社区同一村落的不同民族之间语言使用的情况如何？带着这些问题，我们深入调查了彝语转用家庭、民族认同为"傈僳族"的彝族家庭、彝族密岔支系家庭、苗族一家三代家庭，共4个家庭的语言使用情况（包括户籍或居住地在异地的直系亲属）作为个案。调查发现，彝族聚居村彝语使用频繁的彝汉通婚家庭，汉族均能够不同程度地使用彝语，并且有些家庭成员的母语认同和第一语言认同发生了变化，即从汉语作为第一语言的认同直接过渡到把彝语认同为第一语言的变化，此现象在彝族聚居村较为常见。目前，族际婚姻和族内婚姻家庭的语言使用者都是双语或多语人。

第一节　张继科一家四代语言使用变迁

本节主要描述楚雄彝族自治州禄丰市仁兴镇绿竹园村张继科一家四代的语言使用的特点及其变化，试图从中探寻20世纪以来一个彝族家族的语言使用变化特点和规律，并认识族际婚姻对语言使用、语言生活和语言生态的影响。张继科是仁兴镇绿竹园村民小组的居民，彝族，彝语失语者，仁兴镇人民政府退休人员。由于工作原因，张继科本人的户口已从绿竹园村民小组迁至单位所在地，只有配偶和小女儿的户籍在绿竹园村。张继科自参加工作直至退休都是在仁兴镇范围内工作，工作期间没有在仁兴镇以外的地区生活超过一年，退休后常随子女在楚雄市或昆明市暂居。由于是土生土长的仁兴镇人，加之工作的关系，张继科对绿竹园村、革里村委会，乃至仁兴镇的整体语言使用情况都比较了解。下面我们将对张继科一家四代的语言使用情况进行具体的描写和分析。

对张继科一家四代的语言使用情况进行评价时，我们按照流利、可以和别人沟通、沟通有点困难、听得懂不会说和完全不会五个等级进行统计。

一、第一代语言使用情况

张继科父母作为第一代，夫妻双方都是彝族，是汉语和彝语双语人。具体情况见表4-1。

表4-1　张继科父母语言使用情况表

家庭关系	姓名	民族	出生年月	文化程度	第一语言及水平	第二语言及水平	其他语言及水平	备注
父亲	张炳清	彝族	1929.8	半文盲	彝语，沟通有点困难	汉语方言，流利	苗语，听得懂不会说	已故（81岁）
母亲	张凤英	彝族	1928.2	文盲	彝语，沟通有点困难	汉语方言，流利	苗语，完全不会	已故（90岁）

张继科父亲张炳清是彝族，绿竹园村人，汉语方言流利，略懂苗语，听得懂且会说一些彝语，但平时在家中不说。张炳清从小家庭条件相对较好，虽没有上过正规学校，但会打算盘会算账，会写自己的名字，也认识一些常用的字。张炳清有四个哥哥，一个姐姐，自己最小，排行老六。

张继科母亲张凤英是彝族，绿竹园村人，原名李凤英，嫁到张家后改名张凤英，能听懂彝语，会说一些简单的彝语常用语，基本不识字，汉语方言流利。张凤英嫁给同村张炳清以后，在家庭内部都是说汉语方言，这也是张继科及其兄妹大都不会讲彝语的最主要原因。家庭语言环境和语言传承意识缺乏是第一代彝语失语者共同面临的问题。20世纪三四十年代，无论是语言的传承断代，还是语言转用的发生，主要还是与国家经济发展受限有关。这一时期，中国广大农村地区的农民忙于解决温饱问题，语言问题不在农村家庭考虑的范围，语言仅发挥着其最基础的沟通和交流的职能。

绿竹园村，彝族占大多数，老一辈在家中讲彝语，其后代就会讲彝语，老一辈会讲彝语但在家庭内部不再讲彝语的，后代则不再会讲彝语。绿竹园村的青少年在儿童时期，基本是父母在家说什么话，自己就从小习得什么语言。母语习得时间晚是张继科父母二人语言使用的一个重要特点。由于母语习得时间和语言环境的缺失，张继科一家的语言转用发生的时间较早。一家四代都是语言转用者。

语言与文化之间是并行的关系。民族语言保持良好的地方，民族文化一般保持得也良好。很明显，语言与文化密不可分，离开了语言，文化很难存在。绿竹园村的彝族服装也随着语言转用的发生而产生了很多的变化。绿竹园村的彝族一般不穿民族服装，只有村里办喜事时会穿。20世纪三四十年代出生的老一辈，平时喜欢戴一块头巾，条件好的妇女通常都会买上几块头巾，有红色、绿色、宝蓝色等。张继科母亲张凤英时常戴着一块头巾，在其生病卧床不起后，还给自己的儿媳和女儿分别留下一块全新的或者是半新的头巾作为纪念，至今还依然保留。

二、第二代语言使用情况

张继科有10个兄弟姐妹，老大7岁夭折，最后剩下4男5女。截至2023年调查结束之前，9个兄弟姐妹还在世。张继科及其兄弟姐妹作为家族的第二代，所有人户籍"民族"一栏都是随父母报彝族。张继科兄弟姐妹的配偶既有彝族也有汉族，有族内通婚也有族外通婚。具体情况见下表。

表4-2 张继科兄弟姐妹语言使用情况

家庭关系	姓名	民族	年龄（岁）	文化程度	第一语言及水平	第二语言及水平	其他语言及水平
大哥	张继文	彝族	74	小学	彝语，沟通有点困难	汉语方言，流利	苗语，会说几句
大嫂	刘玉兰	汉族	74	文盲	汉语方言，流利	彝语，完全不会	苗语，听得懂不会说
大姐	张兰珍	彝族	69	小学	彝语，流利	汉语方言，流利	苗语，完全不会
大姐夫	刘朝忠	彝族	73	小学	彝语，流利	汉语方言，流利	苗语，完全不会
二哥	张继生	彝族	68	初中	彝语，听得懂不会说	汉语方言，流利	苗语，完全不会
二嫂	黄美翠	汉族	59	小学	汉语方言，流利	彝语，完全不会	苗语，完全不会
丈夫	张继科	彝族	66	中专	彝语，听得懂不会说	汉语方言，流利	苗语，听得懂不会说
妻子	李兰芬	汉族	61	小学	汉语方言，流利	彝语，完全不会	苗语，完全不会
二妹	张兰仙	彝族	65	小学	彝语，完全不会	汉语方言，流利	苗语，完全不会
二妹夫	刘发云	汉族	69	小学	汉语方言，流利	彝语，完全不会	苗语，完全不会
三妹	张兰菊	彝族	61	小学	彝语，完全不会	汉语方言，流利	苗语，完全不会
三妹夫	段家巷	汉族	66	小学	汉语方言，流利	彝语，完全不会	苗语，完全不会
四妹	张兰华	彝族	58	初中	彝语，完全不会	汉语方言，流利	苗语，完全不会
四妹夫	戚真勤	汉族	64	中专	汉语方言，流利	彝语，完全不会	苗语，完全不会
五妹	张兰美	彝族	56	初中	彝语，沟通有点困难	汉语方言，流利	苗语，完全不会
五妹夫	张少坤	彝族	61	中专	傈僳语，流利	汉语方言，流利	彝语，听得懂；苗语，完全不会

（续表）

家庭关系	姓名	民族	年龄（岁）	文化程度	第一语言及水平	第二语言及水平	其他语言及水平
弟弟	张继学	彝族	52	初中	彝语，完全不会	汉语方言，流利	苗语，完全不会
弟妹	张自凤	汉族	50	小学	汉语方言，流利	彝语，完全不会	苗语，完全不会

　　下面，我们将对表4-2中的人员的语言使用情况进行必要的说明。

　　大哥张继文，出生于绿竹园村，第一语言是彝语，由于生活在彝族聚居村，也经常和周边彝族打交道，会说简单的彝语常用语。张继文读了一段时间的小学后便回家务农，属小学未毕业，当时的小学位于附近的饶家村。张继文几乎一辈子都是在村里务农，主要靠种植梨、烧石灰以及赶马车拉石头和木头等去街上卖，维系生活。由于妻子是从武定县嫁入，是汉族，所以家庭用语一直是汉语方言，到镇上赶集等也是使用汉语方言。

　　大嫂刘玉兰，从武定县迤纳厂上狮子口村嫁到绿竹园村，第一语言是汉语方言，能熟练使用汉语方言。由于其出生地离苗族聚居村较近，经常和苗族打交道，所以会说简单的苗语。刘玉兰自嫁入绿竹园村后，缺乏讲苗语的语境，不再会讲苗语。

　　大姐张兰珍是几姊妹中最早出嫁的一位，上过一两年小学，学校当时位于附近的饶家村，第一语言是彝语。张兰珍从小生活在绿竹园村，19岁嫁到邻村马鞍桥村，丈夫是地道的彝族，其婚后长期居住于马鞍桥村。在日常生活中，为了方便与村内同是嫁入彝族村的汉族女性交流，她们之间有时候还会把汉语和彝语交叉或者混合使用，是典型的双语者。与子女交流时，有时候说彝语密岔话，有时候说汉语方言，两种语言都流利。家庭用语为彝汉双语。

　　大姐夫刘朝忠，彝族，初中毕业生，马鞍桥村人，第一语言是彝语，家庭语言和村内语言都是彝语，彝语流利，也能熟练使用汉语方言。刘朝忠曾就职于马鞍村委会，属林业管理员，做过个体户，开过商店。

二哥张继生，读书时的学校坐落于上营村，小学便住校，第一语言是彝语。张继生一直比较喜欢阅读，目前也还很好地保留阅读的爱好和习惯，经常会在闲暇时候看一些历史书籍。婚后在家庭内部使用汉语方言，平时较少使用汉语普通话。

二嫂黄美翠，从禄劝彝族苗族自治县撒营盘嫁到绿竹园村，读过两年书，第一语言是汉语方言。近年，由于女婿是河南人，黄美翠慢慢地也会讲汉语普通话了。

张继科，也就是我们本次家庭语言调查的主要对象。张继科学前班是在绿竹园村内就读，村内学校旧址是以前的绿竹园村公房隔壁。小学（一至四年级）在革里（小学）就读，高小（五至六年级）是在马鞍的小学就读。张继科的初中在位于峨头上下的大凹 "五七中学"就读，也就是目前绿竹园村平地的一处平房处。初中毕业后，张继科回乡务农。据张继科回忆，整个绿竹园村的田地他都耕种过，因为在"使牛组"主要的工作就是抬犁、抬耙和耕田、地，大春、小春犁田地都需要"使牛组"去开沟。那时，村子里的村民都被分配了具体的任务并分属于不同的小组，"使牛组"以外的大部分村民主要就是用锄头、镰刀耕作，其余村民则负责挑或者背肥料、烧灰、栽秧等农活。在语言使用方面，全村的劳动生产和交流，有的人讲汉语方言，有的人讲彝语，一般是彝族和彝族之间讲彝语，汉族和汉族之间讲汉语方言，会讲彝语的汉族也会和彝族讲汉语方言。

张继科的妻子李兰芬，汉族，碧城镇炼甸村人，炼甸村是汉族聚居村，第一语言是汉语方言。李兰芬从小生活在汉族聚居村，很少接触少数民族语言。适婚后嫁到绿竹园村，虽然其配偶及父母兄妹都是彝族，但各兄妹之间都是讲汉语方言，家庭内部不使用彝语。在缺乏彝语习得环境的情况下，李兰芬也只会说汉语方言。李兰芬婚后生活在绿竹园村，孩子上中学后到仁兴中学食堂煮饭，后来又到仁兴镇敬老院煮饭，也当过仁兴镇环卫队的保洁员。直到2013年，由于大部分时间居住在楚雄、昆明等地，出于交际需求，李兰芬开始尝试讲汉语普通话，汉语普通话基本可以和别人沟通。

二妹张兰仙，出生于绿竹园村，小学没有毕业便回家务农，婚姻属彝汉跨族婚姻。定居于仁兴村汉族聚居村，有一儿一女，家庭用语为汉语方言，从不讲彝语。现居南京照顾孙辈，由于身居异地的需要，汉语普通话近年来使用得较多。

二妹夫刘发云，出生于仁兴镇仁兴村，汉族，小学未毕业。刘发云早期的主要工作是开商店、维修拖拉机等，家庭内外都使用汉语方言，几乎不使用汉语普通话，不会讲彝语。

三妹张兰菊，出生于绿竹园村，第一语言是彝语，小学未毕业，二年级后因家庭和自身的原因便回了家，达到婚配年龄后嫁往武定县汉族聚居村白邑村。家庭用语是汉语方言。目前，与孙子孙女之间有时讲汉语普通话，大多数情况下讲汉语方言。

三妹夫段家巷，汉族，武定县白邑村人，第一语言是汉语方言，汉语方言流利，不会讲彝语，但两个女儿随母落户为彝族。目前，孙辈落户又随他的女儿落户为彝族，但都不会讲彝语。

四妹张兰华，原名张兰花，从小生活在绿竹园村，熟练掌握汉语方言，适婚年龄嫁到开远。半年后作为家属随丈夫到保山市龙陵县大寨村地质队工作，两年后随丈夫到澜沧拉祜族自治县老厂生活。由于张兰华丈夫是汉族，属彝汉跨族婚姻，家庭用语一直是汉语方言。张兰华上班所到之地，使用该地汉语方言均可沟通。近年来，随着外来人口增多及其工作性质的变化，工作和生活中都会使用汉语普通话，汉语普通话较为流利。

四妹夫戚真勤，汉族，云南省红河哈尼族彝族自治州开远市木花果村人，第一语言是汉语方言。在平时生活中，会说汉语普通话，但一般用不到或不经常说，大多数情况下都讲汉语方言。

五妹张兰美，第一语言是彝语，从小生长在绿竹园村，结婚对象是本村人，彝族。在家庭内部，除了张兰美本人和他的两个孩子，丈夫与其婆婆、兄弟姊妹都讲傈僳语。也就是说，即便张兰美在场，丈夫和家人们都是讲傈僳语，和张兰美则是讲汉语方言。很多时候，张兰美听不懂他们在讲什么，但注意听的时候还是基本可以猜出大致的意思。

五妹夫张少坤，户籍登记为彝族，第一语言是傈僳语，习得语言的顺序为：傈僳语、汉语方言、彝语。婚前家庭内部，全家只会傈僳语，汉语方言是跟父母和同伴学会的。自娶妻子张兰美后，由于作为彝族的张兰美已不会说彝语，因此不能用民族语言进行沟通。一直以来，张少坤与妻子、孩子都是讲汉语。目前，张少坤的两个孩子及孙辈均完全不会傈僳语或彝语。由于张少坤家和绿竹园大村子有一段距离，他们居住的"小村子"山林果树，傈僳语使用的户数较多，老一辈彼此之间一直讲傈僳语。近十多年以来，张少坤到云南省昆明市务工，但家庭内部仍然保持着与母亲和妹妹讲傈僳语的语言习惯，家庭成员之间讲傈僳语是自然而然的事。总之，张少坤家是典型的双语家庭，张少坤与母亲、妹妹、兄弟讲傈僳语，与妻子、儿子、女儿、孙辈则讲汉语方言，他能够在两种语言之间切换。

弟弟张继学，是张继科九兄妹中最小的一个，因此也是最后结婚的一个。张继学的第一语言是彝语，但从小几乎讲汉语方言。随着务工的机会增多，最近几年，张继学携妻子到昆明务工，在务工的地方也是讲汉语方言，有时候也会和外省同事讲汉语普通话，汉语普通话还算标准。

弟妹张自凤，云南黑井镇人，第一语言是汉语方言。自嫁到绿竹园村，在村内和家庭内部，讲汉语方言，不会讲彝语。最近几年到昆明务工，有时候会尝试讲汉语普通话，无论使用汉语方言还是汉语普通话都可以和同事们进行沟通。

三、第三代语言使用情况

张继科及其兄弟姐妹共有18个子女，所有子女的民族成分均填报为彝族。他们的语言能力情况见下表。

表4-3　张继科及其兄弟姐妹子女的语言使用情况

家庭关系	姓名	民族	年龄（岁）	文化程度	第一语言及水平	第二语言及水平	其他语言及水平
大哥儿子	张春荣	彝族	52	高中	汉语方言，流利	彝语，听得懂不会说	苗语，完全不会
大哥女儿	张春莲	彝族	49	初中	汉语方言，流利	彝语，完全不会	苗语，完全不会
大哥女儿	张春丽	彝族	44	高中	汉语方言，流利	彝语，完全不会	苗语，完全不会
大姐女儿	刘蓉	彝族	52	初中	彝语，流利	汉语方言，流利	苗语，听得懂不会说
大姐儿子	刘吉	彝族	50	初中	彝语，流利	汉语方言，流利	苗语，听得懂不会说
二哥儿子	张又家	彝族	40	初中	汉语方言，流利	彝语，完全不会	苗语，完全不会
二哥女儿	张莉佳	彝族	35	初中	汉语方言，流利	彝语，完全不会	苗语，完全不会
张继科女儿	张春艳	彝族	38	博士	汉语方言，流利	彝语，听得懂不会说	苗语，听得懂不会说；英语，流利
张继科女儿	张春润	彝族	36	本科	汉语方言，流利	彝语，完全不会	苗语，完全不会
二妹女儿	刘梅	彝族	41	本科	汉语方言，流利	彝语，完全不会	苗语，完全不会
二妹儿子	刘正雄	彝族	39	本科	汉语方言，流利	彝语，完全不会	苗语，完全不会
三妹女儿	段晓琴	彝族	37	中专	汉语方言，流利	彝语，完全不会	苗语，完全不会
三妹女儿	段晓玲	彝族	33	专科	汉语方言，流利	彝语，完全不会	苗语，完全不会
四妹女儿	戚津榕	彝族	37	硕士	汉语方言，流利	彝语，听得懂不会说	苗语，完全不会
五妹儿子	张琮府	彝族	33	初中	汉语方言，流利	彝语，听得懂不会说	苗语，完全不会

家庭关系	姓名	民族	年龄（岁）	文化程度	第一语言及水平	第二语言及水平	其他语言及水平
五妹女儿	张琼琳	彝族	29	中专	汉语方言，流利	彝语，听得懂不会说	苗语，完全不会
弟弟女儿	张莉停	彝族	27	本科	汉语方言，流利	彝语，完全不会	苗语，完全不会
弟弟儿子	张浩川	彝族	22	本科	汉语方言，流利	彝语，完全不会	苗语，完全不会

大哥儿子张春荣，出生在绿竹园村，从小不会说彝语，从禄丰职业中学毕业后就在外做生意，主要使用汉语方言。近年来，张春荣经常外出到昆明等地务工，遇到不会讲汉语方言的外地人时也会说汉语普通话，一般情况下讲汉语方言。目前，张春荣的孩子在武定县上小学，去学校接送孩子的时候也会和孩子说汉语普通话。家庭内部一直使用汉语方言。

大哥女儿张春莲，出生在绿竹园村，第一语言是汉语方言，适婚年龄嫁到昆明市后仍然使用汉语方言。在家庭内部，与丈夫、孩子讲汉语方言。随着小孙子的降临，目前和孙辈经常讲汉语普通话，有时候讲汉语方言。

大哥女儿张春丽，出生在绿竹园村，第一语言是汉语方言，从小不会说彝语，丈夫是重庆人，家庭内部都是讲汉语方言，不使用汉语普通话。随着这几年到镇上自己开店，遇到省外的客人时会讲汉语普通话，有时候到禄丰一中接女儿回家也会使用汉语普通话。

大姐女儿刘蓉，出身于仁兴镇马鞍桥村，父亲是彝语流利者，母亲是彝族。刘蓉从小生活在马鞍桥村，家庭内部全体使用彝语，第一语言是彝语密岔话，彝语流利。刘蓉在适婚年龄嫁给同村的彝族，继而生活在"满口彝语"的家庭。婚后主要在家务农，曾在罗次矿山开卷扬机、拉矿等工作。2012—2018年，在位于马鞍桥村的马鞍小学当后勤人员，2018年后大部分时间与子女生活在禄丰市。在家庭内部，刘蓉与丈夫、儿子都是讲彝语，与孙辈基本是讲汉语方言，有时候讲汉语普通话，偶尔也会教孙辈讲彝语。

大姐儿子刘吉，出生于马鞍桥村，第一语言是彝语。刘吉从小生活在马鞍桥村，从仁兴中学毕业后到四川当兵，退伍后回家务农。刘吉的妻子是马鞍桥村的彝族，妻子从小讲彝语，彝语流利。家庭用语是彝语，刘吉和妻子与同村亲戚朋友都是讲彝语，即便有外族人在场也是讲彝语。刘吉的汉语普通话流利，其妻子一直生活在村内，汉语方言可以和别人沟通。

二哥儿子张又家，出生于绿竹园村，小学就读于革里完小，初中到镇上的仁兴中学就读，初中毕业后开始外出务工。张又家先是到了上海务工，几年后回到昆明务工至今，目前在一个大型商场工作。在语言使用方面，张又家从小在家庭内部使用的是汉语方言，外出务工时使用的是汉语普通话，不会讲彝语。目前，张又家回老家与父母和乡邻之间讲汉语方言，在昆明工作期间，则汉语方言和汉语普通话都会使用，汉语普通话流利。

张继科女儿张春艳，出生于绿竹园村，小学就读于革里完小，初中就读于仁兴中学，高中就读于禄丰三中，大学本科就读于云南民族大学，硕士研究生毕业于云南师范大学。2011年，张春艳研究生毕业并考到楚雄师范学院工作，2019年考取华中师范大学博士研究生至今。张春艳从小在云南省内学习和生活，汉语方言流利，汉语普通话流利，英语流利。由于母亲是汉族，从小家庭用语是汉语方言。父亲会说一些彝语常用语，张春艳也会说一些彝语常用语，但无法用彝语与彝族交流。

张继科女儿张春润，出生于绿竹园村，小学、初中就读情况与张春艳一致，高中就读于楚雄民族中学，大学就读于湖南中医药大学。张春润就读高中期间使用的语言是汉语方言和汉语普通话，大学期间除了与家人、家乡的亲朋好友说汉语方言，其余时间都是使用汉语普通话。2007年大学毕业后到深圳务工并组建了自己的家庭，丈夫是山东人，目前定居深圳，家庭用语是汉语普通话。目前，她的两个孩子既不会说山东话也不会说云南话，但基本可以听得懂长辈间的交流。

二妹女儿刘梅，出生于仁兴村，父亲是汉族，母亲是彝族，随母落户为彝族，由于仁兴村是汉族聚居村，刘梅从小家庭用语是汉语方言，不会说彝语。曾就读于楚雄师范学院中文系，毕业后到广通中学工作，数年后就职于楚雄实验中学至今。现居楚雄市，有一个儿子。目前，与父母沟通都是使用汉语方言，与孩子在家交流时会使用汉语方言或汉语普通话。

二妹儿子刘正雄，出生于仁兴村，父亲是汉族，母亲是彝族，随母落户为彝族，由于仁兴村是汉族聚居村，刘正雄从小家庭用语是汉语方言，不会说彝语。曾就读于四川攀枝花的一所中专学校，毕业后到上海工作并自考获取大学专科和本科毕业证书。由于妻子是江苏人，婚姻属跨族跨地区彝汉通婚，婚后工作调动至南京。在语言使用方面，刘正雄自从到外地工作后，都是使用汉语普通话和别人交流，只是与父母、姐姐或家乡的亲朋沟通时会使用汉语方言。目前，在南京的家庭内部，家庭用语是汉语普通话，两个孩子汉语普通话流利，会说几句云南方言和江苏方言，但不是十分流利。

三妹女儿段晓琴，出生于武定县白邑村，父亲是汉族，母亲是彝语，第一语言是汉语方言。段晓琴小学和初中都就读于武定县，初中毕业后到昆明一所中专学校就读。毕业后在昆明务工了几年便回家，后与贵州汉族结为夫妻并定居于武定县白邑村，现工作于武定县的一个水厂。段晓琴育有一儿一女，目前家庭用语是汉语方言，与父母亲和孩子交流大部分使用汉语方言，也会经常与两个孩子说汉语普通话。

三妹女儿段晓玲，出生于武定县白邑村，第一语言是汉语方言。段晓玲小学和初中都就读于武定县，初中毕业后到昆明一所中专学校就读，毕业后回到武定县务工至今。家庭用语是汉语方言，与父母亲和孩子交流大部分使用汉语方言，但自己和丈夫也会经常与孩子讲汉语普通话。

四妹女儿戚津榕，出生于澜沧拉祜族自治县，随母落户为彝族，毕业于禄丰钢铁厂子弟小学，初中就读于禄丰市仁兴中学，高中就读于禄丰二中。2005—2009年，就读于云南民族大学，大学毕业后做过销售、培训机构英语教师等工作。2014—2018年，前往新加坡工作，后于2019年3月前往英国阿伯丁大学就读，2021年毕业归来后就职于云南经济管理学院。戚津榕汉语方言、汉语普通话和英语流利，在家中和父母都是使用汉语方言。值得一提的是，戚津榕小学就读期间曾被母亲送往彝族聚居村马鞍桥村学习了一段时间的彝语，目前还记得一些简单的彝语常用语和词汇。

五妹儿子张琮府，出生于绿竹园村，小学就读于革里小学，初中就读于仁兴中学，初中毕业先后在大猪街、昆明晋宁等地务工，目前主要从事修理方面的工作。张琮府从小生活在傈僳语流利的家庭。在家中，除了母亲是彝语失语者，所有长辈之间一直都使用傈僳语进行交流，但张琮府并没有习得傈僳语。张琮府妻子是白族，婚后家庭用语是汉语方言。全家只有张琮府父亲在与其长辈们交流的时候会使用民族语。

五妹女儿张琮琳，出生于绿竹园村，小学就读于革里小学，初中就读于仁兴中学，初中毕业后在楚雄市就读中专，中专毕业先后在杭州、昆明等地务工，目前在昆明市从事养生方面的工作。和张琮府的语言环境一样，张琮琳从小生活在傈僳语流利的家庭，但其未习得傈僳语。丈夫是昆明人，婚后定居于昆明并育有一儿一女，家庭内部使用汉语方言和汉语普通话。

弟弟女儿张莉停，出生于绿竹园村，第一语言是汉语方言。张莉停先后毕业于革里小学、仁兴中学和禄丰二中，大学就读于云南师范大学，大学毕业后在昆明工作至今。在家庭内部，张莉停与家人都是使用汉语方言。和其他年轻人一样，工作期间主要使用汉语方言和汉语普通话，也会根据不同的交谈对象切换使用这两种语言。

弟弟儿子张浩川，出生于绿竹园村，第一语言是汉语方言。张浩川小学和初中就读学校和张莉停一致，高中考到楚雄市第一中学就读，大学就读于云南中医药大学，目前大学在读。在家中，张浩川与其家人都是使用汉语方言进行沟通，在学校会切换使用汉语方言和汉语普通话。

四、第四代语言使用情况

第四代主要是指张继科及其兄弟姐妹的孙辈。他们的语言使用最能反映新一代语言人的语言使用情况。本部分把汉语细分为汉语方言和汉语普通话两类来加以阐释。其中，彝语是考察彝族语言使用情况必须涉及的语言之一，彝语在第四代中基本已成为第三语言。与此同时，英语也是第四代孩子会接触和学习的语言，因此，我们把其作为"其他语言"一并进行调查。

表4-4　张继科孙辈语言使用情况

家庭关系	姓名	民族	年龄（岁）	文化程度	第一语言及水平	第二语言及水平	第三语言及水平	其他语言
张春荣儿子	张淼淼	彝族	11	小学	汉语方言，流利	汉语普通话，流利	彝语，完全不会	英语，听得懂不会说
张春莲儿子	张俊	彝族	28	中专	汉语方言，流利	汉语普通话，流利	彝语，完全不会	英语，听得懂不会说
张春梅女儿	张元	彝族	18	高中	汉语方言，流利	汉语普通话，流利	彝语，完全不会	英语，可以和别人沟通
刘蓉儿子	刘宇	彝族	31	大学	彝语，流利	汉语方言，流利	汉语普通话，流利	英语，可以和别人沟通
刘吉儿子	刘晓智	彝族	19	高中	彝语，流利	汉语方言，流利	汉语普通话，流利	英语，可以和别人沟通
刘吉女儿	刘晓慧	彝族	24	专科	彝语，流利	汉语方言，流利	汉语普通话，流利	英语，可以和别人沟通
刘正雄女儿	刘沐炘	彝族	11	小学	汉语普通话，流利	汉语方言，听得懂不会说	彝语，完全不会	英语，可以和别人沟通
刘正雄儿子	刘昕晨	彝族	4	学龄前	汉语普通话，流利	汉语方言，听得懂不会说	彝语，完全不会	英语，听得懂不会说
刘梅儿子	肖劲光	彝族	12	小学	汉语方言，流利	汉语普通话，流利	彝语，完全不会	英语，可以和别人沟通

（续表）

家庭关系	姓名	民族	年龄（岁）	文化程度	第一语言及水平	第二语言及水平	第三语言及水平	其他语言
张莉佳儿子	薛念	彝族	7	小学	汉语普通话，流利	汉语方言，听得懂不会说	彝语，完全不会	英语，听得懂不会说
张莉佳儿子	薛堉	彝族	2	学龄前	汉语普通话，流利	汉语方言，听得懂不会说	彝语，完全不会	英语，完全不会
张春艳儿子	张峻恺	彝族	9	小学	汉语方言，可以和别人沟通	汉语普通话，流利	彝语，完全不会	英语，听得懂不会说
张春艳女儿	王婧璇	彝族	5	学龄前	汉语方言，可以和别人沟通	汉语普通话，流利	彝语，完全不会	英语，可以和别人沟通
张春润儿子	孙一铭	彝族	10	小学	汉语普通话，流利	汉语方言，听得懂不会说	彝语，完全不会	英语，可以和别人沟通
张春润儿子	孙一航	彝族	2	学龄前	汉语普通话，流利	汉语方言，完全不会	彝语，完全不会	英语，完全不会
段晓琴儿子	段昌宏	彝族	9	小学	汉语方言，流利	汉语普通话，流利	彝语，完全不会	英语，听得懂不会说
段晓琴女儿	段昌君	彝族	9	小学	汉语方言，流利	汉语普通话，流利	彝语，完全不会	英语，听得懂不会说
段晓玲儿子	付颖莀	彝族	2	学龄前	汉语方言，可以和别人沟通	汉语普通话，可以和别人沟通	彝语，完全不会	英语，完全不会
张琮琳女儿	李淑娴	彝族	7	小学	汉语方言，熟练	汉语普通话，熟练	彝语，完全不会	英语，听得懂不会说
张琮琳儿子	李兴仪	彝族	2	学龄前	汉语方言，可以和别人沟通	汉语普通话，听得懂不会说	彝语，完全不会	英语，完全不会

从第四代第一语言习得顺序上来看，家庭用语直接决定了孩子第一语言的顺序。很显然，语言使用者使用哪种语言是对外界刺激不断做出反应的结果，也有习惯养成和个人逃避的因素。家庭内部的语言环境和外在环境因素共同决定了孩子最先习得何种语言。然而，民族语的习得和掌握更多地取决于孩子与父母之间的语言使用情况，父母是孩子语言学习的关键所在。只有孩童时期稳定掌握了目标语言，才会有稳定的多语能力发展空间。例如，第四代张春艳儿子张峻恺和女儿

王婧璇，由于孩子三岁之前家庭内部语言是汉语方言或汉语普通话，即父母与长辈之间讲汉语方言，父母与孩子之间有时候讲汉语方言有时候讲汉语普通话，从而导致孩子汉语方言能力较差。第四代的语言转换是多种原因造成的，有孩子父母的原因，也有社会环境和学校语言使用的因素。第四代孩子在学校基本不讲汉语方言，课后与同伴玩耍也是讲汉语普通话。以张继科家为例，虽然其女儿张春艳作为母亲一直在鼓励孩子与其使用汉语方言，但孩子的语言习惯已经形成，很难自发地使用汉语方言，而是在被要求和被鼓励的时候才会尝试与母亲使用汉语方言。第四代与长辈交流时不会主动使用汉语方言。

目前，张继科一家四代的语言分析可延伸至第五代，第五代跨越当地汉语方言直接使用汉语普通话已成为常态，汉语普通话已成为第五代孩童的第一语言。例如，第四代张春莲儿子张俊已育有两个儿子，第四代刘蓉儿子刘宇已育有一儿一女，子孙已发展到第五代。目前，张俊和刘宇的子女与父母等长辈交流时基本是使用汉语普通话，有时候也会使用当地汉语方言与父母或爷爷奶奶交流。虽然刘宇及其父母仍然是彝语口语流利使用者，但刘宇的孩子基本上已不会说彝语，汉语方言的流利度也不及汉语普通话。刘宇已经意识到教孩子会说彝语的重要性，但由于孩子目前生活在城区，缺乏彝语习得和交流的语境，教孩子学习彝语也只能是一些简单的常用语。

第四代和第五代的语言使用现状表明，第四代已出现第一语言是汉语普通话，第二语言是汉语方言的情况，而第五代则更加明显。

五、张继科一家四代人语言使用现状及变迁

（一）语言使用差异化

通过上述分析发现，张继科一家四代人的语言使用情况出现一定的差异，主要表现如下：

第一，语言趋同。异族通婚的各家庭成员，在共同生活的过程中，彼此学习对方的特点和特长，相互信任，互相帮助，越来越多地

消除了生活习惯和语言习惯的差异，产生并积累了越来越多共性的东西，民族差别逐步消失，这首先表现在语言趋同的层面。语言趋同，往往是从家庭婚姻的变化开始的，不同族群一代又一代的通婚，使家庭成员的语言发生了巨大变化，许多家庭融入了多种语言，为民族间的直接交往奠定了基础。由于生活需要，不同民族或族群成员组成的家庭内部，大多能互相听懂对方的语言，并且能够进行简单的对话。后代在语言习得方面受父母的影响，为交流的需要而学会说父母双方的语言。如果居住在多语言区，则会说多种语言，此类现象在民族地区随处可见。除此之外，语言趋同受族群人口多寡的影响。人数少的民族或族群，在同其他民族长期通婚过程中会逐步主动或被动放弃甚至抛弃本族群的语言。然而，在民族杂居区，家庭语言的演变都毫不例外地朝区域交往中使用较多的一种或几种语言靠拢。语言趋同有利于促进族群关系的平等和各族群众的友好相处。

第二，第一语言顺序与民族成分不一致，语言转用发生。一般情况下，第一语言与民族成分之间的关系应该是一致的，即在语言顺序上，是什么民族就意味着第一语言是什么语。很明显，张继科一家四代的第一语言与民族成分的关系出现了不一致的情况。张继科一家四代人的情况是：第一代人的第一语言与民族成分的关系是一致的。他的父亲和母亲是彝族，第一语言是彝语。到了第二代，第一语言和民族成分虽然一致，但只有一两个人属于流利水平。到了第三、四代，只有嫁入彝族聚居村的大姐一家会讲彝语，语言转用发生。第四代已出现第一语言是汉语普通话的情况，第五代的语言转移趋势则会更加明显且单一，目的和朝向都指向汉语普通话。

第三，语言使用呈现双语或多语类型。张继科一家四代语言生活的类型呈现出以下三个特点。一是第一代人张继科的父亲和母亲能说彝语，但汉语方言更为流利，平时主要用汉语方言交际，这时的父母已是典型的双语人。二是第二代是典型的汉语方言单语人，第二代主要讲汉语方言，几乎不会讲民族语言，也几乎不会说汉语普通话。三是第二、第三、第四代除了嫁入彝族聚居村的大姐家孩子和孙子，其余已成为完全不会少数民族语言的人。第二代以后虽然都是双语或者多语人，但是语言类型越来越趋同，即第二代主要讲汉语方言、第三代能同时使用汉语方言和汉语普通话，但第四代已出现只会讲汉语普通话和完全不会讲民族语的情况。

第四，以语言为载体的口头传统文学的传承出现了代际断裂现象。张继科父母能讲自己民族的民间故事和传说，也会唱民族歌曲。到了张继科他们这一代，他们也会讲长辈对自己讲过的民间故事，基本听得懂本民族的歌曲，有时候可以哼唱调子。再到下面一代，各成员连民间故事都不会讲了，更别说传唱本民族歌曲。

（二）张继科一家四代人语言使用的现状及变迁说明了什么

第一，张继科一家四代人的语言生活构成了一个多语场，这个多语场是由汉语、彝语、傈僳语三种语言构成。其中，汉语包括汉语方言和汉语普通话。家庭成员在这几种语言之间选用适合自己的语言并使用。在不同代际，这三种语言的力量此消彼长。民族语的力量逐渐削弱，汉语方言的力量在第二代和第三代中表现最强，汉语普通话的力量和影响力则一直增长。其原因与家庭成员的交往对象、受教育程度的高低有关，也与国家的语言政策息息相关。除了张继科一家外，仁兴镇的许多家庭也是族际婚姻家庭，都有各自的多语场。从整体上看，选择使用哪一种语言受人口分布、地理位置、场域及教育程度等社会和地理因素的制约。

第二，族际婚姻家庭成员语言的选择和使用，并不完全依民族成分而定，而是取决于家庭成员的语言使用情况。一般情况下，子女以父亲的母语作为母语，这是由父系社会的特点决定的，也有子女以母亲的母语作为第一语言，这主要是由大环境所决定的。也就是说，村内大部分村民的语言选择决定了家庭的语言选择。张继科一家四代的母语选择有的遵循这一规则，有的突破这一规则。这说明，民族语言的使用范围缩小了，语言应用的实际需要在语言选择中起到主要作用。

第三，汉语普通话的普及存在城乡差异和地区差异，但民族地区的村民并没有落后。在我国，经过几代人的努力，也包括一个家庭几代人的语言发展，民族地区的家庭语言发生了极大的改变。汉语普通话作为国家通用语言不仅具有法定地位，更是现实社会交际的反映。汉语普通话在国家社会语言生活中发挥着越来越重要的作用，也在民族地区、农村地区人们的心中具有较高的地位。改革开放以来，国家与国家、地区与地区之间打破了人口流动壁垒，汉语普通话的跨地域、跨民族的交际功能更加不可替代，汉语普通话与民族语的融合与竞争在所难免。随着习近平总书记铸牢中华民族共同体意识的提出，我们也应该意识到，组成中华民族的各民族的语言文字是我国语言文化多元性、包容性和融合性的基础，任何一个民族或者是个体首先是作为中华民族这个统一体而存在的，学习和使用国家通用语言文字是前提和必须，但与此同时，我们也不能弱化少数民族语言文字，弱化汉语方言甚至放弃使用汉语方言。

第四，族际婚姻家庭成员的语言使用，是语言使用的一个内容，有其特点和规律。族际婚姻家庭的语言使用是一个复杂的过程，未来的研究应更加关注族际婚姻家庭语言使用的演变过程。

第二节　张少坤一家四代语言使用变迁

本节主要讨论楚雄彝族自治州禄丰市仁兴镇绿竹园村张少坤一家四代的语言使用的特点及其变化，试图从中寻找20世纪以来民族认同转化家庭的语言使用变化特点和规律，并认识婚姻、居住地迁移等对个人和家庭语言使用、语言生活和语言生态的影响。张少坤是仁兴镇绿竹园村村民，彝族，有兄弟姐妹5人。张少坤的兄弟基本是在外地工作，三妹嫁到附近汉族聚居村，五妹也是彝汉通婚，家庭结构比较具有代表性。张少坤曾担任过绿竹园村组长，对村上的人口情况、语言使用情况、语言发展现状有一定的观察。下面我们将对张少坤一家四代的语言使用情况做具体的描写分析。

为什么选择这个家庭作为我们的考察对象？这主要是由于张少坤的祖父一辈是从仁兴镇燕麦地村搬迁至绿竹园村定居的。张少坤一家搬迁至绿竹园村的原因和中华人民共和国成立初期少数民族生产生活条件较差有着必然的联系，也是民族迁徙和融合的典型。

一、第一代语言使用情况

张少坤母亲的户籍上显示的民族类别是彝族，张少坤父亲是汉族。张少坤全家的民族成分是随母落户。在问卷调查时，以张少坤为代表的彝族在选择"民族"一栏时，都是选择"傈僳族"而不是"彝族"。此类民族自我认同为傈僳族而非户籍显示的彝族家庭在仁兴镇并不是少数，此现象值得进一步探究，这对楚雄境内彝族分布、民族认同、民族心理、民族语言保护和传承、民族政策制定，尤其是民族融合过程中的中华民族共同体建立等都有一定的现实意义和价值。

张少坤一家是傈僳语、汉语方言和彝语多语人。对张少坤一家四代的语言情况进行评价时，我们按照流利、可以和别人沟通、沟通有点困难、听得懂不会说和完全不会五个等级对调查对象的语言情况进行了调查。具体情况见表4-5。

表4-5　张少坤父母语言使用情况表

家庭关系	姓名	民族	出生年月	文化程度	第一语言及水平	第二语言及水平	第三语言及水平
父亲	杨子云	汉族	1933.3	文盲	汉语方言，流利	傈僳语，沟通有点困难	彝语，完全不会
母亲	张秀全	彝族	1944.5	高小毕业	傈僳语，流利	汉语方言，流利	彝语，可以和别人沟通

张少坤的父亲杨子云，汉族，元谋牛街村人，属上门女婿。婚后在家庭内部学会了傈僳语，能与妻子和子女用傈僳语进行沟通。

张少坤母亲张秀全，绿竹园村人，户口簿上显示为彝族，傈僳语流利，可以和彝族顺利沟通，汉语方言流利，会说一些简单的苗语常用语，基本不识字，但经常会在子女的陪伴下查阅老皇历。婚后，夫妻之间都是讲傈僳语，和子女也是讲傈僳语。

二、第二代语言使用情况

张少坤家有5个兄弟姐妹，户籍"民族"一栏都是随母填报彝族。张少坤5个兄弟姐妹的配偶既有彝族也有汉族，有族内通婚也有族外通婚。具体情况见下表。

表4-6 张少坤及其兄弟姐妹语言使用情况

家庭关系	姓名	民族	年龄（岁）	文化程度	第一语言及水平	第二语言及水平	第三语言及水平
丈夫	张少坤	彝族	59	中专	傈僳语，流利	汉语方言，流利	彝语，沟通有点困难
妻子	张兰美	彝族	55	初中	汉语方言，流利	彝语，完全不会	傈僳语，听得懂不会说
二弟	张成坤	彝族	55	大学	傈僳语，流利	汉语方言，流利	彝语，沟通有点困难
二弟媳	罗玉萍	汉族	52	中专	汉语方言，流利	傈僳语，听得懂不会说困难	彝语，完全不会
三妹	张琼芬	彝族	54	文盲	傈僳语，流利	汉语方言，流利	彝语，沟通有点困难
三妹夫	李建强	彝族	55	小学	彝语，流利	汉语方言，流利	傈僳语，听得懂不会说
四弟	张建恒	彝族	51	小学	傈僳语，流利	汉语方言，流利	彝语，沟通有点困难
四弟媳	陆丽芬	彝族	50	小学	彝语，流利	汉语方言，流利	傈僳语，听得懂不会说
五妹	张琼梅	彝族	49	小学	傈僳语，流利	汉语方言，流利	彝语，可以和别人沟通

下面，我们将对表4-6中各成员的语言使用情况进行必要的说明。

张少坤从小生活在绿竹园村，后娶了本村彝族张兰美为妻，第一语言是傈僳语，听得懂附近彝族聚居村落的彝语。与周边彝族交流时，都是各自用各自的第一语言进行沟通。张少坤与其母亲一样，经常上山挖草药，后系统学习了骨伤科并获得了从医资格证。张少坤主要精通骨伤包扎、身体局部经络疏通等。目前在昆明市务工，节假日及村内有婚丧嫁娶的时候会回村，在外务工期间主要讲当地方言，也会根据工作需要讲汉语普通话。

张兰美第一语言是汉语方言，从小生长在绿竹园村，父母都是彝族，已不会讲彝语。婚后在家庭内部，张兰美与丈夫和孩子都是讲汉语方言，其丈夫与长辈、兄妹等讲傈僳语。目前，张兰美并没有学会丈夫在家里频繁使用的傈僳语，但能猜出大意。最近几年，在昆明市务工，平时都是使用汉语方言，与孙辈交流也会尝试讲汉语普通话。

二弟张成坤，出生于绿竹园村，能熟练使用傈僳语。小学毕业以仁兴镇第二名的成绩，考到禄丰市小路溪的民族中学就读，后来该校并入禄丰一中，禄丰一中毕业后考入楚雄民族中学就读高中。张成坤学习成绩十分优异，于1987年考入贵州省交通学校（今贵州交通职业技术学院）就读。大学毕业后分配到楚雄市交通运输管理总站工作，后调入公路稽查站。张成坤先后在永仁县、大姚县、禄丰市、玉溪市、楚雄市工作过。目前傈僳语十分流利，婚姻属族际婚，妻子是汉族，婚后家庭用语为汉语方言，妻子和子女均不懂傈僳语。

二弟媳罗玉萍，出生于禄丰市，汉族，第一语言是汉语方言。家庭内部与孩子和丈夫都是使用汉语方言进行沟通，现工作和生活在楚雄市。

三妹张琼芬，从小生活在绿竹园村，傈僳语流利。已嫁到麦地冲村为人妻，婚后育有二子，在家务农，家庭用语是汉语方言。

三妹夫李建强，麦地冲村人，彝族，在家务农，妻子也是彝族，但在家庭内部已不再讲民族语，孩子也不会讲彝语。

四弟张建恒，出生于绿竹园村，第一语言是傈僳语。从小与傈僳族、彝族和汉族生活在一起，能熟练使用傈僳语和汉语方言。小学毕业后到玉溪市华宁县当武警，退伍后在华宁县县城务工并结婚生子。

在部队上学过医，后来也开过诊所，还开过餐馆。婚姻属族内婚，家庭用语主要是汉语方言。

四弟媳陆丽芬，彝族，第一语言是彝语，汉语方言流利，族内婚，家庭用语为彝语和汉语方言。

五妹张琼梅，住在昆明市，傈僳语、彝语、汉语方言这三种语言都说得很好，会唱傈僳族歌曲，包括山歌、敬酒歌等，还会讲彝族民间故事，喜欢穿傈僳族、彝族服装。张琼梅每逢彝族婚庆、节日等一些重要的场合，都会穿着自己家中的民族服饰积极参与活动。

三、第三代语言使用情况

张少坤兄弟姐妹子女随父母填报彝族，已婚的子女有族内婚姻，也有跨族婚姻，他们使用语言的具体情况见下表。

表4-7 张少坤及其兄弟姐妹子女的语言使用情况

家庭关系	姓名	民族	年龄（岁）	文化程度	第一语言及水平	第二语言及水平	第三语言及水平
儿子	张琼蒲	彝族	33	初中	汉语方言，流利	傈僳语，完全不会	彝语，完全不会
儿媳	杨献枝	白族	33	大学	白语，流利	汉语方言，流利	傈僳语和彝语，完全不会
女儿	张琼琳	彝族	29	中专	汉语方言，流利	傈僳语，完全不会	彝语，完全不会
女婿	李弘杨	汉族	31	大学	汉语方言，流利	傈僳语，完全不会	彝语，完全不会
大姐儿子	李永贵	彝族	32	大学	汉语方言，流利	傈僳语，完全不会	彝语，完全不会
大姐儿子	李永福	彝族	29	中专	汉语方言，流利	傈僳语，完全不会	彝语，完全不会
三弟儿子	张罗颖	彝族	27	大学	汉语方言，流利	傈僳语，完全不会	彝语，完全不会
四弟儿子	张陆鸣	彝族	27	中专	汉语方言，流利	傈僳语，完全不会	彝语，完全不会

　　张琮蒲、张琮琳是张少坤的儿子和女儿，目前在昆明务工。李永贵、李永福也都是毕业后留在昆明上班。张罗颖是张少坤二弟张成坤的独子，彝族，毕业于上海政法大学，目前从事法律事务方面的工作。张陆鸣中专毕业，在昆明做设计方面的工作。第三代已全部走出农村定居城市。语言方面是汉语方言和汉语普通话并用，属于双语流利型。

　　上表显示，张少坤一家到了第三代已完全不会讲自己的母语，第三代人在家庭内部与长辈都是讲汉语方言，汉语方言已成为家庭用语，语言转用已发生。但比起第二代和第一代，第三代的语言优势主要体现在汉语普通话流利。第一代完全不会讲汉语普通话，第二代汉语方言流利，汉语普通话带有非常浓厚的"方音"色彩，除了特殊场合不得不使用外，第二代基本不使用汉语普通话。到了第三代，由于学习和工作的需要，汉语普通话非常流利，很多场合都是直接使用汉语普通话。第四代和第三代一样，已完全不会说傈僳语。

四、张少坤一家四代人语言使用的现状及变迁的特点分析

　　第一，第一语言与民族成分的关系出现了不一致。一般情况下，第一语言与民族成分之间的关系是一致的，即在语言顺序上第一语言是自己的母语。兄弟姐妹5人目前仍然能流利地使用傈僳语进行交流。到了第三代，第一语言与民族成分的关系出现不一致的情况。第三代人及其子女（第四代）都已完全不会讲自己的民族语，第一语言已直接转用汉语方言。

　　第二，母语及以语言为载体的口头传统文学的传承出现了代际断裂。张少坤母亲能讲本民族的民间故事、能唱本民族歌曲。到了张少坤他们这一代，只有性格最为开朗的最小的妹妹会唱了。再到第三代，各成员已完全听不懂傈僳语，连简单的交际用语都不会了。到了第四代，已完全不会傈僳语。

　　第三，族际婚姻直接导致语言传承断代。族际婚姻家庭对孩子习得

母语有较大影响。孩子或以家庭为单位的语言选择具有多选性，于是出现不以母语作为第一语言的情况。族际家庭一般使用两种或多种语言来交际，这就会挤占孩子在家庭内习得母语的时间，削弱其母语能力。此外，族际婚姻家庭的孩子从小就受到母语和非母语两种或多种语言的熏陶，对母语的感情不及族内婚姻家庭的孩子强烈，对母语的使用欲望不及族内婚姻家庭高。这些因素，使得族际婚姻家庭孩子的母语能力一般不及族内婚姻家庭。很大程度上，族际婚姻家庭是青少年母语习得顺序改变的重要因素，但并不是唯一因素。目前，族际婚姻在彝族家庭中很普遍，彝族的大多数家庭是由彝族与汉族构成的族际婚姻家庭，这就直接导致普遍出现母语习得顺序的改变，汉语转用直接发生。

第四，语言转用已经发生。现代化进程带来的汉语影响是语言转用最主要的原因之一。现代化的发展，使得汉语普通话成为全国普及的通用语，随着仁兴镇的彝族与外界的联系越来越频繁，人们接受教育、参加工作、外出务工的机会越来越多，民族与民族之间的融合逐渐加强，青少年的母语不可避免地受到汉语的影响。

语言转用和语言生态之间关系密切。冯广艺指出："语言转用是民族语言学、社会语言学等学科十分关注的问题，语言生态学同样十分重视这个问题，因为只要发生语言转用，就意味着语言生态发生了变化，语言转用的规模、速度等都跟语言生态紧密相连。语言转用的规模大、速度快，表明语言生态变化大，来势猛。反之，语言转用的规模小、速度慢，则表明语言生态变化弱、速度缓。无论如何，语言的生态格局都有所改变。"①语言转用是双语兼用发展的结果。在民族散杂居地区，一个人或一个族群学习和使用本民族语的同时，逐渐学会其他民族的语言，从而成为双语兼用者。其后，新学会的语言在社会交际活动中作为主要语言使用，而原来的母语退居次要地位，只

---

① 冯广艺：《论语言接触对语言生态的影响》，载《中南民族大学学报（人文社会科学版）》2012年第5期。

是在家庭和亲戚之间使用，这就是语言转用的开始。[①]譬如，张少坤一家作为居住在散杂居地区的少数民族家庭代表，第一、二代人能说两种语言，在家庭和亲朋之间使用本民族语，在社会活动中则使用第二语言；第三代人不会说本民族语，也只能使用汉语方言，但他们至少是生活在部分长辈频繁使用民族语的环境，因此可以理解一些意思简单的民族语。到了第四代，所有人已完全不会说也听不懂简单的民族语，就连基本的词汇都不再熟悉。这是汉语替换民族语的缩影，是个人、家庭及族群改换语言的过程和结果。

第三节　刘赐映一家三代语言使用变迁

本节主要描述楚雄彝族自治州禄丰市仁兴镇马鞍村委会马鞍桥村刘赐映一家三代的语言使用特点及其变化，试图从中探寻彝族密岔支系聚居村落一家三代20世纪以来的家庭语言使用变化的特点和规律，并认识族内和族际婚姻对语言使用、语言生活和语言生态的影响。刘赐映出生于仁兴镇马鞍村委会马鞍桥村民小组，彝族，自由职业者，彝语流利。刘赐映从小生活在马鞍桥村，没有在云南省以外的地区或城市生活或工作超过一年。由于是彝族母语流利者，加之外出工作地武定县和禄劝彝族苗族自治县是彝族、苗族聚居地，个人社交面较广，刘赐映对马鞍村委会乃至武定县、禄劝彝族苗族自治县的少数民族分布及语言使用情况都比较了解。下面我们将对刘赐映一家三代的语言使用情况进行具体的描写分析。

对刘赐映一家三代的语言使用情况进行评价，我们按照流利、可以和别人沟通、沟通有点困难、听得懂不会说和完全不会五个等级进行统计。

---

① 张兴权：《接触语言学》，商务印书馆2012年版，第186页。

一、第一代语言使用情况

表4-8　刘赐映母亲语言使用情况表

家庭关系	姓名	民族	年龄（岁）	文化程度	彝语	汉语方言	汉语普通话	其他语言
母亲	李莲枝	彝族	80	小学	流利	可以和别人沟通	完全不会	傈僳语，听得懂不会说

　　刘赐映的母亲李莲枝，彝族，武定县狮山镇南山村人，1944年出生。从小在家和家人都是说彝语，嫁到马鞍桥村后也是讲彝语。目前，在家庭内部与儿子、儿媳和孙子讲彝语，与孙媳妇及重孙辈讲汉语方言，不会讲汉语普通话。除了到镇上赶集，李莲枝平时很少离开马鞍桥村。年轻时热爱刺绣，如制作绣花鞋、鞋垫、包袱等。

二、第二代语言使用情况

　　刘赐映有4个兄妹，所有兄妹户籍"民族"一栏均为彝族。刘赐映排行第三，有一个姐姐、一个哥哥、一个妹妹，大哥已去世。刘赐映的姐姐和妹妹的配偶都是汉族，均属彝汉通婚家庭。具体情况见下表。

表4-9　刘赐映及其兄妹语言使用情况

家庭关系	姓名	民族	年龄（岁）	文化程度	彝语	汉语方言	汉语普通话	其他语言
丈夫	刘赐映	彝族	52	中专	流利	流利	流利	傈僳语，可以和别人沟通
妻子	刘蓉	彝族	51	小学	流利	流利	流利	傈僳语，可以和别人沟通
姐姐	刘素云	彝族	58	小学	流利	流利	流利	傈僳语，可以和别人沟通
妹妹	刘赐兰	彝族	49	初中	流利	流利	流利	傈僳语，可以和别人沟通
妹夫	谢加福	汉族	49	初中	完全不会	流利	流利	傈僳语，完全不会

刘赐映从小生活在马鞍桥村，与同村彝族刘蓉结婚，由于夫妻双方都是彝族，婚前婚后都能流利讲彝语密岔话。因此，家庭用语一直是彝语密岔话。刘赐映曾担任马鞍村委会林业管理员，后外出到武定县开采过矿石、开设过砖厂等，目前在禄劝彝族苗族自治县合资经营一家公司。由于工作需要，刘赐映时常受邀到武定、禄劝彝族苗族自治县各彝族聚居村参加聚餐等活动，能流利地使用自己的母语与这些地方的彝族进行交流。刘赐映与母亲、妻子、儿子是讲彝语，与儿媳（汉族）交流时使用汉语方言，与孙辈则大多使用汉语方言，偶尔讲彝语和汉语普通话。

刘蓉从小生活在马鞍桥村，在家务农多年，彝语流利。2006年随丈夫到罗次铁矿开矿，在矿山上开过卷扬机。2012年在位于马鞍桥村的马鞍小学当后勤人员，工作了6年。2018年起到禄丰市带孙子孙女，节假日等经常往返马鞍桥村。回到马鞍桥村只讲彝语，在禄丰市与家人、同族及同村人都是讲彝语，也会教孙辈学习一些常用彝语，其余时间大多讲汉语方言。

姐姐刘素云出生于马鞍桥村，从小会讲彝语，配偶是河南人，婚后在河南省生活了20多年，后回到昆明市做水果生意。在省外生活期间，由于缺乏语境便很少使用彝语，但与家乡人打电话时都是使用彝语，回乡探亲也只使用彝语。目前，其子女完全不会讲彝语，也听不懂。

妹妹刘赐兰出生于马鞍桥村，从小会讲彝语，嫁到武定县狮山镇老张村，一直在家务农。由于丈夫是汉族，刘赐兰在家庭内部与丈夫及子女都是讲汉语方言，因此，刘赐兰的子女已不会讲彝语。

妹夫谢加福，武定县九厂乡下老张村人，汉族，婚后一直在家务农，有时也会外出打零工。妻子是彝族，家庭用语一直是汉语方言。

三、第三代语言使用情况

表4-10　刘赐映及兄弟姐妹子女的语言使用情况

家庭关系	姓名	民族	年龄（岁）	文化程度	彝语	汉语方言	汉语普通话	其他语言
儿子	刘宇	彝族	30	大学	流利	流利	流利	傈僳语，可以和别人沟通
姐姐女儿	于翠娜	汉族	41	中专	完全不会	流利	流利	傈僳语，完全不会
大姐儿子	于重应	汉族	38	初中	完全不会	流利	流利	傈僳语，完全不会
大姐儿子	于重宾	汉族	35	初中	能听懂不会说	流利	流利	傈僳语，完全不会
妹妹儿子	谢福华	汉族	21	中专	完全不会	流利	流利	傈僳语，完全不会
妹妹女儿	谢福艳	汉族	17	高中	完全不会	流利	流利	傈僳语，完全不会

　　刘赐映儿子刘宇，出生于马鞍桥村，从小会说彝语，小学就读于马鞍小学，初中就读于仁兴中学，高中毕业于广通中学。刘宇大学毕业于燕京理工学院，毕业后回到家乡，先在中国邮政储蓄银行禄丰分行工作两年，后辞职到福建省莆田市做电商运营直播，目前就职于禄丰众合机动车安全检测有限公司。刘宇彝语、汉语普通话和汉语方言都很流利。在语言使用方面，和本村人或同族人都是使用彝语，与汉族交流时使用汉语方言，和孩子之间有时候说汉语方言有时候说汉语普通话。

　　于翠娜出生于河北省，在河北上完小学和初中，初中毕业后与父母一起到昆明，就读于云南新华电脑学校，毕业后到上海务工，已婚，目前定居上海。从小不会讲彝语，目前主要是使用汉语普通话，回家乡也是讲汉语普通话。

　　于重应从小在河北长大，十多岁随父母到昆明做水果批发生意，直到32岁结婚后定居禄丰生活，其孩子3岁时又长年在浙江省宁波市务工。母亲是彝族，彝语流利，父亲是汉族，不懂彝语，从小在家使用河北方言，与云南亲人沟通时带有明显的河北方音。

于重宾出生于河北省，从小就被送到云南省禄丰市马鞍桥村与刘赐映家一起生活，小学就读于马鞍小学，初中毕业于仁兴中学，后回到昆明与父母一起生活和工作。结婚生子后在武定县城边上的一个村子里种植大棚玫瑰花。因从小与刘赐映一家生活，可以完全听懂彝语但不会讲，目前汉语方言和汉语普通话流利，与亲戚朋友之间讲当地汉语方言，汉语方言与哥哥于重应、姐姐于翠娜不同，不带有北方方言口音。

谢福华出生于武定县九厂乡下老张村，中专毕业到禄丰市公安局交警大队做辅警工作，虽母亲为彝族，但家庭日常交流是以汉语方言为主。

谢福艳出生于武定县九厂乡下老张村，目前就读于武定县第一中学，除了上班和必须使用汉语普通话的场合，日常交流以汉语方言为主。

四、刘赐映一家三代语言使用的现状及变迁的特点分析

第一，刘赐映一家三代的语言与民族成分因跨族婚姻出现了不一致的情况。第一代和第二代的第一语言与民族成分之间的关系是一致的，即在语言顺序上第一语言是自己的母语。但到了第三代，第一语言与民族成分的关系已出现不一致的情况，即母亲是彝族父亲是汉族导致的子女户籍是汉族和不会说彝语的情况。也就是说，第三代的所有人中，只有继续生活在彝族聚居村的人户籍登记为彝族且能流利使用自己的母语。

第二，族际婚姻直接导致语言传承断代。族际婚姻家庭对孩子习得母语有较大影响。孩子或以家庭为单位的语言选择具有多选性，于是出现不以自身民族语言作为第一语言的情况。族际婚姻家庭一般使用两种或两种以上语言来交际，一般都是选择居住地的强势语言或者

家长认为对子女更有利的语言。缺乏母语环境的熏陶，跨族婚姻家庭的孩子对母语的感情不及族内婚姻家庭的孩子强烈。刘赐映第四代已有两个孩子，分别有6岁和3岁，即便自己的爷爷、奶奶和爸爸在家都是讲彝语，彝语也流利，但这两个孩子目前均不会讲彝语。目前跨族群、跨地域的婚姻在彝族家庭中越来越常见，这就直接导致母语习得顺序改变的普遍出现，母语并非和自身民族成分一致，而是直接转变为汉语方言或者是汉语普通话。

第三，语言转用引发语言濒危问题的探讨。刘赐映一家作为居住在彝族聚居村落民族语言保持良好的少数民族家庭代表，第一、二代能流利地使用彝语，第二代能流利使用彝语和汉语方言，第一代不会讲汉语普通话，第二代近十年来逐步学习并开始使用汉语普通话，虽带有一定的云南方音，但可以和别人正常沟通。第一、二代人在家庭和亲朋之间使用本族语，在社会活动中则使用第二语言。到了第三代人，只有长期生活在聚居村或者经常往返聚居村的刘赐映一家才会流利讲彝语，也就是说，长期在外务工和居住的部分"90后"和"00后"，母语变得越来越生疏和不流利，已出现忘记母语词汇的现象。由于缺乏语境和语场，语言转用在第三代和第四代中已经出现。少数民族聚居村汉语替代民族语的趋势越来越明显，汉语替代后的语言转用是个人、家庭、族群和社会生态变化的结果。语言的转换使用，尤其是放弃母语的语言转用会直接威胁到少数民族语言的存亡。

第四，跨族通婚形成民族身份转变。刘赐映一家因兄妹相对不多，大姐和妹妹都因与汉族通婚而直接导致后代在民族成分和民族语言方面出现断代的情况。第三代呈现出的彝族向汉族身份的转变，是民族融合的典型案例。民族的特征，特别是语言是千百年来形成的，一般具有很大的稳定性。但由于跨民族和跨地域的婚姻使得民族融合和民族成分转换直接发生，这种以家庭为单位的民族身份转换由量变到质变的过程，既是民族融合的自然发展过程，也是民族之间自由的同化、融合和分化过程。跨民族和跨地域通婚家庭的民族选择和语言选择具备多样性特征，也与担心被主体民族歧视等的心理因素有很大关系，这些由个人和社会因素诱发的民族成分转变现象既在一个家族之间发生，也在民族与民族之间发生，还在国家与国家之间发生，是民族发展中的常态，更是语言生态研究着重关注的部分。

第四节　张治元一家三代语言使用变迁

本节主要描述楚雄彝族自治州禄丰市仁兴镇大箐村委会后石洞村张治元一家三代语言使用的特点及其变化，我们试图从中探寻苗族聚居村落这一家三代20世纪以来一个苗族家族的语言使用变化的特点和规律，并认识族内和族际婚姻对语言使用、语言生活和语言生态的影响。张治元出生于仁兴镇大箐村委会后石洞村民小组，苗族，1980年出生，现就职于云南省楚雄彝族自治州禄丰市仁兴镇人民政府，苗语流利。由于工作原因户口已从大箐村委会后石洞村民小组迁出，但配偶和子女的户籍仍在大箐村委会后石洞村。张治元中专毕业后就职于仁兴镇小学，后进一步深造获得了大学本科文凭。2009年借调到仁兴镇人民政府工作，2012年正式调入仁兴镇人民政府工作至今。张治元生活和工作都在仁兴镇内。由于出生于仁兴镇大箐苗族聚居村落，是土生土长的仁兴镇苗族，加之工作的关系，张治元对大箐村委会的苗族语言使用现状及仁兴镇总体的语言使用情况都比较了解。下面我们将对张治元一家三代的语言使用情况进行具体的描写分析。

在对张治元一家三代的语言使用情况进行评价时，我们按照流利、可以和别人沟通、沟通有点困难、听得懂不会说、会说几句常用语和完全不会六个等级进行统计。

一、第一代语言使用情况

表4-11　张治元父母语言使用情况表

家庭关系	姓名	民族	年龄（岁）	文化程度	苗语	汉语方言	汉语普通话	其他语言
父亲	张泽富	苗族	81	中专	流利	流利	流利	彝语，完全不会
母亲	潘新珍	苗族	80	小学	流利	流利	听得懂不会说	彝语，完全不会

张治元的父亲张泽富，苗族，大箐村委会后石洞村人，1961年8月参加工作，1993年8月退休，从事教育工作32年，1975年被云南省委、省人民政府授予"云南省劳动模范"称号。从小在家和家人都是说苗语，在工作中讲汉语普通话。张治元父亲婚后和妻子及儿女都是用苗语进行沟通。

张治元母亲潘新珍，苗族，后石洞村人，嫁在本村，从小苗语流利，汉语方言流利。婚后，夫妻之间都是讲苗语，和子女也是讲苗语。

二、第二代语言使用情况

张治元有5个兄弟姐妹，所有兄弟姐妹户籍"民族"一栏均为苗族。张治元5个兄弟姐妹的配偶都是苗族，均属族内通婚家庭。具体情况见下表。

表4-12　张治元及其兄弟姐妹的语言使用情况

家庭关系	姓名	民族	年龄（岁）	文化程度	苗语	汉语方言	汉语普通话	其他语言
丈夫	张治元	苗族	43	大学	流利	流利	流利	彝语，完全不会
妻子	张燕花	苗族	40	中专	流利	流利	流利	彝语，完全不会
大哥	张治德	苗族	58	高中	流利	流利	流利	彝语，完全不会
大嫂	龙珍秀	苗族	55	小学	流利	流利	流利	彝语，完全不会
二哥	张治旭	苗族	55	小学	流利	流利	流利	彝语，完全不会

（续表）

家庭关系	姓名	民族	年龄（岁）	文化程度	苗语	汉语方言	汉语普通话	其他语言
二嫂	张美花	苗族	52	小学	流利	流利	流利	彝语，完全不会
三哥	张治清	苗族	52	小学	流利	流利	流利	彝语，完全不会
三嫂	龙仕珍	苗族	48	小学	流利	流利	流利	彝语，完全不会
四姐	张绍英	苗族	46	小学	流利	流利	流利	彝语，完全不会
四姐夫	潘新明	苗族	47	文盲	不会表达	完全不会	完全不会	彝语，完全不会

张治元从小生活在后石洞村，在仁兴镇工作后娶了武定县高桥镇石蜡它村苗族张燕花为妻，第一语言是苗语，苗语流利，汉语方言和汉语普通话都流利。在日常生活和交流中，张治元和其他民族交流时都是使用汉语方言。张治元于1999年7月参加工作，1999年7月—2009年2月在禄丰市仁兴镇小学从事教育工作，2009年3月—2012年3月借调到仁兴镇人民政府工作，2012年3月至今在仁兴镇人民政府工作。先后在仁兴镇人民政府科协办、仁兴镇文化和旅游广播电视体育服务中心、仁兴镇宣传办工作，曾担任党政办副主任、负责人。在工作期间，张治元和政府的领导及各工作人员之间都是使用汉语方言，但与同为在政府工作的苗族之间是使用苗语进行沟通，有时候也会使用汉语方言。在普通话使用方面，张治元汉语普通话流利，但在政府日常的交流中很少使用。一般情况下，使用汉语普通话的场合是在县级及以上领导视察工作或开会的时候。县级领导下来开会的时候会使用汉语普通话，本乡镇开会，领导安排日常工作基本就使用汉语方言，但开重要和正式的会议时，会使用汉语普通话。

张治元妻子张燕花第一语言是苗语，从小生长在苗族村，父母都是苗族，苗语流利，属族内婚姻。在家庭内部，张燕花和丈夫、孩子有时讲苗语，有时讲汉语方言或汉语普通话。目前，张燕花主要从事养生、理疗工作。由于长期生活在镇上，和汉族的交流比较频繁，除了在家庭内部会讲苗语，其余时间都是讲汉语方言。在汉语普通话使用方面，在与外地人交流和沟通时候会使用到汉语普通话。

大哥张治德是大箐村委会后石洞村人，苗族，从小说苗语，苗语流利，汉语方言流利，汉语普通话流利，主要在家务农，比较精通木工，曾经还帮别人盖房子，盖房子时负责木工部分。现在元谋县务工，工作主要是大棚蔬菜种植。

大嫂龙珍秀是大箐村委会老吴箐村人，苗族，20岁左右嫁到后石洞村，苗语流利，汉语方言流利，汉语普通话流利，主要在家务农。目前，随丈夫到元谋县务工，从事大棚蔬菜种植相关工作。

二哥张治旭是大箐村委会后石洞村人，苗语流利，汉语方言流利，汉语普通话流利，主要在家务农。以前也曾外出打零工，后来回家种植荷兰豆、大白菜等，这也是大箐村的传统种植品种。

二嫂张美花是武定县高桥镇白石子村人，苗族，苗语流利，汉语方言流利，汉语普通话流利，主要在家务农，也有过外出打零工的工作经验。

三哥张治清是后石洞村人，从小说苗语，苗语流利，汉语方言和汉语普通话流利，在家务农。以前在外打零工，目前在家种植大箐村传统作物。

三嫂龙仕珍原是武定县高桥镇白石子村人，苗族，苗语流利，汉语方言流利，汉语普通话流利，目前在家务农，也有外出打零工的经历。回家务农后，偶尔还会到元谋县打零工。

四姐张绍英后石洞村人，苗族，已嫁到仁兴镇清水河村委会大坝河村，大坝河村也是仁兴镇的苗族聚居村，四姐也是属于族内通婚，目前在家务农。

四姐夫潘新明仁兴镇清水河村委会大坝河村人，苗族，目前属智力障碍状态，不具备语言能力。

三、第三代语言使用情况

表4-13　张治元及其兄弟姐妹子女的语言使用情况

家庭关系	姓名	民族	年龄（岁）	文化程度	苗语	汉语方言	汉语普通话	其他语言
女儿	张婷婷	苗族	15	初中	流利	流利	流利	彝语，完全不会
大哥儿子	张艳光	苗族	38	小学	流利	流利	流利	彝语，完全不会
大哥女儿	张艳花	苗族	34	小学	流利	流利	流利	彝语，完全不会
二哥儿子	张艳忠	苗族	32	小学	流利	流利	流利	彝语，完全不会
二哥女儿	张燕花	苗族	29	小学	流利	流利	流利	彝语，完全不会
三哥儿子	张艳明	苗族	19	高中	流利	流利	流利	彝语，完全不会
四姐女儿	潘晓梅	苗族	19	高中	流利	流利	流利	彝语，完全不会
四姐儿子	潘阳	苗族	11	小学	流利	流利	流利	彝语，完全不会

张治元的女儿张婷婷，目前正在仁兴中学就读初中，从小就会讲苗语，苗语流利。在学校与同为苗族的同学交流时使用的是苗语，与其他同学或老师交流都会使用到汉语方言或汉语普通话。在家庭内部与父母交流时，父母与子女之间有时讲苗语，有时讲汉语方言或汉语普通话，也会尝试与父亲用英语交流。张治元一家属于典型的多语家庭，是多语人。

大哥儿子张艳光，苗族，苗语流利，汉语方言流利，汉语普通话流利，在家务农，没有出去务工。已结婚，育有一个儿子，15岁，正在上初中，苗语流利。在家里，家庭成员之间都是讲苗语，也会使用汉语方言和汉语普通话。

大哥女儿张艳花，苗族，嫁到禄丰市和平镇大德村委会松林俺村，属族内婚姻，已育有一儿一女，儿女都会讲苗语，在家里都是讲苗语，也会使用汉语方言和汉语普通话。

二哥儿子张艳忠，出生于后石洞村，苗族，苗语流利，汉语方言流利，汉语普通话流利，在家务农，没有出去务工。已结婚，育有两个女儿，大女儿读二年级，二女儿没有到上学的年纪，孩子苗语流利。在家里都是讲苗语，也会使用汉语方言和汉语普通话。

二哥女儿张燕花，出生于后石洞村，苗族，已嫁到仁兴镇大猪街社区上场村，上场村也是苗族聚居村，婚姻属族内婚。已育有一儿一女，儿女都会讲苗语且很流利，孩子们在家与父母交流都是讲苗语，也会使用汉语方言和汉语普通话。

三哥儿子张艳明，目前在禄丰三中就读高三。在学校，与苗族同学讲苗语、与汉族同学讲汉语方言，与老师或者同学有时说汉语方言有时说汉语普通话，但课堂上都是讲汉语普通话。

四姐女儿潘晓梅，目前在禄丰一中就读高中，四姐儿子潘阳在仁兴镇清水河完小就读四年级。两个孩子的语言使用，在校与苗族学生之间说苗语，与同学和老师之间使用汉语普通话，有时候也会使用汉语方言，苗族学生属于典型的多语人。在家庭内部，孩子与父母之间基本是讲苗语，有时候也会讲汉语方言。

四、张治元一家三代人语言使用特点

仁兴镇苗族与当地的彝族在语言使用特点方面有一定的共性和个性。其中最明显的是苗族与彝族的兼语能力有较大的差异。调研结果表明，彝族普遍能兼用居住地与自己相邻的民族语，而苗族只会讲自己的苗语，不能兼用彝语或者是傈僳语。从张治元一家三代的语言使用情况来看，张治元整个家族成员均完全不会讲彝语和傈僳语，但所有家族成员在家中均逐步过渡到直接使用汉语方言和汉语普通话，是典型的多语人。下面，我们将对张治元一家三代语言使用方面体现出的主要特点进行分析和说明。

第一，第一语言与民族成分的关系高度一致。张治元一家三代的第一语言与民族成分之间的关系是一致的，即在语言顺序上第一语言都是苗语。暂未出现苗语断代的现象。第二，苗族母语传承良好。由于苗族历来保持着高度的族内婚，因此家庭内部各成员都能用苗语流利地进行交流。这也是苗族母语保持良好最重要的因素。第三，汉语方言和汉语普通话已进入苗族家庭内部。根据我们的调查，无论是在单位上工作的苗族，还是在家务农的苗族，汉语方言均已渗入家庭内部。汉语方言是苗族与汉族交流必须学会的语言，汉语普通话是接受教育必须学会的语言。张治元一家三代的家庭语言都是三语。第四，少数民族母语直接转用汉语或将发生。语言转用是语言濒危的前奏，只要语言转用发生，就意味着语言濒危的到来。目前，苗族地区已有部分家庭在家庭内部直接使用汉语而不是苗语。第五，保护苗语是保护苗族文化的基石。保护少数民族语言的前提是保护少数民族文化。从大范围来看，苗族分布较广，人数较多，历史、文化、风俗独特和丰富，保护苗族语言就是保护苗族特色历史、文字和文化。

第五章　彝族、苗族聚居区民间语言艺术

　　事实上，本书语言生态研究涉及的族群认同、民族认同、语言认同、语言态度、语言使用等也常常可以在某种仪式中反映出来。比如，生活中常见的成年仪式、结婚仪式、离婚仪式、生病和死亡所举行的仪式、各民族娱乐等活动形式及民间文学的语言使用情况，都可以反映出一个族群、一种语言及一个地区的语言生态的现状和变化趋势。

　　在婚庆仪式主持方面，我国婚庆仪式的司仪（彝族叫毕摩，苗族叫祭司）和主持史可追溯到古代。在中国古代，"主持"又称为傧相。到了近代，国内婚庆逐渐受到西方文化的影响，这也直接导致我国婚礼主持的方式发生了根本性的改变。婚礼中的"司仪"或"主持"的出现，不仅能够使整个婚礼现场井然有序，更能为婚礼现场增添很多娱乐性的元素。婚礼现场是严肃且庄重的，为此，各民族不同形式的婚庆仪式，对司仪的语言能力要求颇高，司仪的语言也是贯穿整个婚礼的主线。目前，民族地区婚庆仪式"西化"程度还不深，民族语言保留还基本完好，与此同时，婚礼语言也还保留得比较完整，这体现了一个民族的文化内涵。婚礼司仪的语言使用和主持词具有一定的特征和传播方式，是一种独特的社会语言，是一门语言艺术。研究少数民族婚礼仪式中的语言艺术有一定的理论意义和实践意义。本章将着重从彝族、苗族聚居区的彝族和苗族农村婚礼仪式、苗剧剧本、苗族民间文学的语言使用情况出发，探讨云南地区少数民族语言生态。

第一节 彝族毕摩文化及农村婚庆语言

云南彝族传统的各种庆典，基本是用松针铺地后席地而坐，一般不设桌椅。每逢重要节日，彝族人都会在地面铺上厚厚的松针或者树叶，丰盛的酒菜则全部放在铺好的松针或者树叶之上。即便在国家经济飞速发展的今天，彝族人已家家户户有桌椅板凳，有好酒好菜，但每逢重大节日，他们仍然保留着在堂屋铺上新鲜松针的习俗或仪式。每年春节，彝族人会在大年三十前两三天上山摘取新鲜松针，大年三十当天饭菜快熟的时候便会把松针撒到堂屋中央，而后直接把饭菜摆放在松针上，全家席地而坐享用年夜饭。清新的松香伴随着蔬菜香喷喷的气息，是彝族人最熟悉的家乡味。同样，办婚礼这一重大仪式仍然延续了婚宴铺松针设席、仪式过程撒松针的习俗。

在婚礼仪式方面，彝族不同的支系有不同的婚宴礼仪，有的差异很大，但各支系的传统婚俗大致包括提亲、订婚、迎亲、拜堂和回门五项内容。彝族男女青年大多自由恋爱，实行一夫一妻制。目前资料显示，彝族语言文字、文化典籍、天文历法、传统节日、宗教信仰、人生礼仪、禁忌、文学艺术、文艺理论、服饰、饮食、民居、风景名胜、文化古迹、"非遗"项目等都是学界探讨得比较多的方面。然而，在礼仪方面，尤其是彝族婚礼仪式的语言使用研究还比较少。

一、彝族毕摩和毕摩文化

（一）彝族毕摩

"毕摩"是彝语音译，"毕"为"念经"，"摩"为"有知识的长者"，是一位专门替人礼赞、祈祷、祭祀的祭司。毕摩神通广大，学识渊博，主要职能有作毕、司祭、行医、占卜等；其文化职能是整理、规范、传授彝族文字，撰写和传抄包括宗教、哲学、伦理、历史、天文、医药、农药、工艺、礼俗、文字等典籍。毕摩在彝族的生育、婚丧、疾病、节日、出猎、播种等生活中起主要作用，毕摩既掌管"神权"，又把握文化。

毕摩在彝族社会中地位很高且神圣。在彝族社会的"兹（土司）""莫（法官）""毕（毕摩）""格（工匠）""卓（百姓）"五个等级中，毕摩的地位处于第三位。毕摩是继承彝族文化和传播统一彝族文字的知识分子，彝族谚语"兹来毕不起，毕起兹不吉"，充分说明在彝族社会中毕摩的地位是至高无上的，任何人不能侵犯毕摩的财物和人身安全。毕摩在彝族社会的宗教信仰、历史、教育、科技、法律、婚姻、礼仪、艺术、医学、丧葬等方面起到重要作用。

有彝族就有了毕摩，有彝族人民居住的地方就有毕摩的"作毕"活动。毕摩文化，被专家学者们誉为"镶嵌在彝族文化中的一颗璀璨的明珠"，时刻贯穿着彝族人民的生产生活。

毕摩文化的宗教性是不可回避的，恰恰是彝族观念和信仰的特殊性构成了这种文化的独特性和保护价值。保护和尊重各个民族的宗教文化是联合国教科文组织很明确的宗旨之一，也是我国宪法赋予公民的权利，已经列入世界文化遗产名录的相当一部分都与宗教文化有关。彝族毕摩文化可以作为少数民族口头非物质文化申报世界文化遗产的一个突破口，也是国家即将全面开展的民族民间传统文化保护行动中富有探索和指导意义的课题，不仅有巨大的现实意义，也有极其重要的理论价值。

毕摩文化是由毕摩和彝族人民共同创造和传承的以经书和仪式为载体，宗教信仰和祭祀仪式为核心，念经或口诵为手段，牺牲用物为媒介，同时涉及和包容了彝族的社会历史、哲学思想、伦理道德、文学艺术、天文地理、医药卫生的一种特殊的宗教文化。作为彝族文化的基石和核心组成部分的毕摩文化，其内容博大精深、包罗万象，涉及彝族文化的方方面面，并对彝族人民的生产生活产生了广泛而深远的影响，规定着彝族人民的心理流向和价值取向。作为职业的宗教祭祀的毕摩，以"兴祭奠、造文字、立典章、设律科、文化初开、礼仪始备"为职责，在漫长的历史长河中，不断地传承彝族的语言文字，规范着彝族社会的伦理，弘扬着彝族文化，毕摩作为一位文化大师在彝族人民的生产生活中起到了不可替代的作用。

（二）彝族毕摩文化

彝族文字、古籍文献、节庆文化、民俗礼仪文化和宗教祭祀文化等，主要为彝族毕摩所掌握，是彝族传统文化精华之一，统称为毕摩文化。在彝族社会历史发展过程中，古老的彝族文字和古籍文献仅被为数不多的毕摩所掌握。中华人民共和国成立至十一届三中全会召开前二十余年间，彝族语言文字和彝文古籍也曾受到冲击。直至20世纪80年代初全国少数民族古籍工作会议后，彝族毕摩才被定位为"从古至今懂得彝族古老文字、通晓彝族传统风俗礼仪的知识分子，是彝族历史文化的继承者、传播者和发展者"，彝文古籍的普查收集、翻译整理、抢救保护才被列上正式工作日程。毕摩在彝语南部方言中称为"白马"或"呗玛"，"白、呗"意为"念、诵"，"马、玛"意为"年老者、老年人"，"白马"或"呗玛"意为"念诵经文的老年人，或有知识的老年人"。①目前，彝族聚居区的各村各寨，几乎每一个村都有一位知识渊博、德高望重的老人，一般情况下，这位老人拥有丰富的知识，在哲学、历史、天文、历法方面都有很深的造诣。毕摩是一个主要负责主持祭仪、教授文字、传承文化、传播文明的文化群体，他们的系列活动影响着彝族的整体文化系统。

彝族毕摩是古代彝族社会发展到一定阶段的产物，是彝族古老文字、历史文化、彝文古籍、祭祀文化、风俗礼仪、典章制度的创制者、继承者、发展者和传播者，对古代彝族社会从野蛮时代进入文明社会、为彝族社会的发展进步都作出了积极的贡献。毕摩在彝族社会生活中的作用一直沿袭至今，彝族毕摩在历史上制订的传统习惯和礼

---

① 李增华：《彝族毕摩的产生、地位职能变迁和对传承彝族传统文化的贡献》//禄绍康：《布（毕）摩祭祀文集》，团结出版社2019年版，第28~29页。

法制度，有许多在当今的社会生活中仍发挥着积极的作用，影响着彝族人民的生活。然而，随着彝族聚居区经济社会的发展，交通、通信、广播电视等基础设施的改善和外来多元文化的剧烈冲击，大多数年轻人对彝族传统文化特别是对毕摩文化的认识和兴趣上的淡漠，愿意学习彝文、有志于从事毕摩职业和古彝文典籍抢救保护、翻译整理、研究传承的越来越少，彝族毕摩文化的传承和发展面临着严峻的挑战。①

彝族婚俗是彝族民俗文化的重要组成部分，它包含着彝族古代语言、民歌、神话传说、谚语故事、传统礼仪等丰富的内容，也蕴藏着承袭数千年的传统文化内容，如原始崇拜、图腾崇拜、祖先崇拜、宗教信仰等。

正因如此，我们从少数民族聚居区民族村落的民间传统文化之婚礼仪式口头唱词的文字应用出发，以民间口头文化保护行动为宗旨，探索彝族婚礼和婚礼仪式各环节的语言使用情况。

（三）仁兴镇毕摩的整体情况

1.仁兴镇毕摩的现状

目前，仁兴镇的彝族聚居村落都存在我们传统意义上的毕摩，一村不超过两人。仁兴镇的毕摩是非祖传非世袭的毕摩，同时也不属于师承的毕摩，这几位毕摩基本上都是以自学为主，通过逐步实践而学成的，是地区需求和环境选择的结果。以本次绿竹园村的调查对象李太兴毕摩为例，由于他本身是彝族，从小生活在彝族聚居区的彝族聚居村落，退休之前是教师，有文化且懂得一些彝族文化知识及祭祀相关知识，加之他善于学习和实践，经常受邀主持彝族聚居村的婚礼、日常祭祀和丧葬祭祀仪式等。李太兴在不断的学习和实践中逐步得到锻炼和成长，已成为当地有一定知名度的婚礼和祭祀主持者。除此之外，他经常受邀去看新盖房屋朝向、坟墓朝向、结婚"日子"，担任

---

① 李增华：《彝族毕摩的产生、地位职能变迁和对传承彝族传统文化的贡献》//禄绍康：《布（毕）摩祭祀文集》，团结出版社2019年版，第38～39页。

丧葬或祭祀活动主持者，有时还会被附近汉族聚居村落邀请去主持婚礼或彝族婚宴唱跳节目表演。由于大部分仁兴镇的毕摩基本是自学和实践而成为毕摩，所以他们所拥有的彝文经书极其有限，甚至直接不使用经书，所念经文都是在20世纪80年代以后向他人转抄而来。

2.彝族毕摩文化传承现存问题

首先，毕摩结构老龄化明显。目前，禄丰市毕摩结构老龄化严重，毕摩传承人匮乏，如果不能尽快解决这一问题，禄丰市毕摩文化将随着年长毕摩的离世而逐渐衰落。在农村地区，一般一个村会有一位毕摩或祭司，也有几个村才有一个毕摩的情况，但较少有一个村落两个毕摩"同吃一个饭碗"。所以，保护仁兴镇的毕摩文化，也就是保护禄丰市及楚雄彝族自治州的毕摩文化。其中，最为关键的是尽快想方设法培养年轻毕摩，鼓励对毕摩感兴趣的年轻人加入传承老一辈毕摩的经文、仪程、腔调，积极学习其他必须掌握的知识，必要时政府需给予一定的经费支持或奖励。毕摩李太兴说："如果有人来找我学，我会教的。"

2015年8月10日，《中国教育报》刊登的《全免费双语教学传承古老彝族文化》一文指出，贵州毕节彝文双语职业学校自2012年创办以来，实行全免费招收学生和教学的方式，聘请当地民族民间文化传承人作为教师，对有志学习和研究彝族文化和国学的各民族青少年进行课堂指导。授课时间一般为3年，授课内容主要以彝文辨识、彝文翻译、毕摩经书研究为主，旨在更好地保护、传承古老彝族文化。目前，学校已连续招收学生240人，其中102名学生已毕业。这些学生将成为抢救、整理当地彝族民间经文古籍，传承民族文化的专门人才。这是一个很好的例子，也是我们可以借鉴的方法。只有解决禄丰市彝族毕摩结构老龄化的问题，培养更多青年毕摩接班人和传承人，才能保障禄丰市毕摩文化的发展和繁荣。

其次，社会外来文化的冲击和改革正在进一步影响彝族毕摩文化。随着外来文化的传入，毕摩文化随同其他文化一起均受到了极大冲击。科技的进步、人们受教育程度的提高、生活节奏的加快等都直接或间接地导致彝族聚居区的部分彝族民众逐步淡化了民族传统文化，语言和文化也受到影响，一些年轻人甚至开始摒弃毕摩文化，认为这是迷信的行为。很显然，现代化的发展使毕摩文化的生存空间和实践空间受到了影响。在婚礼仪式方面，彝族传统形式的婚礼，几乎都会请毕摩去家中主持婚嫁仪式，念诵《婚礼祝福经》等。然而，彝族聚居村目前已出现新人选择举办新式婚礼的案例。在丧葬方面，包括仁兴镇在内的禄丰市地区实行火葬，这对毕摩文化的传承也带来了极大的影响。在殡葬仪式改革之前，家中有人去世，需请毕摩主持仪式、念诵经文，下葬仪式前后需要三天，完了还有"头七""超度"等仪式。随着改革的稳步推进，彝族农村地区的丧葬仪式也逐步简化，这些都是外来文化和改革对毕摩文化带来的冲击。很显然，毕摩在彝族社会生活中的作用日渐衰退，毕摩的社会地位正在急剧下降，毕摩文化在彝族人心中会逐渐淡化甚至走向消亡。

3.彝族毕摩文化传承的建议

彝族民众是传承与保护毕摩文化的核心力量，由于缺少对民族文化的正确认识，彝族民众才会在外来文化的影响下逐渐失去对民族文化的认同感。在彝族毕摩文化传承方面，我们应该从以下几个方面开展。

首先，提高毕摩传承人的社会地位。毕摩知识丰富，是彝族传统社会的知识分子，受彝族民众的尊重，曾经有很高的社会地位。在经济快速发展的今天，在各种文化的冲击下，民众对本民族文化的认同感降低，对彝族原始宗教信仰的虔诚度大打折扣。与毕摩不稳定的收入相比，其他稳定性强、收入高的职业更被人们所青睐，越来越少的人愿意潜心传承毕摩文化。想要改善这种现状，就必须提高毕摩传承人的地位，让毕摩重获本民族群众的尊敬。例如，加大对彝族传统文化、彝族原始宗教信仰、毕摩文化的宣传；制作关于传统文化的宣传节目，在市级或州级电视台播放，增加彝族群众的民族文化认同感和自豪感；完善毕摩文化传承人管理制度，建立合理的毕摩传承人奖励机制。可以结合就业制度政策，建立合理的毕摩传承人奖励机制，调动传承人的积极性，给予他们相关荣誉和固定待遇，让他们可以更好地肩负起传承毕摩文化的责任。①

其次，加快对新一代毕摩传承人的培养。对于毕摩结构老龄化严重，毕摩传承人匮乏这一现状，当地政府应动员现有毕摩文化传承人的子孙或附近的彝族青年传承毕摩文化，并建立长期有效的奖励机制，为有意学习毕摩文化的青年提供一定的补助。对于母语使用水平参差不齐的地区，开展双语教育势在必行。政府文化保护和传承相关部门应主动向有经验的地区和省份学习，在当地组建彝族毕摩文化传承小组，重视毕摩文化传承，让有志学习毕摩文化的青年有组织有计划地参与到文化传承队伍中来。只有保证新一代毕摩传承人的数量和质量，才能保障彝族毕摩文化的薪火相传，促进民族文化长久发展。

再次，鼓励并扶持毕摩文化研究者。毕摩本身可以作为彝族文化学术研究者或者带头人，然后是地方政府或相关部门对彝族毕摩文化感兴趣的工作人员也可以作为重点培养对象。彝族毕摩作为彝族文化的继承者、维护者和传播者，他们研究彝族文化具有得天独厚的优势，对此政府应该鼓励并扶持毕摩发展彝族文化学术研究，并建立合理的奖励机制。然而，仁兴镇乃至禄丰市的毕摩文化传承机遇与挑战并存，毕摩人数少、年龄偏大、分布不均、水平参差不齐、缺乏毕摩文化传承相关组织和单位等都会直接影响毕摩文化传承人的社会地位和发展前景。毕摩文化是国家民族文化多样性的重要载体，是彝族非物质文化遗产，我们应加强民众对毕摩文化的深层次认识，有效保护和传承毕摩文化。

---

① 云南省民族学会彝学专业委员会：《云南彝学研究》，云南大学出版社2018年版，第153～154页。

二、彝族的婚俗

彝族人生礼仪主要有吉祥神秘的诞生礼、庄严肃穆的成年礼、热烈多彩的婚礼、隆重繁复的丧葬礼等。彝族婚姻礼仪较繁复，文化内涵也极为丰富。中华人民共和国成立前以"一夫一妻"为主，多行"同族内婚""等级内婚""氏族外婚""姑舅表优先婚"和"姨表不婚"。旧时婚俗形式有"抢婚""配婚""服务婚""交换婚""转房""入赘""逃婚"等。婚前社交虽有"公房""夜会""歌场""节日"等众多场所和机会，但必须遵循一定的礼节。例如，滇东南一带"公房"活动只限不同宗族的未婚青年参加，同宗族的青年男女忌讳同在一个"公房"里对歌，婚前礼有"确定婚龄""取兆合婚""定亲行聘""择定婚期"等；正婚礼有"背新娘""泼水""抹花脸""抢马鞍""对歌""哭嫁""婚宴""搭青棚""赐新娘名"等；婚后礼有"回门""坐家"等。[①]

过去，彝族青年男女婚前虽有一些自由，但结婚不能自主，能否结婚由父母特别是父亲决定。按永仁等地彝族的话说："一女出嫁九族皆知。别人来提亲，要把舅舅请拢，叔伯请拢。父母兄弟做主一半，女儿自己做主一半。"《大姚县志·风俗》说："自城郭以至乡村，凡冠婚丧祭多遵用朱子四礼。""嫁娶之礼，其纳采问名，曰求曰婚，女家语以生年月日，始令星士合婚。既合，乃请媒妁持庚柬至女家，以酒脯果饼及簪环衣服行礼。将婚，先延媒妁至女家，示以吉期，即请期也。至期迎亲，男家延齿尊而齐眉者（年长夫妇双在者），同媒妁往，曰接亲；女家亦以亲族有望之人送亲，新妇乘舆至婿门，以红毡更替铺地，新妇踩毡而进，谓之接代。余，与他处同。"据调查，早在1949年前，俚濮男女青年婚前享有一定的社交权利，但婚姻生活则要父母决定，可先请人要姑娘的生辰八字，由毕摩

---

① 国家民委民族问题研究中心：《中国民族》，中央民族大学出版社2001年版，第127页。

合婚，再由媒人求婚，后订婚，通过一段时间交往，由毕摩选择吉日结婚。结婚当日夫妻不同房，新娘由陪送的陪娘和送亲女客陪住，婚后3天或7天"回门"，回门后，由老人再举办一次礼仪，夫妻才同房居住。近60年来，楚雄彝族的传统婚姻要经过说亲、订婚、通信、接亲、送亲、迎亲、回门等礼仪，每个程序都不能少，只不过是根据每个家庭的情况有繁有简。[①]

楚雄彝族姑娘出嫁之日，姑娘的本家户族要派人送行，以表对亲人的眷恋之情。送亲男子主要是舅舅或姑父，送亲妇女以伴娘为主。送亲者在男家被视为上宾。楚雄彝族自治州禄丰市高峰乡一带彝族送亲者一般三四十人，多者五六十、百余人的也有，但送亲者至少要有一两对已婚有两个小孩、家庭和睦的夫妻。新娘到达男家附近时要砸土锅（土锅里放灰、鸡毛等），说些吉利话。结婚当晚新娘不入席，只吃从娘家带来的饭菜。楚雄大姚县桂花彝族唱完"哭嫁歌"后，背亲者要将新娘从众女伴的簇拥中抢拉出来，女伴们为新娘披上红盖头，再由其兄长背至大门口，交给背亲者。背新娘只能由新郎承担，中途休息，新娘的脚不能着地，需用一条毛毡垫脚。到达男方家门口，新郎为新娘揭下红盖头，两位已婚妇女用两把燃烧着的火把围着新人来回绕身数圈，以示驱邪。之后，新郎新娘冲破异性同伴的阻拦，争先恐后闯入洞房争抢枕头。据说，谁先抢到枕头以后谁当家。[②]除此之外，杨甫旺等还对楚雄武定县石腊它、永仁县莲池、姚安县前场等地的彝族的婚礼进行了较为细致的描述。

正可谓"十里不同风，百里不同俗"，即便是同一个民族，在不同的地区也有着不同的风俗习惯，风俗文化也正随着社会环境的变化而变化。彝族支系众多，每一个支系都有其独特的婚俗文化。目

---

① 杨甫旺、鲁文兴：《中国彝乡：楚雄研究》，云南人民出版社2019年版，第109~110页。

② 杨甫旺、鲁文兴：《中国彝乡：楚雄研究》，云南人民出版社2019年版，第115~116页。

前，随着外出务工的彝族人越来越多，彝族的婚俗发生了很大变化，婚礼也呈现出由繁及简的趋势。尽管语言发生了转用，但禄丰市绿竹园村传统彝族婚礼的民风民俗或者是语言应用，在当地彝族中仍然具有一定的代表性和特色。无论是彝族姑娘出嫁或是彝族小伙娶妻，都仍然保留着其独特的彝族婚俗文化，现将彝族几个传统婚礼文化简要说明。

第一，搭青棚，也叫搭棚枝。彝族办婚礼都要搭青棚，青棚建筑是彝族地区最为简洁的建筑类型，也是彝族先民游牧时代的缩影。目前，彝族婚礼搭青棚主要是为了迅速搭建一个场地，该场地主要用于观看歌舞队表演、防晒防雨、储物、入席就座、跳脚等。搭青棚一般会选择在院子或者门外较为开阔的平地进行，取材方便，构筑迅速，能快速用树干树枝搭建一个棚子，也相当于是临时的房子。婚礼准备之初，这些从山上砍来的树枝青绿青绿的，即便是部分不搭建青棚的彝族婚礼现场，主人或者是帮忙者也会放几根树枝在大门口，大门上方，院子的角落位置，这些树枝鲜嫩清香，其上大部分是可以直接食用的叶子。彝族孩童都认识这样的植物，欢庆之余就会去摘上一片叶子来嚼碎，甜甜的，代表甜蜜蜜。

第二，拉猪进院，杀猪宰羊。按照彝族的传统，不论婚丧嫁娶还是节日祭祀，猪肉都是必需品，山羊肉也是彝族婚礼最为常见的肉类。彝族婚礼杀猪宰羊颇有"磨刀霍霍向猪羊"的气势。农村婚礼待客餐食也必须包括猪肉、羊肉、牛肉、鸡肉、鸭肉、海鲜等，各种酒肉、水果及甜点摆得满桌子都是。

第三，迎亲。绿竹园村彝族的婚礼，是现代婚礼仪式和传统婚礼仪式的结合。结婚前一天，新郎和新娘不能见面，新娘会提前从娘家到镇上住下，次日早晨新郎新娘携伴郎伴娘去婚庆化妆工作室化妆，新郎穿西服，新娘披婚纱。这时由新郎的表兄妹以及朋友集齐八九辆婚车组成迎亲车队到化妆处接应。所有婚车上必须饰有玫瑰、百合等鲜花，还要在车辆后视镜左右两侧系上红布，新郎和新娘、伴娘坐主婚车后排（新郎靠左，新娘和伴娘靠右），伴郎坐前排驾驶员旁。主婚车前会配备一辆摄影车引路，其余婚车内则坐女方送亲人员。迎亲车队从镇上出发，驶向男方家所在的彝族村落。和传统迎亲礼俗一样，主婚车凡是路过村庄、河水、桥梁都要鸣炮敬神，跟在主婚车后面的几辆车一般要保证中间不要有其他车辆插队，从而保证夫妻的婚姻美满。当婚车行至村口，男方主事安排一对童男童女铺撒松针，新郎新娘下车后牵着手踏松针而行，松针不能断，必须撒到拜堂仪式进行处，最后撒至堂屋，一路上伴娘会给新娘打一把红伞以遮蔽烈日。人们行至家门前时，新郎父母兄妹闻声回避，仪式正式开始。

第四，新娘进门仪式。该仪式也称作迎亲仪式，只是比新郎出门进行的迎接新娘和亲朋的仪式更为隆重，这也是婚礼的重头戏，所有参加婚礼的大人和孩子都喜欢观看该仪式，因此也可以算是最为喜庆的环节。目前，绿竹园村的迎亲婚俗中仍然保留着"踩搭脚米""给下马钱"等习俗。

第五，彝族拦门酒，也叫"三道酒"。彝族的拦门酒和祝福酒很多，是彝族的待客之道。在彝族的婚礼中，"有酒便是宴"。第一道称为"拦门酒"，即在门口迎接客人。彝家人身着民族服饰，吹响长号、唢呐，弹起月琴，载歌载舞，欢唱迎客调。成年客人一到门口，着盛装的彝族姑娘或彝族青年就会捧上一杯美酒献上，客人喝完酒就可以进门，有些客人趁乱赶快进门，有些客人也回唱一首酒歌。彝族祝酒歌如《喜欢不喜欢也要喝》，该歌也是左脚调的代表曲目。第二道是"祝福酒"，彝族人婚礼宴上，彝族小伙和姑娘会一桌一桌地向远方的客人敬上双杯美酒，献上祝酒歌。祝酒歌多为现成曲调，热烈高亢，唱词是彝语，也有汉语传统词，还会根据情况即兴发挥创作。即兴创作的一般是根据客人身份，唱祝福、赞美和吉利的歌词。祝酒歌可一人独唱、两人对唱，也可集体唱。第三道又称"留客酒"。客人告辞时，主人送客人到门口，请客人喝下最后一杯酒。敬酒时，长号、唢呐同时吹奏留客调。男女青年欢歌起舞，主人手捧酒杯唱送客歌。内容为祝福客人幸福、吉祥，以及主人的牵挂、挽留。客人必须把这杯酒喝掉才能启程。由于彝族人的婚礼一般是待客三天，各亲朋离开的时间不统一，第三道酒也相对不再隆重。

第六，刮锅灰抹黑脸。过去，彝族聚居区生火做饭都是烧柴，煮饭炒菜使用的大铁锅在常年的烟熏火燎下结了厚厚的一层灰，用刀刮下的锅灰被大嫂们收集到碗里以备晚上跳脚时使用。据说，锅灰是吉祥之物，而且专物专用，是专门给媒人和主人准备的"大礼"。彝族婚礼抹黑脸的礼节流传至今。婚礼仪式当晚跳脚时，亲朋好友会趁主人不注意时抹黑他的脸，当然也会抹黑任何一个他想抹黑的宾客的脸。抹黑脸除了是传统，还是彝族人的娱乐方式，为婚礼增添了很多乐趣。

第七，跳脚。"阿老表/阿表妹，你要来尼嘎，不来就说不来呢话，莫让小妹（小哥）白等着。"新娘进门的当天晚上，也就是"正喜"的日子，主事会在院内栽种松蓬，松蓬下设一张桌子，上面摆放有喜糖、喜酒，大家围着桌子跳起跌脚舞。一般情况下，彝族主家会请一队或两队吹笛匠在婚礼当天全天演奏，还会花费2 000~3 000元请8~10人为"迎亲队"或"花灯队"负责跳脚热场或带领亲朋一起跳脚。跳脚结束后，晚上十点到十一点，主家要为宾客准备消夜，厨师们煮上一大铁锅米线，待其熟后按碗分装并配以各种作料，然后安排几名执事用展盘端送给所有在场的人。传统的婚宴要举行三日，为客人准备六顿饭菜，最后所收得的礼金和粮食若不够宴客，主家得再贴上一些钱。夜幕降临，欢乐未尽。"高山顶上茶花开，阿哥阿妹跳脚来，朵朵山花红艳艳啊，红艳艳，左脚越跳越开怀，越开怀。"跳脚，又称跌脚，也叫左脚舞，是彝家传统的娱乐，所有人手拉手围成一圈，在三弦、笛子、唢呐的伴奏下，踩着节拍欢乐舞蹈。

第八，新娘回门。婚礼结束后的第三天，新郎和新娘就得回门，也就是回娘家。在彝族村寨，大部分年轻人为了方便，礼品没有之前的那样多，但还是会带上一些当地特产，到娘家后再由新郎出面给岳父和岳母一个红包。传统的回门，一般有"新郎要帮着新娘家做农活""柳树发芽才允回家"等习俗。如今，回门的时间早已不再是数天甚至数月，一般情况下，新郎新娘在次日午饭后便离开娘家，这就要看夫妻二人的日程安排和当地的风俗了。

总之，彝族婚礼较为传统，有许多礼节需要注重，以上只是部分礼节的阐释，其他诸如"火塘酒"、彩礼、洒水仍然存在，但在此并没有加以详细阐释。但可以看见的是，即便现行婚礼逐渐融入了时下流行的西式婚礼元素，但彝族聚居区的彝族仍然保持着自己独特的、丰富的婚礼风俗文化。婚俗只是一个民族文化嬗变的缩影，随着城镇化建设的稳步推进，思考如何保护优秀的传统文化及传统文化中的语言文字等，这都将极大地有利于民族地区乡村振兴、美丽乡村建设及民俗文化旅游资源开发等工作有条不紊地开展。

第二节 苗族农村传统婚俗

苗族实行一夫一妻制，子女长大结婚后便可分家另住。恋爱比较自由，青年男女通过唱山歌互相认识交往，选择对象。男青年善吹树叶、芦笙，小姑娘喜欢吹弹口弦，旋律美妙，音韵优雅，可以互相传情。结婚的规矩比较多，从说亲开始，婚礼的每一具体步骤，媒人都要唱仪式歌。苗族提亲，男方要选两位熟悉苗族礼俗的媒人，叫作"跑媒"，女方也要请两位媒人，叫作"坐媒"，结婚的全部条件即由媒人代表双方父母洽谈。跑媒到女家的第一天晚上要唱"提亲歌"，女方从歌词中知道来意才会接待，否则就不接待。第二天早上也要唱歌，女家才会招呼洗脸、吃东西。过后，又要再唱一支歌，然后女方父母才会安排坐媒来洽谈婚事，不唱歌就什么事也办不成。媒人在桌上谈妥亲事条件后，双方必须一一照办，不得反悔。经过一段时间，如果双方没有意见，男方选一个吉利日子，由跑媒通知女家，并送去礼物，媒人要唱"通信歌"。接亲日子到了，跑媒领着新郎、陪郎共六人去女家接亲，不论路远路近，接亲人要在女家住一宿。之后的传茶、传烟、传酒都要唱歌，还要唱谢酒、谢茶、谢烟歌。晚上，跑媒还要给新娘唱"上妆歌"，请她上妆。最后，媒人核对原来谈定的内容，是否一一照办。完成上述礼仪后，全家吃团圆饭（隔娘饭），跑媒到厨房催厨，唱一支歌，否则第二天就会吃不上饭。第二天发亲之前，跑媒给女方父母唱一支"留言歌"。歌词这样唱："双亲二老，大爹大妈，兄弟姐妹，该来时我们来了，该说的我们说了，现在我们该走了。我们分走你家一朵金花，我们分走你家一朵银花，我们要分去你们一双手。我们希望父母兄弟变忧为喜，我们希望你们万事如意。"接亲和送亲的队伍到了男家，又要唱仪式歌，除"留言歌""上妆歌"以外，大体和在女家唱的一样。[1]当然，楚雄各地的苗族婚俗和仪式并不完全一致，不同聚居地的苗族分别保留了自己的一些传统和独特方式，同时也或多或少融入了当地其他少数民族及异地同族的婚俗文化。

大箐有着悠久而传统的民族文化和宗教文化。在节日文化中，大箐的传统节日有春节、元宵节、端午节、中秋节，以及具有当地民族节庆特色的花山节等。此外，大箐苗族还保留了具有大箐苗族特色的文化习俗，如说媒、结婚、丧葬等。大箐苗族的原始宗教主要有自然崇拜和祖先崇拜。自然崇拜主要分为祭龙和祭山神等祭祀活动。大箐苗族的祭龙、祭山神、祖先崇拜等原始宗教，也是马鞍桥彝族各支系的原始宗教，活动名称一致，只是时间的选择和具体的流程和形式不同。

---

① 楚雄市地方志编纂委员会：《楚雄市志》，天津人民出版社1993年版，第153～154页。

第三节 苗剧剧本及其语言使用

苗族是一个喜欢唱歌的民族，古歌、传说故事独特。苗剧，作为云南少数民族的一种地方剧种，是苗族演员扮演苗族神话传说故事中的各种角色，用形象的手法和生动的故事情节反映苗族社会生活的一种戏剧，是集苗族文学、音乐、舞蹈、美术等为一体的综合艺术，有较强的艺术感染力和观赏性。清嘉庆年间已有苗剧在昆明一带的村寨中流传，20世纪50年代流传于昭通地区鲁甸县和昆明市、安宁市，以及楚雄彝族自治州禄丰市苗族聚居地区。由于大箐苗剧深受群众欢迎和有稳定的苗剧创作、表演骨干力量，苗剧已作为一种独特的民族民间戏剧登上了舞台。在节假日、婚宴及各种庆典上，苗剧表演是群众不可缺少的精神食粮。苗剧是云南少数民族地方剧种，在全省流传的地区很少，苗剧的发展对社会和谐发展，对研究苗族文化，尤其是滇中苗族聚居区苗族的历史渊源、审美观念等，有着非常重要的作用。本节将把我们田野调查过程中收集到的苗剧剧本或台词进行整理并呈现出来，从而使大众看到苗剧在创作及语言艺术方面的特色。

一、研究问题

少数民族尤其是以苗族为代表的苗剧中的语言使用，是表征少数民族艺术文化和艺术语言的重要方面。如果少数民族的语言消失了，苗剧便不再具备其原生态的意义。少数民族原生态文化的消失与文化存在的形式之间有着密切的关系，民族文化主要存在少数民族群众中间，文化方面的东西主要是依靠口传心授。这一方式容易出现变形，也会因为某些因素出现受损，甚至是消失，这些和文字还存在较大差异。有些东西能较好地保存下来，而语言方面的东西，则因为文化的消失而消失，这也激发人们去探索少数民族文化的保护模式。①苗剧语言和文化是少数民族文化保护的关键，这一艺术中的语言问题很少受到学界的关注。在未来的研究中，如何对少数民族语言尤其是可能面临濒危的语言的社会文化功能发展变化特点开展分析，如何开展不同少数民族的语言方面的变异相关材料的收集和研究，是全面调研少数民族语言濒危和语言生态问题，进而保护和传承少数民族语言、和谐少数民族语言生活等是语言研究者的使命和研究核心。除此之外，全面收集民间苗剧剧本、分析苗剧语言、录制苗剧的音视频档案等都将会成为语言生态研究的议题。

二、苗剧语言使用特点

苗剧《苗山新街》、反腐倡廉苗剧《主任醉酒》及党风廉政建设苗剧《修路》，这三部苗剧剧本从语言使用、表演形式、内容传达等方面体现了苗剧的语言特点。譬如，《修路》是由仁兴镇大箐文艺队表演的仁兴镇党风廉政节目之一。主持词："若要富，先修路。然而好事总是多磨，要修通苗寨的致富路，必先修通苗族同胞的思想路，请看大箐村委会主任是如何利用苗家的酒规矩修通苗族同胞思想路的。"从本次苗剧表演的主持词可以看出，政府参与的苗剧公开展演，最终目的在于从苗族的酒规酒纪出发，从发生在村里的一件件小事入手，使苗族同胞理解并共情我国新时代背景下的新农村建设，身体力行支持党的发展和建设决议，利用大家感兴趣的苗剧表演，实现普及知识、转变思想的作用。

1.苗剧语言口语化

现行苗剧由于多采用汉族剧种演出形式，加之表演者都是苗族村民，因此剧本语言和表演语言均呈现口语化特征。苗剧表演者在使用汉语时，由于苗语和汉语两种语言本身在语序上就存在较大的差异，

---

① 许娥：《少数民族濒危语言的保护研究》，载《贵州民族研究》2012年第4期。

加之受到汉语使用流利度的影响，措辞不可避免地夹杂着当地方言。例如，《修路》中使用到的"你咋个说"询问对方如何看待这个问题，"是呢嘛"表示赞同等，均是当地汉语方言。

2.苗剧舞台演出语言目前尚未统一

苗剧舞台演出语言目前尚未统一，大体上有用苗语或用汉语两种形式。这也是全国苗剧演出的语言形式。一般情况下，专业剧团大多是用汉语，民间业余剧团则有的用苗语，有的用汉语。据说，湘西土家族苗族自治州的业余剧团演出苗剧就是用当地苗语作为舞台语言，而城步、绥宁的苗剧则用汉语。仁兴镇大箐苗族的苗剧，基本上都是使用汉语，而且是汉语方言表演。语言选择汉语主要是为了使当地所有民族，也包括政府工作人员等在内的民众能够更好地理解苗剧本身要传达的意义和价值观。

3.苗剧语言中寓教于乐的教育功能

苗剧，这种以演员当众表演故事为本质特征的艺术形式，传承着民族的文化，教化着自己的民众和听众，发挥着文字、书本所不能替代的教育作用。地方小剧的基本功能就在于娱乐和教育，其教育功能的独特之处就在于它能寓教于乐。听众在欣赏苗剧的时候，本身就处于一个放松、充满嬉笑声的环境，演员的卖力表演，听众的积极反馈和对问题的思考，能够直接实现乡村小剧最根本目标，达到边娱乐边学习的效果。

第四节　少数民族民间文学及其语言文字应用艺术

民间文学是指在民间流传的文学作品，它是人民群众创造的文化遗产，具有浓郁的民族特色和地方特色。根据文学作品的内容和形式的不同，民间文学可以分为许多不同的类型，民间故事、民间歌谣、民间戏曲都是几种比较常见的民间文学分类。总的来说，我国民间文学包括民间散文、神话、传说、故事、民歌（山歌）、民谣、长篇叙事诗、民间小剧、戏曲、说唱文学、谚语、谜语、绕口令、对联、快板、相声等种类，除此之外，民间最为重要的婚礼、丧葬、祭祀等活动中使用的语言都可以归类为民间文学的某一形式。

在民族地区，各少数民族在生活中使用、传承、传播、共享的口头传统和语言艺术，是广大少数民族长期生活的产物，精确地反映了他们各方面的生活和有关的思想、感情等。一般情况下，民间文学题材十分丰富，不仅极具想象力和感染力，而且朗朗上口，贴近人们的生活。民间文学时刻直接或间接地给予人们知识、教诲、鼓舞和希望，是生活中不可或缺的部分，更是中华语言文学中的瑰宝，记录并研究其存在形式的意义重大。本节基于本次田野调查中的重要发现和可及资料，从苗族民间文学关照下的苗族谜语、谚语、歇后语、祭祀词理、招财词理出发，再从彝族婚礼祝酒词的语言使用特点分析着手，探讨少数民族民间文学及文字应用的艺术性。

一、苗族民间文学

（一）谜语

千里眼。（望远镜）

长的少短的多，脚是踩手是搓。（爬楼梯）

顺风耳。（手机）

一个孩儿单眼皮，独自看着一家人。（油灯）

听得着，看不见。（风）

母亲笑声不断，儿子渐渐长大。（纺纱）

看得见，摸不着。（云）

开黄花，结黑子。（葵花）

老牛死在门前，人人都要去割肉。（磨刀）

看得见，摸得着，拿不起。（水）

身是铁，行时蛇，钻山洞，跑平原。（火车）

雷声隆隆，雪花飘飘。（磨面）

上面撑雨伞，下面裹脚皮。（棕）

一个姑娘既漂亮又凶恶。（辣椒）

空桐树叶枝丫，先结果后开花。（谷子）

天亮出来，天黑回去。（影子）

妈穿刺儿穿皮，妈躺衣儿落地。（栗子）

母猪下海，尾巴却不见湿。（汤勺）

黑嘴乌鸦，专吃黑豆红豆。（火钳）

大哥走中间，兄弟走两边。（挑水）

鼻子长，耳朵大，头像猪，牛身样。（大象）

两个水瓶挂坡上，个个孩儿都得喝。（奶）

脚杆小，脚板大，猪嘴样，羊尾巴。（犁头）

一个老者装花生，一路走一路漏。（羊屙屎，即排便）

一个老者背粑粑，边走边掉。（牛屙屎，即排便）

一幢房子隔四间，兄弟姐妹各住一间。（核桃）

一对鸽子世上来，专吃妇女的耳朵。（耳珠）

一个热一个凉，都是亮晶晶。（太阳、月亮）

天上天鹅叫，地下地鸭啼，两边烂线草，中间有个鲤鱼游。（织布）

金壳壳银翅膀，不出水只喝油，不在地面走，光在天上行。（飞机）

远看像条牛，近看不是牛，口里剥瓜米，肚里滚绣球。（风柜）

不用鞍子坐稳妥，不是马不是骡。（骆驼）

岩洞里围栅栏，稳扎稳打很牢靠。（牙齿）

身在南京坐，手在北京扯粉丝，脚在四川过铁索桥，眼看武汉鱼水游。（织布）

一屋兄弟多又多，先生弟后生哥，轻的功夫老弟做，重的活路大

哥做。（牙齿）

五个姑娘齐在山头唱歌。（纺纱）

四个兄弟围着妈追逐，妈妈的身躯逐渐壮大。（理线）

小小女儿自当家，肚里怀胎四枝花，君子路过莫调戏，不是妻夫不惹她。（门锁）

圆圆一个碗，天天下雨，装不了水。（鸟窝）

一根连枷打在两个场地上。（牛尾巴赶蚊蝇）

团团圆圆像土墩，看来就是块麻地，不用犁来不用耙，上芝麻不出芽。（饼子）

上有四方八头，下有三十六只脚，十六个光棍攻打八个绣球。（八人席）

（二）谚语

谚语是广泛流传于民间、言简意赅的短句，谚语能反映劳动人民的生活实践经验。谚语一般是以口语形式存在和流传下来的通俗易懂的短句。苗语中存在着大量生动活泼的谚语，这些谚语是苗族人千百年生活经验的结晶。

一只绵羊能过河，九十九只能过江。

父母必孝敬，国家当遵从。穷要养猪，富要读书。

懒姑娘爱推到明晚，懒伙子爱推到明年。

炒了人家的蚕豆，烧烂自己的锅底。

人勤人有吃，人懒人唾液；花牛花在皮，人花花在心。

为人父操饥渴，为人母操凌寒。

东西莫遗失，遗失莫找着，找着得见是口角。

哪里有死尸，哪里就聚鹰。

雷不响，庄稼则不长；父不吼，早饭则不成。

冬天假意晴，继母假惺爱。

牛知牛角弯，马知马脸长。

牛狂牛角断，羊骄羊肠燥。

筛子若不漏，小鸡长不大。

勤女织麻满手臂，懒汉死守冷火灰。

迟播的庄稼多糠秕，晚生育则多鳏寡。

雷雨不浇禾不长，子女不教多痴呆。

洪水易冲坏田埂，早婚易扰乱人心。

好盖莫过于棉被，好犁莫过于水牛。

好看不好吃，远亲不如近亲。

肉在砧板上最香，糍粑在冲碓时最糯。

兄弟姐妹若开亲，悬崖磐石都会崩。

心胸最宽广的人最长寿，眼光远见的人能走四方。

羊毛长在羊身上，花牛花在牛皮上。

天上雷公最大，地上舅舅最大。

父勤儿女吃饱，母手巧儿女穿好。

朋友来有酒肉，敌人来刀枪赶走。

坏人不是朋友，石头不是枕头。

纸包不住火星，错误瞒不住人眼。

谁砸烂的锅，谁来弥补。

跟好人办好事，跟坏人干坏事。

做人要光明，办事要诚恳。

人要忠心，火要空心。

风吹吹上坡，有事找大哥。

耗子咬绳索，边咬边逃跑。

牛吃牛背，马吃马驮。

父母是榜样，儿女要模仿。

地主吃一天，百姓吃一年。

有酒大家喝，有肉大家吃。

人穷志短，马瘦毛长。

看人从小，看马蹄爪。

嘴上无毛，办事不牢。

做事要稳，改错要狠。

出门看天，进门看脸。

老鹰起飞，乌鸦着地。

牛出力来牛吃草，东家吃米我吃糠。

包产到户，人人饱肚。

扯鸡毛，痛鸡心。

送花碗，得破碗。

（三）歇后语

死老虎——不倒威

死羊眼睛——定向了

桃子掉地上——熟透了

新姑娘上轿——第一次

新媳妇上轿——不识抬举

耳朵上扎针——刺耳难听

恶人登门——送祸上门

耳朵挂镰刀——好危险

菜刀剃头——太危险

耳朵巴掌大——不听话

蚕豆开花——黑心了

牛尾巴打在牛身上——不疼

兔子扒窝——安家落户

桐油电灯——拨亮一下

黄鼠狼见蜂蜜——反复吃

狗咬汽车——不懂科学

牛拴在铁柱上——稳稳当当

猴子戴帽子——不成人器

戴石灰眼镜——全白了人

公鸡拖草鞋——把事办烂

炒面放开水——冲了

巷子拦牛——直来直去

蚊子叮观音——看错了人

吃炒面将口袋拿给人家揩——嫁祸于人

耳朵先生角先长——后来者先上

乌鸦儿丢在喜鹊窝，喜鹊儿丢在乌鸦窝——黑白不分

（四）祭祀词理、招财词理

苗族词理很多，有寻路歌、招财、送终、迎亲、答谢亲客礼物词理等。这是苗族在生产劳动中，在形式上、心理上和行为上处理大小事务会使用到的词。下面，我们将主要从祭祀词理、招财词理两个方面加以呈现，以期外界能更好地认识和理解少数民族民间文学和文化中的语言使用状况。

1.祭祀词理

舍不得吃供给母猪吃，

舍不得喝供给母猪喝，

耳目生病让母猪来阻挡，

心肝疼痛让母猪来解救，

篱笆破烂让母猪来阻拦，

门通窟窿让老母猪来堵住，

按倒老母猪，把老母猪治死。

哦，我们的祖公啊！

不献给祖辈吃，我们也得，

不献给祖辈喝，我们也肯，

吃喝完了来消除儿子儿孙的病痛，

吃喝完了由你们来砸碎阴间枷锁，

吃喝完了由你们来粉碎阴间枷锁，

吃喝完了来解除儿子儿孙的怯弱和疲惫。

吃喝完了你们杜绝人间死亡的路，

吃喝完了你们消除尘世的凶恶作剧，

吃喝完了来解除忧伤，

吃喝完了来消除瘟疫，

吃喝完了来消除全家柔弱和沮丧，

吃喝完了来消除贫困和口角，

吃喝完你们来阻塞阴间黄泉的大门。

哦，祖公啊!

日后儿子儿孙执意尾随来阴间替你们追回我们的灵魂，

日后三亲六戚执意来阴间替你们撵回我们的灵魂。

祖辈啊!

师爷啊!

敬酒敬酒，请。

2.招财词理

财运啊，来! 从今，儿子儿孙繁衍昌盛，牲畜来年繁衍百头，庄稼来年收百石，凡人巫师来招财，使父母儿女子孙永无恙。让儿女子孙同父母一样娇，让儿女子孙同父母一样老，家人遇石石卡住，家人遇树树缠着。哦，财遇啊，来，来，我们邀来七对青年从金灿灿的地方来，我们约来七位元老将领从金闪闪的南方来，我们率领七位妖娆仙匠从金光灿灿的东方来。我们三邦客人能担当来招财，招得儿女运气满堂又满屋，招得牲畜鸡豕满槽又满圈，招得五谷粮食满楼满柜又满袋。年年银钱年年有余，房外丰盛不胜收，房屋内外不损耗。嗷，魂啊！财啊！快来，天兵天将般的仙姑，似蜂蜜般地飞舞，我们妖娆的仙姑，值米利的金花，值米利的银花，分外妖娆的仙姑，穿花衣披锦绣裹头帕，穿着百褶裙，为亲朋好友的神圣，竖起护佑的旗帜。我们妖娆的仙姑，在山巅竖起锦绣花衣旗号。从造次（自）聚拢来，如今我们跃出了黄泉阴界，为我们困在阴灵亡泉阴魂，引路从黑暗的城里来，招到三亲六戚的亡魂财运。子女魂、父母魂，子女运、父母运，金银钱财、牛羊鸡豕、衣物食粮，一切有生命的运气财气，临到我们这家的堂屋，临到我们这家的兄弟、姐妹、儿子儿孙万代人。

此部分罗列的苗族谜语、谚语、歇后语、祭祀词理、招财词理，都是目前苗族正在使用的语言形式，是少数民族语言生态动态和静态化的存在，是外界了解云南滇西北苗族现行语言生态文学构成的窗口。此类民间文学在民间流传，沉在农村沉在基层，大部分掌握在农村地区上年纪的老人手中，是苗族文化的载体，也是维系苗族精神生活的纽带。苗语中除了有我们耳熟能详的谚语和歇后语，还有大量反映苗族生产生活及文化等方面的谜语、谚语和歇后语。诸如此类的民间文学第一手资料作为知识的媒介，需要更多的民间语言文化爱好者和研究者继续加以整理和搜集，以积极面对可能会出现的民间文学艺术失传现象。

二、彝族婚礼祝酒词语言文字应用的艺术性

（一）彝族婚礼主持人能力要求

1.良好的口语表达能力

众所周知，婚庆主持人是每场婚礼都不可缺少的，其语言表达能力的高低，也与婚庆主持质量有直接关系。因此，当前婚庆主持人，要对口语表达能力特别重视，一定要加强口语表达能力的学习与训

练。主持人在对现场进行主持工作时，语言要吐字清晰，根据婚庆现场的节目排列，用流利的语言对婚礼现场的每个项目进行合理安排，这就是我们所说的口语表达能力。

口语表达能力是整个婚庆现场主持质量的关键。彝族婚礼首先要求毕摩具备良好的口语表达能力。婚礼现场进行主持时，要求毕摩或司仪一定要吐字清晰，能用流利的语言对婚礼现场的各项任务和安排进行表述，并将幽默的语言贯穿于整个婚礼主持现场，让婚礼现场的气氛被调动起来。一般情况下，毕摩或司仪会结合现场的实际情况、新人的性格特点以及新人家长的要求和忌讳等进行和谐气氛的营造。反复地训练和实践造就了以彝族为代表的毕摩婚礼主持的独特文化。

2.良好的现场反应能力

婚礼现场所涉及的各项要素众多，这也就使得其现场可能会出现各种各样的突发情况，这些突发情况都有可能对婚礼现场形成不好的影响。为此，婚庆司仪就需要具备敏锐的洞察力、观察力和随机应变的能力，即便在婚礼现场出现了突发情况也能够运用其缜密的思维和语言来"圆场"，从而保证婚礼的质量。

良好的现场反应能力主要体现在语言的运用上。婚庆主持语言是一门艺术，但不是死记硬背出来的主持话术，而是需要婚庆司仪在日常的生活中去感受语言的魅力，并不断通过生活中的小事来锻炼自己的反应能力。司仪反应能力的训练实际上是对其思维能力的训练，这是婚庆司仪功底的重要组成部分，其需要婚庆司仪进行长期的训练才能逐渐获得。由于婚礼现场无法经过提前彩排演练，进程中很可能会产生突发情况，突发情况处理不好则会带来不良影响。因此，作为婚庆主持人，要具有敏锐的观察力和应变能力，即使出现突发事件，也可以利用主持人的灵活思维进行"圆场"，确保婚庆顺利进行。

3.个性化风格魅力的语言艺术

婚庆现场的主持工作是一门艺术，个性化的风格往往体现在语言表达方面。婚庆主持在日常的生活中应懂得语言的魅力，感受语言的魅力，要不断地进行学习，通过生活中的小事件，来形成自己独特的主持风格和语言艺术。婚庆现场主持人的语言能力，也是思维能力的体现，同时，也是婚庆主持人功底的主要构成，需要通过长期的锻炼才可以做好主持工作。可以说，语言艺术建立于反应能力之上，强化婚庆主持现场反应能力必须得到贯彻与落实。目前，民族地区的农村婚礼主持人，往往都是那些多才多艺、能歌善舞，风趣幽默的文化人，他们能够通过语言的交流和互动增添现场的趣味性和融洽性。

4.注重专业化发展、语言贯穿不同民族风情和文化

现代化和传统观念融合下的新型婚庆，宾客都是来自五湖四海的多个民族，因此，婚庆主持人要多了解国内不同民族特征及文化要点，熟悉地域文化差异，尽量根据其特征营造出宽松、喜庆、和谐的婚庆现场。事实上，我国各民族形成自己的特色，不同民族之间的习俗也不同，这些习俗主要体现出民族的文化特色和语言特色。作为婚庆主持人，一定要具备文化传播的使命，注重对本民族语言文化的运用和保护。众所周知，由于民族的不同，他们文化背景不同，交流形式也不尽相同。因此，在婚礼现场的交流过程中难免出现差错，甚至造成很大的矛盾。为此，作为现代婚庆主持人，一定要把各民族之间的文化进行整合并贯通，把不同民族风情文化贯穿于婚礼各个环节。

（二）彝族婚礼主持词的语言特点

1.语言连贯，通俗易懂

婚礼主持人作为通过声音传递情感，用语言传播信息的重要角色，历来被要求具备良好的语言表达能力，在婚庆主持时有自己的语言特色，发挥语言的艺术性，从而不断吸引亲朋好友，活跃婚礼现场气氛。彝族聚居区的司仪，在主持过程中首先要定好婚礼的基调，根据云南彝族嫁娶抑或招上门女婿这一婚礼本身的特点，提前准备相应的主持词或临场发挥。婚礼场地一般是由本家自己布置，普遍较为传统。语言上，婚礼主持人会用明亮的语调，有时候还要借助扩音器来烘托现场的气氛。如果是一些主题浪漫、布置较为现代的婚礼，主持

人的语速就要放慢，主持风格要温馨和抒情。婚礼主持人在主持过程中要将婚礼的各项事宜紧凑地搭建在一起，不能只是机械地充当报幕员。对于主持中的串场词和结束语应该更加连贯，不断营造现场的氛围。一般情况下，少数民族婚庆仪式上，主持人除了需要将亲情融入婚礼中去，让婚礼构成情感为主要氛围的主线，还要把祝词在各个环节穿插进去。

彝族和苗族婚礼主持都是一个非常严谨的过程，毕摩或主持人讲话要精而少，嘉宾和新人之间的互动设置适当。毕摩在婚礼主持过程中，语言注重雅俗共赏，老少皆宜，不存在晦涩难懂的语言，与此同时也会注重保持彝族原有的风格、仪式和特色。在广大的民族地区，由于受众整体文化水平不同，每一个村子基本是某一固定的司仪来主持婚礼。从地区上来看，主持的语言基调是多样化的，婚礼仪式的模式基本又是不一样的。一般情况下，若婚礼主持人较为年长，现场氛围不是十分浓厚，若较为年轻，婚礼氛围则比较轻松和诙谐，现场气氛较好。但为了更多地保持传统，民族地区办婚礼的家庭都会请德高望重的、有主持经验的老人来主持。

2.婚礼祝酒词体现了主持人扎实的语言基本功

所谓语言基本功，其中包含众多内容，婚庆仪式是喜庆且需要多人参与的，主持人的语言能力水平高低直接影响着婚庆的质量。因此，婚庆主持人的基础素质要符合基本条件。首先，作为婚庆主持人，具有优秀的语言条件是最基本的。在婚庆现场，主持人对语言的应用，应该具有独特的表达方式。主持人的语言能力，不仅表现在吐字发音环节，同时，也表现在语调中，主持过程中语言要具有抑扬顿挫感，语言表达方式要灵活多变，还要严格把握住语言节奏，根据婚庆场地的节日，活跃现场气氛，丰富主持人语言表达能力。其次，主持人也要对婚礼场景进行判断，找出适当的语言艺术，通过语言的表达，增强婚庆现场的喜庆，让婚庆现场所有人都能感受到婚庆现场的热闹氛围。尤其是农村地区少数民族的婚庆仪式，每一个步骤都体现出民族特色和地区传统，每一个环节紧扣，良好的语言表达能力是根本。主持人自身的语言表达和思维是否流畅和灵活，直接决定了语言表达的效果。只有语言描述到位，新人才能顺利完成相应的配合，宾客也才能更好地理解当地的婚俗文化。语言是思维的窗口，人类有了思维能力与情感后，语言艺术就形成了独特的表达效果，而婚庆主持人以独特的视角挖掘这种表达效果，使语言特色更加鲜明，语言价值更加独到。

3.婚礼祝酒词反映了一个民族的文化和信仰

少数民族婚礼的主持人，历来是本族文化传播者。少数民族婚礼参加人基本是本族人加上外族人，婚礼仪式一般都还保留着完好的本族文化和传统。民族婚礼文化是中华民族传承和发展的结晶，每个地区不同民族的婚礼习俗、婚礼文化也有所不同，这就需要婚礼主持人担负起传播民族婚礼文化的职责。

在彝族和苗族村寨，历来是年长、有学识的教师或者专业的毕摩或祭司担任这项工作。不同民族的婚礼主持，所需要的用语不同，语言使用情况各有特色。随着时代的进步，跨民族、跨地区的婚姻逐渐增多。在整个婚礼过程中，无论是新人还是现场的来宾都有不同的民族文化背景，每一个民族都有自己忌讳的语言。所以，主持人在主持婚礼时，越来越重视自己的主持词是否会有忌讳，是否能将两边新人的民族文化特色融入婚礼中去，营造出美好的婚礼气氛。

从我们的田野调查中发现，目前民族聚居村落的毕摩或祭司出现断代的现象。由于多年来一个村基本就有一位毕摩或祭司，若不注意培养接班人，自己的子女不愿意继续承担这份工作，这门技艺就会面临着失传。婚礼仪式的各个环节十分讲究，每一个环节都是基本固定的、具有地方和民族特色的话语和模式，不经过专业的学习，一般人很难胜任。

总之，随着我国经济社会的不断发展，民间婚庆也在不断演变，民族地区的婚庆仪式也逐渐简化。民族地区的婚庆主持人出现断层现象，其作用也已经发生根本改变。民族地区的婚庆主持人在为新人营造一片温馨、祥和景象的同时，更是希望通过婚礼的举办，让所有参加婚宴的人都能感受到民族婚礼的独特之处。作为民族地区的现代婚庆主持人，应不断丰富个人的知识储备量和口语表达能力，为一场婚宴添加光彩的同时更加注重传承民族文化。随着社会的发展，民族地区的新人对于婚礼的要求和质量不断提高，婚礼呈现出现代化和传统化两种形式。一些人需要现代化或西式的婚礼，一些人需要传统的、具有民族特色的婚礼形式，这就意味着民族地区高水平、高文化素质的主持人或将紧缺。目前，由于历史和传承关系的失调，民族地区婚礼主持人的选择多样化是完全难以实现的。民族地区的婚礼主持人是传统婚礼中必不可少的人物之一，其语言艺术的高低直接影响着婚礼现场的质量和一个民族文化的传播和传承。

第六章　语言生态学视域下的
云南少数民族语言生态

　　云南省楚雄彝族自治州禄丰市仁兴镇与武定县、富民县的交界地带居住着彝族、苗族、傈僳族、汉族等，其中彝族、苗族居多，是云南省典型的彝族、苗族聚居区。彝族聚居村的彝族既使用自己的语言，又能使用相邻民族聚居村落的民族语、汉语方言和汉语普通话。目前，民族地区的各语言相互接触、相互影响，和谐共生。大部分少数民族表示："我们一般都是对方说什么语言，我们就说什么语言。"

　　从语言生态学角度分析云南彝族、苗族聚居区的语言生态，其特征主要表现在以下几个方面。第一，多语兼用是民族地区最典型的语言生态表征。彝族、苗族聚居区的少数民族除了稳定使用自己的母语外，大部分人还能兼用其他民族的语言。仁兴镇彝族、苗族聚居村落的少数民族语言兼用的划分可以从不同的角度作出不同的划分。根据兼用语言的种类，仁兴镇少数民族语言兼用的类型主要有兼用汉语型和兼用民族语型。第二，族群母语的丧失与转用正在不同村落不同程度地发生。绿竹园村的彝族是彝语母语丧失的典型，整个绿竹园村仅有几家彝族仍在使用自己的母语进行交流。第三，语言转用在民族地区普遍发生。语言使用的变化往往会受到心理、社会、语言环境和语言应用等的影响，当代少数民族家长不仅要求孩子学习汉语方言和汉语普通话，还要求孩子学习本民族的语言，语言的实用性和从众心理都正在影响语言选择和语言转用的发生。第四，少数民族族群文化正逐渐融入当地主流文化。在彝族聚居的绿竹园村，彝族的服饰、仪式等民族外在的特征正在逐渐消失。第五，语言态度决定语言使用的走向。一个民族的历史、文化和传统习惯往往会影响人们对于该种语言的态度。语言是文化的载体，是延续民族生命的血脉，语言态度决定了一种语言未来的发展方向。第六，少数民族的民族认同意识逐渐回归和加强。通过调查发现，越来越多的苗族和彝族的民族意识正在觉醒。随着我国少数民族政治地位的提升，各项优惠政策惠及大众，政策促进下的民族意识和民族主义情绪在一定程度上有所发展和强化。本章将从语言生态学的视角，探讨少数民族语言保护与传承、少数民族语言的可持续发展、语言生态学与语言教育的关系等。

第一节　少数民族语言保护与传承的多维视角

改革开放以来，我国语言传承研究成果数量大幅上升，研究角度触及多个层面，形成一个研究系统。研究地域分为中国南方、北方、中国台湾地区，以及海外等；研究范围有族群语言传承和家庭语言传承；研究视角有语言与文化、教育、艺术、传媒等，其中教育是语言传承手段研究的重点。从成果形式看，有个案实证分析、实践策略途径、理论探讨，个案分析较多。中央民族大学做了20个左右的语言国情调查，由商务印书馆出版了20余部语言国情个案调查著作（戴庆厦主编，2006—2015），文中都对各地语言使用现状进行调查分析和思考，内容都涉及语言传承问题。通过查阅大量研究成果，我们看到语言传承不是孤立的，而是存在于文化、教育、保护等不同维度的系统之中。这些研究成果，为语言传承研究提供了大量事实材料依据，极大充实了少数民族语言传承研究宝库。[①]本节将从少数民族语言传承研究出发，进一步认识少数民族语言保护

---

① 李春风：《国内语言传承研究综述》，载《海外华文教育》2019年第1期。

与传承的价值、意义和必要性等。

一、少数民族语言和文化"你中有我，我中有你"

语言传承不是孤立存在的，而是存在于语言与文化、教育、保护和传承等不同维度的系统之中。语言文字是文化的符号，也是传承文化的媒介。如果没有语言，没有对历史文化的记录或口传，就不能够保留和继承人类文化，一个民族的历史和文化将随着语言的消亡而永远销声匿迹。[①]母语是少数民族主要的语言工具，它记录、承载少数民族历代创造的历史文化，是少数民族历代智慧的结晶，保护了一种语言，就是保护了一种文化。[②]语言和文化的关系密不可分，是一个不可分割的整体。文化研究会涉及语言研究，语言研究必然也会关注文化问题。

少数民族语言和文化之间的"你中有我，我中有你"的关系是语言生态多样性的重要体现。少数民族语言和文化之间的"你中有我，我中有你"的关系，是指不同少数民族的语言和文化之间存在着相互影响、相互交融的现象。这种关系体现了多元文化的共存和交融，是语言生态多样性的重要体现。首先，不同少数民族之间的语言交流可以促进文化的交流和融合。在长期的历史发展过程中，不同民族之间由于交往、贸易、婚姻等多种原因，会产生语言的接触和借用。这种语言的交流不仅有助于增进民族间的相互了解和信任，还可以促进文化的交流和融合，形成独特的文化现象。其次，少数民族语言和文化之间的交融也可以推动语言生态的多样性发展。在多元文化的背景下，不同民族的语言和文化可以相互借鉴、相互吸收，形成更加丰富多彩的语言和文化生态。这种交融不仅可以丰富和发展各民族的文化传统，还可以促进整个社会的文化创新和进步。最后，保护和传承少数民族语言和文化也是维护语言生态多样性的重要举措。少数民族语

---

① 徐世璇、廖乔婧：《濒危语言问题研究综述》，载《当代语言学》2003年第2期。

② 戴庆厦：《中国的语言国情及语言政策》，载《黔南民族师范学院学报》2015年第2期。

言和文化是中华文化的重要组成部分，保护和传承这些语言和文化对于维护国家的文化安全和民族团结具有重要意义。通过加强语言教育和文化传承，可以促进少数民族语言和文化的健康发展，推动语言生态的平衡和多样性。

二、少数民族母语使用现状田野调查是研究语言保护与传承的基础

少数民族语言是文化的重要载体，语言和文化是相互联系的辩证关系，语言作为特殊社会现象，随着文化的产生而出现、发展以及消亡。少数民族语言中的濒危语言由于社会发展、语言族群等多个方面的束缚，陷入了尴尬境地，为了实现文化的传承性，从未来发展的视角考虑，全面开展好少数民族濒危语言保护工作，是实现文化传承的重要手段。[①]其中，积极深入民族地区，积极开展少数民族濒危语言的调研工作，充分挖掘濒危少数民族语言的发展史，进而能全面了解这一少数民族濒危语言、少数民族发展历史，以及少数民族濒危语言在民族文化发展历程中的地位，将少数民族语言语料实现档案化。当前我国对少数民族濒危语言采取了切实有效的保护措施，这让少数民族濒危语言存在转机，但是少数民族语言在传承的同时，也存在消失的危险。[②]然而，无论是单一民族的个案调查还是多民族杂居的个案调查，我们首先要弄清楚的内容是目标民族的母语使用现状。在分析某一民族语言使用现状时，往往会涉及语言传承问题。田野调查的第一手材料对语言传承研究极具参考价值。

---

① 向会斌：《从语言生态学视角看我国少数民族语言的保护与传承》，载《韩山师范学院学报》2014年第5期。

② 吴坤湖：《文化的传承与少数民族濒危语言的保护研究》，载《贵州民族研究》2016年第10期。

三、坚持多学科、多角度揭示语言传承问题

目前，各学者从民族心理（王晓英、谭志满，2007）、文化与人格（艾清，2007）、城镇化背景（卢香宇，2012）、语言接触（陈保亚，2013）、语言生态学（向会斌，2014）、文化安全（陈升雅，2016）、个人动机（张倩、蒋惠贤，2016）、居住格局（郝亚明，2011；赵峰，2013）、旅游经济（何丽，2012）、汉语与少数民族语传承的关系（张鹭，2015；朱波，2015）等方面对语言传承进行了研究。[1]陈卫亚、王军（2013）[2]认为，少数民族群众要传承保护好在日常生产生活中发挥重大作用的本民族语言；学者要发挥学科优势，通过技术手段保存好、保护好少数民族语言特别是濒危少数民族语言；汉族群众也要学好与自己工作生活有重要关系的少数民族语言。

由于民族语言与语言的传承和语言的生态有着极其密切的关系，语言传承与个人、家庭和族群发展亦有着极其密切的关系，所以语言传承是一个技术性和政治性都比较强的工作。因此，我们需要建立一个或多个多学科、多领域工作者组成的专业团队来完成。在制定过程中，要坚持以法律为框架、以语言事实为基础、以社会需求为导向、以发展为主旨的基本原则。孙宏开（2015）[3]从国家的整体层面来讨论如何传承和保护母语；巴战龙（2012、2016）[4][5]认为，打造裕固、汉双语家庭是保护和传承裕固族语言文化遗产的关键举措。总之，考虑

---

① 李春风：《国内语言传承研究综述》，载《海外华文教育》2019年第1期。

② 陈卫亚、王军：《从社会学相关理论看我国少数民族语言传承之必要性及政策调整》，载《民族教育研究》2013年第4期。

③ 孙宏开：《关于怒族语言使用活力的考察——兼谈语言传承和保护的机制》，载《玉溪师范学院学报》2015年第1期。

④ 巴战龙：《在学校教育中追求语言公平传承的历程——对三次裕固语教育试验的本质性个案研究》，载《湖南师范大学教育科学学报》2012年第3期。

⑤ 巴战龙：《如何打造双语家庭——裕固族语言文化遗产传承问题研究》，载《西南民族大学学报（人文社科版）》2016年第5期。

到语言传承工作与民族聚居区的经济、政治、社会和文化发展状况紧密相关，语言传承应同聚居区"国民经济与社会发展五年规划"及文化和教育等领域的发展规划方案紧密结合起来。值得注意的是，语言传承具体工作的开展也需要随着实际情况的变化做出调整。

四、双语或多语教育始终是少数民族语言传承和保护的核心和路径

开展双语教育是我国少数民族语言与文化传承的有效方式。为使少数民族学生能传承和弘扬本民族或本族群的语言文字和优秀传统文化遗产，使他们能顺利适应现代化社会，双语教育应该提上日程。随着地区民族语使用频率和范围的逐渐缩小，思考如何让民族语走进课堂，让民族语教育常态化是解决民族语传承与保护困境的有效途径。目前，国内许多民族地区都开展了"以汉语授课为主，加授民族语"的语言教育方式，想方设法让各民族地区的学生既懂汉语又懂本民族语。众所周知，双语教育场域一般包括学校教育场域、家庭教育场域、社区环境教育场域等。

谭志满（2009）认为，双语教育的实施必须有开放的语言观念、科学的教育模式、高质量的师资结构等作为保证。他对鄂西南来凤县百福司民族小学土家语、汉语的双语教育现状进行了分析研究，指出了目前土家族双语教育存在的不足并引发了一些思考。2008年，湘西土家族苗族自治州选取5所中小学作为土家族双语双文教学试点学校。陈廷亮、黄天勤、彭英子（2011）对这些学校进行实地调查，在肯定的基础上，指出实施过程中存在的一些问题，并提出建议和对策。曹春梅、王巧玲（2014）考察了新疆中小学、幼儿园的蒙古族学生蒙语的掌握和使用情况，提出正确认识双语教育概念，发挥双语教育对民族语言文化传承和发展的积极作用。张宏玉（2013）从教育策略角度，阐述如何将三者合力，以教育促进赫哲族语言的传承。徐晓军（2011）认为，文字跟语言一样，也是文化的载体，它使语言承载

的那一部分文化内容更加丰富，更加系统。周国炎（2014）探讨了传统文字和新文字在布依族语言保持和文化传承方面的功能。王圆圆（2008）从关于传承发展少数民族语言文字的相关政策入手，分析了蒙古族学习使用本民族语言文字的现状和原因，提出了传承蒙古族语言文字的对策。原一川、胡德映、冯智文等（2013）①采取实证研究的方法考察了云南省跨境民族学生三语教育的态度。教育从根本上说是人类素质提升的重要手段。少数民族语言是民族文化的重要表现形式，民族文化的传承与保护首先需要从教育着手，从而借助多元化的语言文化形式去弘扬民族文化的内涵。长期以来，我国制定了"民汉兼通"的少数民族双语人才培养模式，诸如此类的双语教育政策和模式既能助推我国少数民族文化的发展，又能铸牢中华民族共同体意识。

五、正确并充分利用先进技术才能保证语言传承

在语言的保护传承和宣传工作方面，一些学者开始注意利用现代传媒或技术手段，如卢理洪、周玉兰（2009），孔江平（2013），刘国元（2016）等。孙国泰（2011）提出应充分利用电视文化载体承载满族语言文化，使濒危的满族语言抢救、保护、传承、研究工作导入社会化的意识形态之中，进而唤起全社会的广泛关注和自觉参与的积极性、创造性。冀芳（2014）探索新媒体环境下少数民族语言发展的策略，进行少数民族语言的信息化处理，建立有声数据库和数字化出版档案，在此基础上，依靠新媒体平台的建立和少数民族文化产业链的发展，促进少数民族语言的使用和传承。古丽米拉、阿不来提、王佳唯、努尔阿依（2014）提出保护塔塔尔族母语生态环境，加强塔塔尔语语料库建设，从文明传承和语言保护的高度建构塔塔尔语未来发展之路。除了大量个案调查分析，也有的研究者从较宏观角度探析

---

① 原一川、胡德映、冯智文等：《云南跨境民族学生三语教育态度实证研究》，载《民族教育研究》2013年第6期。

多民族语言保护传承（陈亚轩，2015；赵俊海，2010；孙杰远、李玉玲，2010；等等）。

向会斌（2014）[①]指出，我们应该从开展少数民族语言的资料收集、评估体系建立和濒危语言的跟踪监控工作，提升双语教育质量，建立以少数民族语言为媒介的特色生态旅游区，采取口头传承、文字传承、媒体传承、行动传承等多元化的传承方式保护少数民族语言。总之，语言转用和语言趋同正在发生，我国各少数民族语言正面临挑战，其生存环境也正受到威胁，这也直接导致语言保护和传承的难度加大。语言保护和传承是一项系统工程、民生工程，需要政府、各研究机构的专家学者、社会各界人士、语言文字工作单位、少数民族群体个体等发挥合力作用，也只有聚集全社会力量，齐心协力关注和解决少数民族语言生态问题才是根本。只有所有人付诸实际行动，才能更好地维护和改善少数民族语言生存的语言生态环境。

第二节　双语教育改革与信息技术赋能少数民族语言保护与传承

民族语言文化需要传承。明确科学保护和传承少数民族语言传承的实践策略和路径，是促进少数民族语言保护强有力的举措。双语教育改革和信息技术赋能是有效保护少数民族语言传承的路径。语言生态学为少数民族语言研究提供了一个新的视角，民族语言保护和传承任重而道远。本节将基于语言生态学视角，从语言本质、价值和语言生态要素之间的关系讨论出发，结合云南彝族密岔支系语言实际，讨论少数民族语言保护与传承的现状及意义。

---

① 向会斌：《从语言生态学视角看我国少数民族语言的保护与传承》，载《韩山师范学院学报》2014年第5期。

一、少数民族语言保护与传承问题的提出

中国是一个统一的多民族国家，大多数民族都有自己的语言。[①]语言是人类进化的产物，语言生态系统和生物生态系统一样，具有相似的同构关系，既受外部环境的影响，又受内部环境的制约。语言是人们的现实意识，具有重要的文化价值。语言是民族存在的象征，是一个民族最重要的文化。语言是文化的一面镜子，是民族的"图腾"，也是一种保护文化的重要工具，各民族语言文化是人类不可多得的瑰宝，也是我们应该重视和大力保护的财富。[②]具体到不同的民族，差异则巨大。少数民族语言是在长期的历史发展过程中产生和发展起来的。作为非物质文化遗产的一个重要方面，语言具有非常重要的价值和意义。语言是历史的博物馆，见证着历史的演进。[③]然而，由于各种主流和非主流文化、强势语言、全球化和互联网对少数民族优秀传统文化的冲击，民族语言的保护和传承令人担忧。其中，语言的不平等接触与竞争引起的少数民族成员主动的文化同化与语言转用[④]是少数民族语言衰退和消亡的主要原因。2019年2月21日，中华人民共和国教育部、联合国教科文组织驻华代表处、中国联合国教科文组织全国委员会、国家语言文字工作委员会在北京共同举行发布会，正式发布了联合国教科文组织首个以"保护语言多样性"为主题的重要永久性文件——《岳麓宣言》。自此，中国语言资源保护工程相关部门以"科学保护各民族语言文字"为指导纲要，进一步有效地开展了语言保护

---

① 左广明：《语言生态学视角下少数民族语言的保护》，载《贵州民族研究》2018年第2期。

② 饶卫忠：《语言生态学视域下闽西客家方言的保护和传承研究》，载《新乡学院学报》2021年第4期。

③ 邹晓燕：《语言生态学视域下汉语方言区语言调查与语言教育规划研究》，载《西安外国语大学学报》2020年第3期。

④ 白新杰：《我国少数民族语言濒危现象的生态学思考》，载《广西民族研究》2020年第6期。

相关工作并取得一定的成绩。其中，少数民族语言保护是"语保工程"的重中之重。随着新时代的发展，少数民族语言保护工作已成为中国乃至世界的重要议题。因此，如何保护和传承少数民族语言仍然是，也必将是国家语言文字工作的重点和核心。

豪根把语言生态学定义为："任何特定语言与其所处环境之间的相互作用关系。"冯广艺也指出，语言生态研究的核心问题是"语言和环境之间的相互作用"[①]。沃格林和豪根是最早"用生态表示使用一种语言的社会环境"的学者。从语言生态学的角度看，少数民族语言主要受语言使用者、语言文化生态环境、时代发展、民族语言文字研究活动等因素的影响，并与这些因素相互作用。除此之外，语言生态系统中诸如民族、社会、文化、政治、地域、时代背景、语言使用者、语言发生环境等要素都会影响少数民族语言使用、语言保护及语言传承。中国是一个多民族、多语言的国家，有56个民族使用130多种语言。从宏观上看，中国少数民族语言的使用情况总体良好，大部分少数民族一直在使用自己的语言。但是，少数民族语言的传承仍然面临着严峻的挑战。

二、语言的本质、价值和语言生态要素之间的联系

我们对语言非常熟悉，每个人的生活都离不开它。正如绘画、建筑、文学和其他意识形态一样，语言是人类情感和思想的最重要的表达方式，是传递文化的重要形式和途径。在语言交流的过程中，它不仅发挥着交流的作用，而且还传递着文化的内涵和文明财富。语言是相互理解的媒介，人类只有通过语言交流才能达成共识。中国，作为一个统一的多民族国家，语言资源十分丰富，语言生态环境极其复杂和多变。在我国，随着社会经济的发展和生活水平的提高，各族人民都能说一口流利的汉语。可贵的是，他们中的大多数人仍然使用自

---

① 冯广艺：《语言生态学引论》，人民出版社2013年版，第12～14页。

己的民族语言。他们是双语人群，在日常交流中会遇到语言选择上的困惑，在语言使用上会表现出矛盾和复杂的情感或态度。语言不仅是文化的传承，也是历史的继承和积淀。在几千年的文化传承过程中，语言承载和记录了文化和历史信息，语言也是通过口耳相传等方式代代相传。语言的价值还在于通过语言或非语言形式与各个民族、各个国家进行有效沟通，化解矛盾，寻求并达成共识，进而建立合作、有序、共赢的命运共同体，促进人类社会的共同进步。一般来说，对于语言的保护和传承，当语言使用者有了保护和传承语言的意识，有了良好的语言使用环境，有了对时代发展的巨大影响且比较深入和广泛的语言研究活动，语言就能得到有效的保护和传承。

随着语言学家把语言放在生态文化环境中，用生态学原理来动态地研究语言，与生态学融为一体的跨学科的语言生态学就诞生了。语言生态学是以语言生态或生态语言为研究对象的一门学科。[1]也可从人种语言学、人类语言学和社会语言学领域探讨语言和环境之间相互作用的研究。目前，语言和环境的关系已涵盖了某种语言存在和发展的几乎所有的社会和环境相关的因素，如区域自然环境、文化、经济、政治、话语场域、语言人、语言态度、语言教育等。

三、结合云南实际讨论少数民族语言保护与传承的现状及意义

由于民族语言的传播和传承范围受人口等因素的限制，一些民族语言正濒临失传。在当今中国现代化和城市化进程中，人流、物流、信息流不断交流和融合导致人们对语言通用性的需求日益突出。因此，在民族语言与国家通用语的竞争中，作为非国家通用语的民族语成为弱势语言，逐渐走向衰落、濒危，甚至消亡。这是一种不以人的意志为转移的发展趋势，这种趋势是世界上所有多民族国家都将面临的共同问题。可以说，中国少数民族语言的发展现状并不乐观，存在

---

① 张艳玲、冯广艺：《语言生态学的几个概念》，载《湖北社会科学》2010年第9期。

着以下发展困境：教育发展的不平衡性、个人语言保护意识不强及使
用范围萎缩等。

在经济一体化和语言趋同的形势下，少数民族语言面临不利的
生存环境，进一步加大了保护和传承的难度。语言保护的重点在于语
言的活态保护，即如何让年轻一代继续使用民族语言，如何让语言为
国家发展服务。在继承和保护少数民族语言的过程中，要加强对少数
民族语言的继承和保护，深入挖掘语言背后的民族文化价值，结合民
族文化内容，利用民族文化内涵，从民族文化文学作品和影视作品中
汲取营养，扩大传承渠道，有效开发和利用民族文化中蕴含的宝贵财
富。表6-1是对云南省四个彝族密岔支系聚居村不同年龄组母语使用情
况的统计。

表6-1　密岔四村不同年龄段母语使用情况（N=130）

年龄段（岁）	样本量（人）	熟练（人）	可以和别人沟通（人）	听得懂不会说（人）	完全不会（人）
7~17	27	17	7	2	1
18~40	41	40	0	1	0
41~65	49	49	0	0	0
66岁及以上	13	12	1	0	0

从表6-1密岔四村（马鞍桥村、羊旧关村、羊槽村、麻地上村）不
同年龄段母语使用情况统计可以看出，7~17岁的少年已出现听得懂不
会说和完全不会说密岔话的人。事实上，这些地方历来是外界公认的
少数民族语言多样性保持良好的区域。毫无疑问，少数民族语言面临
的消亡危机，除了自身语言发展规律外，也受到其他因素的影响。当
今社会，随着经济的快速发展，许多民族地区的各种资源都被开发出
来以发展经济，这使得这些民族地区的自然生态环境发生了很大的变
化。在民族地区，人们通过自己独特的、充满民族情感的语言来交流

和沟通感情。随着时代的发展和变化，充分利用新媒体技术传播民族语言和文化，必然会对少数民族语言的传承产生一定的影响。除此之外，对少数民族语言保护和传承的研究，需考虑各种语言生态因素，也要注意语言使用者的语言习惯。

四、双语教育改革和信息技术赋能有利于民族语言传承

（一）加强并改革双语教育，增强少数民族语言保护意识

双语教育有助于培养民族传统文化的传承人，也承担着民族文化传承的功能，尤其是对于人口较少民族的传统文化的继承与发展。双语教育对于语言保护和文化传承具有重要意义，其目的不仅能让学生学到学科专业知识，提高教育水平和文化素质，还能解决民族语言与文化的传承问题，让少数民族学生通过两种语言的学习，更好地了解民族传统文化。[①]

在日常生活和工作中，少数民族应加强本民族语言的传承。鼓励青少年积极学习和使用自己的母语，将本民族语言的发展与其他民族语言的发展联系起来，做好本民族语言的传承工作。同时，语言的保护和传承在很大程度上取决于政策。1949年以来，我国出台了一系列保护少数民族语言的民族政策和语言政策，积极探索和实施双语教学。"各民族都有使用和发展自己的语言文字的自由"这一语言文字政策，体现了发展少数民族教育的科学路径，同时也是保护和传承少数民族语言文化的重要途径。双语教育改革，首先应提高双语教育质量，建立以少数民族语言为载体的特色生态旅游区，采取口头传承、书面传承、媒介传承、行动传承等多元化的传承方式，保护少数民族语言。其次，大力提高少数民族语言教师的能力水平，重视少数民族语言教师的职前、职中和在职培训，使少数民族语言教师成为具有民族自豪感的语言传播者和研究者。同时，要创新少数民族语言教学方

---

① 阳柳艳、李锦芳：《中国仡佬语使用现状及发展趋势》，载《贵州民族研究》2019年第6期。

法，不断改进传统教学模式，用新技术、新工艺优化教学体系，提高教学质量，促进少数民族语言的传承和保护。

从语言生态学角度分析，我们在保护和传承少数民族语言文化时，必须首先从少数民族聚集区的学校和学生入手，加强学生和教师掌握少数民族语言的能力，提高传承少数民族语言的影响力，鼓励教师创新和优化传统语言教学模式，通过学生来拓展和传承地区民族语言。

（二）信息技术赋能少数民族语言传承

信息技术赋能是指充分利用信息技术和工具，从多个角度采取多种方法创新式保护和传承少数民族语言。少数民族语言在他们的社会生活中发挥着重要的交际作用。从语言生态学的角度来看，少数民族个体在保护和传承其语言方面的作用更为直接。少数民族语言生态涉及社会、政治、经济、文化、宗教等各个因素。科学技术的发展和汉语普通话作为主流语言的普及，客观上削弱了少数民族语言的部分功能，也一定程度上改变了语言本身的结构。我国语言资源丰富，语言环境也非常复杂。在保护和传承少数民族语言的过程中，我们可以充分利用现代信息技术，将信息技术赋能，为实现语言保护和传承提供新的实践空间。同时，少数民族语言研究者应根据语言材料的大小、语言材料本身的分散性和不同来源等特点，利用现代信息技术对语言材料进行分类、整理、规范。此外，网络媒体语言等信息环境，不可避免地会对少数民族语言产生很大冲击。这里的信息环境是指随着电视、手机、平板电脑等电子设备的普及，各类电视节目、微信、抖音、头条、快手等App应用软件上的短视频等正在影响着少数民族语言学习和传播的方式和渠道。如果我们能够充分利用新媒体数字信息技术，实现少数民族语言的数字化，使其成为计算机网络、移动互联网等可以传播和使用的媒体语言，从而促使少数民族语言文化得到更快、更广泛地传播。

总的来说，新时期信息技术手段的运用可以为少数民族语言的传承和发展赋能。我们应当充分利用信息技术，在保证少数民族语言录音、录像等语言数据真实性、准确性、规范性和全面性的前提下，建立少数民族语言有声数据库、濒危语言语料库及文化资源数据库。这些数据库具有档案、文化、政治、经济、信息、科研等多重语言价值和社会价值，是民族、国家和世界的财富。

语言是传递文化的一种重要形式和途径。语言在传播过程中发挥着交流的作用，同时还象征着一个民族的文化、历史和文明。少数民族语言在长期的生产生活实践中产生和发展，反映和记录了少数民族的历史传统和文化思想，因此具有很高的保护和传承价值。但是，随着中国经济、社会和现代文明的发展，少数民族语言的生存空间受到了极大的威胁，一些少数民族语言已濒临灭绝。因此，加强少数民族语言保护和传承既是国家的问题，也是世界语言多样性保持的关键。与此同时，我们也要意识到，语言的保护和传承是一项系统工程，需要当地政府、上级部门、学界专家学者、语言保护和发展协会及少数民族自身语言意识觉醒，需要全人类的共同努力。少数民族语言必须遵循"自然选择"和"语境顺应"的规律，在尊重个人或群体选择语言的权利和自由的同时，应充分发挥其主观能动性，积极使用、传承和保护少数民族语言文字。

语言保护最原始的方法就是使用这门语言。各少数民族应首先在家庭内部实现语言的传承，最终才是语言的科学保护。最后，随着新时代的发展，做好少数民族语言的保护和传承工作，需要大量语言文字工作者走进广大的田野，密切关注少数民族语言的生态问题，不断探索更加丰富的传承形式，以实际行动维护和改善少数民族的语言生态环境，从而提高少数民族语言传承和保护的质量。

第三节　少数民族语言的可持续发展路径

我国的民族有56个，但语言并不止56种。《中国的语言》一书告诉我们，迄今发现的中国境内的语言有130种左右。这里说的是语种，不包括各语种下属的方言。要说方言，那就更多了。130种语言从语言类型学上看，有分析型语言、黏着型语言、屈折型语言三种。从语言系属关系上划分，分属汉藏语系、阿尔泰语系、南岛语系、南亚语系和印欧语系，有的语言属"混合语"，少数语言系属未定，如朝鲜语。如此数目众多、类型复杂、层次叠加的语言状况，要把它讲全、讲清楚，谈何容易！语言是文化的载体，它反映了使用这种语言的民族的特殊文化。语言的消失意味着信息的丧失，意味着语言使用者的特殊民族文化的断裂和消失。据新华网报道，东英吉利大学的人口生态学家威廉·萨瑟兰利用生物学家在评价一个濒危物种濒临灭亡的程度时所采用的统计学方法，对6 809种人类语言的濒危程度进行了分类。他说："根据人口规模和下降趋势来看，人类语言的濒危程度比鸟或哺乳动物要大得多。"他甚至认为，近三分之一的现有语言已经处在非常危险的地步。越来越多的人认识到，自然生态需要保护，人文生态也需要保护，应该高度重视对人类非物质文化遗产进行科学有效的抢救与保护。但是我们又不得不十分无奈地承认，一些语言的衰败、消失是不以人的主观意志为转移的，我们不可能根本性地阻止它的衰亡，顶多只能延缓其衰亡的过程。因此，更紧要、更有意义的工作是及早地把它记录下来，从而思考少数民族语言的可持续发展的方向和目标，促进我国少数民族文化的传承，发展有中华民族地域特色的民族文化。

一、新形势下的少数民族语言可持续发展

中国少数民族社会语言生活的可持续发展包括两方面，一是在民族地区推广普及国家通用语言文字，二是依法保障少数民族使用发展本民族语言文字的权利。国家通用语言文字是国家语言生活中重要的知识载体和信息传播工具。中国绝大多数现代政治经济、科学技术的知识信息都是通过国家通用语言文字产生、传播和应用的。因此，包括少数民族在内的中国公民如果不掌握国家通用语言文字，就无法平

等和充分地参与国家社会生活。世界上发达国家和地区在其早期的工业化和现代化进程中，通用语言文字的推广和普及工作已基本完成。[①]外界对民族地区的国家通用语言文字的普及，认为国家通用语言文字的普及程度还远远达不到现代化国家应有的水平。这也直接导致国家通用语言文字的普及和民族语言保护、传承之间的矛盾。在中国的民族地区，各少数民族一方面要积极主动地学习好国家通用语言文字，一方面还要平衡使用自己的母语。因此，在民族地区推广国家通用语言文字仍是一项长期的工作。

少数民族使用发展本民族语言文字的权利是《中华人民共和国民族区域自治法》规定的民族区域自治权利之一。显然，少数民族语言的社会功能与国家通用语言不同，它们更多地体现在少数民族的母语权利、传统文化载体和协调国家通用语言与民族语言关系等方面。因此，少数民族使用发展本民族语言文字，对于保障少数民族平等的社会权利、传承民族传统文化、维护国家安全和稳定、促进民族团结进步和民族地区经济社会的繁荣发展具有重要意义。在保障少数民族母语权利方面，中国政府主要采取了两项措施：一是对有历史文献记载的蒙古语、藏语、维吾尔语、哈萨克语、朝鲜语等保持较好的民族语言，进一步促进他们的标准化、信息化等语言现代化的水平，以适应现代社会母语使用和发展的需要；二是对众多无文字记载的濒危少数民族语言，开展科学保护的语言规划，特别强调多样性的民族语言对保护少数民族非物质文化遗产的作用。[②]就语言可持续发展而言，作为我们本次调查对象的彝族和苗族同胞从居住地域上主要可以分为单一民族聚居村落语言可持续发展和多民族杂居村落或多民族杂居区的语言可持续发展。

---

① 黄行：《中国少数民族社会语言生活的可持续发展》，载《世界教育信息》2014年第16期。

② 黄行：《中国少数民族社会语言生活的可持续发展》，载《世界教育信息》2014年第16期。

二、民族语言可持续发展的立足点

民族语言能否在全球经济化大背景的考验下自我保全，如何才能在新的经济形势下站稳脚跟，获得可持续发展，是一个值得深思的问题。新经济形势下的民族语言可持续发展应立足语言生态视角下的两个主要方面：一是个人语言意识和民族意识驱动下的民族语言可持续发展；二是国家语言政策支持下的民族语言可持续发展。

（一）个人语言意识和民族意识驱动下的民族语言可持续发展

语言是少数民族文化的重要载体，也是少数民族人民情感交流的重要工具，语言的存在和可持续发展是我国文化独特性和世界文化多样性的体现。在经济全球化大潮流的今天，以彝族、苗族语言为代表的可能濒危或正在濒危的语言，如何在市场经济的浪潮中保持并使用自己的民族语，随着时间的推移能获得新的生命力和活力，是目前少数民族语言研究亟待解决的问题。彝语作为一种支系多、方言多的独特的民族语言，被赋予了特殊的时代意义，苗语也是如此，各民族语言分别承担着特殊的历史使命和时代使命。

从根本上说，民族语言的传承，首先是要靠民众的自觉。我们的民族政策是要保持自己的特色，所以这就要求各少数民族首先要重视自己语言的继承与保护，重视本民族语言的使用和传承。民族语言通常通过代际传播，如果老一辈彝族和苗族人越来越少跟新一代用民族语言交流，而学校的双语教育又不到位或难以实施，这样下去，民族语言的发展会自然而然地失去了使用和生存的空间，从而渐渐地走上消亡之路。语言是人类特有的财富。一个地方的民族语言是该地在过去相对封闭的长期历史条件下形成的，从这个意义上说，民族语言的保持和封闭有某种关联。[①]因此，我国少数民族语言的可持续发展，首先需要各民族成员语言意识的提高，少数民族本人就应该承担起关心

---

① 李蕊：《新经济形势下朝鲜族语言的可持续保护和开发》，载《贵州民族研究》2016年第12期。

自身民族语言的现在和未来发展的使命，只有族群的成员具备使用和保护自己民族语言的自觉性，才能确保语言的可持续发展。近年，随着少数民族的语言权利和民族地位的提升，调查地的彝族、苗族的交往逐渐增多，语言忽视、语言轻视和语言自我放弃的现象有所改变，越来越多的彝族和苗族意识到自己语言的重要性和独特性，一些年轻的父母在家庭语言教育中开始注重本民族语言的教育规划。

（二）国家语言政策支持下的民族语言可持续发展

国家语言政策支持下的民族语言可持续发展是除了个人语言意识的觉醒之外的外在力量的辅助。随着我国经济水平和文化素养的提升，少数民族文化和语言的地位逐渐加强，各民族之间往来也越来越密切，学者们也开始意识到保护民族语言和促进民族语言可持续发展的重要性和迫切性。民族语言的可持续发展需要注意以下几个方面的问题。

1.民族地区现行法律、行政法规的制定

1958年4月15日，楚雄彝族自治州宣告成立。楚雄彝族自治州成立后，州政府高度重视彝族语言文字的保护工作，以法律手段为主，辅以必要的行政手段，为彝语更好地传承与发展奠定法律基础，有利于彝族语言文字更好地发展。

1982年，根据党的民族政策及毕摩在继承和发展彝族文化中的作用及其在彝族群众中的地位，楚雄彝族自治州民族事务委员会报请中共楚雄彝族自治州委员会批准，召开首次毕摩会议，充分肯定了毕摩在继承和发展彝族文化上的历史作用。对精通彝文、影响较大的张兴、施学生等破格录用，安排工作，调动了广大毕摩和彝族人民搜集抢救、翻译整理彝文古籍的积极性。据此，楚雄彝族自治州人民政府于1982年3月30日发出《关于彝文文献管理办法通知》，规定了抢救和保护彝文的具体措施，并成立了彝族文化研究室。政策的出台，为楚雄彝族自治州少数民族语言文字提供法律及政策支撑。彝语文、苗语文工作的开展必然会有这样那样的困难，因此必须有法律和政策支撑。据此，在云南省出台了《云南省少数民族语言文字工作条例》后，楚雄彝族自治州及时出台了《楚雄彝族自治州实施〈云南省少数民族语言文字工作条例〉办法》，于2015年8月1日正式实施。该举措进一步夯实楚雄彝族自治州少数民族语言文字发展的基础，也为彝族语言的可持续发展问题提出了新的方案。

2.彝族、苗族语言文字及教育工作改革

从20世纪50年代至90年代以至跨入21世纪之后，楚雄彝族自治州的彝语文工作进入了一个良好的发展阶段。1987年，云南省政府下发文件，批准了在全省范围内试行第一批规范彝文。楚雄彝族自治州积极响应，先后举办培训班5期，学员122人，为做好推广工作，在做好这些点上工作的同时，逐级向基层推广，先后在牟定、南华、双柏举办了云南规范彝文培训班6期，学员300余人，在此期间依靠州、县培训的骨干分批分期举办了16个彝文扫盲班，学员达400多人。1989年，楚雄彝族自治州民族事务委员会与楚雄彝族自治州教育委员会共同研究，在大姚县华中心完小，牟定新房完小、龙虎完小，永仁维的完小等开办彝汉双文教学实验班，初步打破了彝族文字不能进校，进校会影响教学质量的观念，大大促进了彝族语文工作的开展。至2010年，全州各地举办省级规范彝文扫盲班20余期1 464人次，先后举办彝文、彝族礼仪、酒歌培训班30余期，培训人员4 000余人。

楚雄彝族自治州采取自上而下的改革措施，着力于提高本民族使用民族语的水平，积极鼓励彝族民众在日常学习、工作、生活中准确恰当地使用彝语。为此，州政府特地开设了一系列的学习班和补习班，对彝语水平提出新的要求。随着各类彝语培训班的相继开展，彝族语言的保护工作取得了一定的成果，逐渐被广大民众接受。楚雄彝族自治州彝族语言文字研究工作小组为实现"重系古今纽带，培养一批又一批的彝族文化新传人，为下一代搭建展示平台"这一目标，在彝族聚居区的中小学加设彝语文课程，从而实现培养彝族文化新传人的目的。目前，楚雄彝族自治州已在7个双语教学点开展了少数民族双语文教学，民族乡的所有小学开展了双语教学，在中学民族班中开展了双语教学，全州所有学校开展了民族团结教育进课堂、进头脑，民族教育课程纳入学校课程体系。每年举办一期全州中小学民族团结教育暨双语教学管理人员和骨干教师培训班。制定出台民族教育条例实施办法和乡村教师支持计划，推动民族双语教育健康发展。全面落实国家义务教育"两免一补"及少数民族学生相关政策。广泛开展会说一句民族语言，会画一幅民族题材画，会唱一首民族歌曲，会跳一个民族舞蹈，会讲一个民族故事"五个一"活动。这些活动充分地调动了彝族人民学习本民族语言的热情。

　　在苗族语言文字工作方面，楚雄彝族自治州各级政府部门也做了许多工作。以楚雄彝族自治州2018年7月23日至8月3日在禄丰市仁兴镇举行的滇东北苗文师资培训班的工作为例，其目的就在于切实做好楚雄彝族自治州苗汉双语教学工作，培养苗汉双语师资人才队伍。具体来说，楚雄彝族自治州2018年滇东北次方言规范苗文师资培训班是在楚雄彝族自治州禄丰市仁兴镇大箐小学举行，也就是我们本次语言生态调查点之一。培训期间，云南省少数民族语文指导工作委员会办公室向培训学员赠送了相关学习材料以及苗文版的《云南省少数民族语言文字工作条例》，相关苗语文专业人员还与学员作了"滇东北苗语文使用和发展"讲座。本次培训班主要围绕苗文基础知识、苗汉翻译常识、苗汉双语教学实践等内容进行培训，培训班分为初级班和中级班，初级班主要熟识和掌握苗文声母、韵母、声调，学会拼读、书写和应用苗文的词、句，学会书写短文，中级班主要熟识和掌握苗族语言文字的应用，学会进行基础的翻译，进行苗文作品创作等。培训期间，有关部门领导还给各学员讲授民族语文政策，并开展丰富多彩的文体活动。本次培训班的举办，对宣传相关民族政策，普及科学知识，抢救保护少数民族语言文化等，都起到积极的促进作用。

　　3.积极构建乡村文化"软环境"

　　在当今国际格局中，不仅包括工商业的竞争，也包括语言、文化软实力的竞争。乡村地区，尤其是少数民族聚居的乡村地区应合理运用现代科技手段与文化传播方式，在力求弘扬主旋律与传播正能量的前提下，开展多种形式且有区域特色的农村文化娱乐活动，积极发展乡村文化产业，着力促进和推动优秀乡村文化的传播，从而有效推动"乡村文化振兴"战略的实施。文化软实力是一个国家国际竞争力的核心要素。以彝族和苗族为代表的语言文字作为我国文化的重要组成部分，不得不引起地区政府和国家的高度重视。譬如，思考如何加强文化立法工作，以法律的强制力保证文化产业、事业的健康发展；在继承优秀文化的基础上，促进文化机制体制的改革，积极推进民族文化产业与事业的发展；可以考虑设立专门的民族语言保护机构，来帮助保护和促进民族语言文字的可持续发展；还要建立并健全自治法治、德治相结合的乡村治理体系，努力构建乡村文明建设新秩序、新生态，为农业资源整合与乡村振兴战略有效实施提供良好的社会环境和语言文化环境保障。

三、少数民族语言可持续发展的生态观

当下，中国语言资源保护工程一期顺利收官，二期也已启动，意味着中国语言资源保护工程又开始新的征程。基于中国语言资源保护工程一期少数民族语言语料资源的开发应用，尤其是少数民族语言可持续发展问题已提上议事日程，对新时期、新形势下的民族语言学的学科发展理念及方法均提出了巨大的挑战。丁石庆（2020）[①]结合中国语言资源保护工程一期少数民族语言调研专项任务的工作实践，根据我国少数民族语言资源复杂性、多样性、不平衡性等特点，主张在二期乃至"后语保"时期秉持可持续发展的理念推进后续工作。其基于宏观统筹长远规划，以可持续发展理念为切入点的研究表明，语言资源保护及开发应用是一项任重道远的宏伟规划与战略部署，中国语言

---

① 丁石庆：《论中国少数民族语言资源保护可持续精进路径》，载《中央民族大学学报（哲学社会科学版）》2020年第6期。

资源保护工程少数民族语言调研专项任务二期及后续工作中，应在统筹构建少数民族语言保护可持续发展机制进程中，制定差异化实施方案，并探索"科学规划""统筹管理""多头实施""跨界合作"等可持续精准推进路线。

任何一个少数民族的语言都是以其民族文化作为重要的依托。我们一直在强调的如何推进民族语言保护、民族语言传承、民族语言抢救、民族语言生态、民族语言可持续发展等，实际上很大程度上就是如何保护一个民族或一个族群的文化，更为宏观地来讲就是如何保护好世界民族文化，实现人类民族文化和语言多样性的问题。新的经济形势下，更加需要我们重视保护少数民族文化，民族语言保护不仅仅是我们所谈到的彝族和苗族的语言问题，还包括所有民族语言的发展问题。一种语言或多种语言的可持续发展问题都会在国家政治和经济领域产生巨大的推动或者是抑制作用。总之，社会安定和谐，经济繁荣，自然生态和语言生态平衡发展的局面保持是实现少数民族语言传承、语言和文化可持续发展的根本保障，也是终极目标。

第四节　语言生态学与语言教育

语言学是以人类语言为研究对象，旨在揭示语言的本质结构和发展规律的科学。它是非常接近自然科学的社会科学，不仅与哲学、文学、历史学、心理学等社会学科有密切的联系，也与生物学、生态学、生理学、病理学、地理学等自然科学有密切的联系。语言学探索和研究的范围非常广泛，如语言的结构、性质、功能、应用、演变、语音、语义、句法、语言与教育、语言与生态、语言与医疗、语言与法律、语言与文化、语言与社会、语言实践等。[1]目前，语言学已有多个分支学科。20世纪80年代以后，语言生态学研究成果迭出，诸如

---

① 吕艳明、刘晓艳：《近年来我国语言学研究进展》，载《吉林省教育学院学报》2017年第3期。

"语言转向的生态""语言生态面面观""语言与生态危机""语言发展的生态途径"等。值得一提的是,《书面语生态概论》把话语分析纳入生态学理论的范畴,用生态观分析篇章结构、阐述文本内容、解读文本意义,对话语或语篇作微观研究,给语篇分析注入了一股生机,带来一种崭新的观念,提供了一套可资借鉴的教学方法。《语言生态观》第八章"语言生态学的应用"部分,主要讨论语言生态与语言教育、语言生态与学术性目的、语言生态与语言潜在的危险等内容。[①]语言生态与语言教育存在着紧密的关系,语言生态的多样性为语言教育提供了丰富的教学资源和语言环境,而语言教育的实施也可以推动语言生态的健康发展。

一、语言生态学与教育生态学

（一）语言生态学

语言生态学是现代语言学中常用的一个术语,人类语言学、人种语言学和社会语言学等学科常常涉及语言生态问题。众所周知,生态学主要研究自然界各类生物的生存环境及相互关系,研究它们和谐相处和共同发展的基本规律。语言生态学作为生态学的一个分支,是"人种语言学、人类语言学和社会语言学等学科领域中对语言和环境——使用它的社团——之间的互相作用进行研究的一门学问"[②]。语言生态和生态文明有着密切的联系,和谐的语言生态是生态文明建设的重要组成部分。[③]

语言学与生态学相结合,构成语言生态学（生态语言学）,是语言学发展到交叉语言学阶段的必然产物。我们认为,语言生态学（生态语言学）是以语言生态或生态语言为研究对象的一门学科。哈

---

① 黄远振、陈维振:《中国外语教育:理解与对话——生态哲学视域》,福建教育出版社2010年版,第12页。

② 劳允栋:《英汉语言学词典》,商务印书馆2004年版,第198页。

③ 冯广艺:《语言生态研究》,光明日报出版社2020年版,第1页。

特曼和斯托克合著的《语言与语言学词典》（1972）即收有"语言生态学"这个术语，认为语言生态学是"指在人种语言学、人类语言学和社会语言学这些领域中，对语言和环境之间相互作用的研究。这些相互作用是语言集团使用的交际手段之一"。这个定义给我们提供了几个重要的信息：第一，语言生态学既涉及语言学，又涉及生态学，它无疑是语言学和生态学这两门学科相融合、相交叉而产生的新的学科。第二，语言生态学是人种语言学、人类语言学和社会语言学等学科的下位学科，它在某种意义上又从属于上述学科。第三，语言生态学所研究的核心问题是"语言和环境之间的相互作用"，而这个问题本身又带有一定社会的宏观特征，又带有与具体客观事物息息相关的微观特征，因而语言生态学是一门内容十分丰富且又十分庞杂的学科，人们可以从不同的角度用不同的方法来研究它、建构它，从而形成不同的学科体系。第四，语言生态学和语言使用、语言集团等密切相关，且涉及一定的交际手段，这又使它与语言运用的实际联系在一起。因此，语言生态学带有明显的应用语言学的特征。[①]目前，学者们对"语言生态学"的概念和指称问题尚存一定争议，我们在此不再逐一罗列各家定义。但不可否认的事实是，语言生态学是但又不仅仅是语言学与生态学结合发展的产物，是多学科交融发展的结果。

（二）教育生态学

教育生态学是一门由教育学、生态学、心理学、社会学等学科相互交叉渗透而形成的边缘学科，它是依据生态学的原理，特别是整体、联系和平衡等原理与机制，考察系统内部诸结构与周围环境的相互关系、相互作用和相互适应，研究各种教育现象及其成因，探讨教育生态的特征和功能及其演化和发展基本规律，如教育生态系统、教育生态平衡、教育生态位等，探寻实现最佳教育生态结构的途径和方

[①] 张艳玲、冯广艺：《语言生态学的几个概念》，载《湖北社会科学》2010年第9期。

法。建构科学的教育生态系统是21世纪人类教育的中心课题。[①]教育生态学是一门时代科学,教育生态学是基于学校教育、社会生态化等发展起来的,未来的教育势必会呈现出生态化的趋势,这也是时代发展的必然。教育也将通过生态化的发展,对中国社会生态文明建设起着非常重要的作用。

教育生态系统是教育系统内部诸要素之间的交互作用及其与外部环境之间的物质、能量和信息交换系统,准确地说,是一个由"人——教育——环境"构成的充满适应与发展、平衡与失衡、共生与竞争的矛盾运动的社会生态系统。教育生态系统是由宏观大系统和各种类型的微观子系统组成的。宏观生态是指教育生态的总体结构,包括层次结构(如学前教育、初等教育、中等教育、高等教育等)、管理结构(指从中央到地方各级教育行政部门)、类型结构(如普通教育、成人教育等)、专业结构(指中、高等教育中的专业设置)和地区分布结构(指学校的分布)。[②]微观生态是指学校内部的组织结构、师资结构、资金结构、课程结构、专业设置、教学结构、目标结构等,研究的重点是解决学校内部的管理问题,分析外部环境因素与校园生态的关系及其对教育的影响,探讨激发学生学习动机、培养品德的途径,研究领导与教师、教师与学生的关系,以提高教育质量。[③]教育生态系统本质上属于人态系统,是一个宏观微观相渗透、纵向横向相交错、动态静态相结合的网状结构,具有开放性、目的性、有序性、整体性和稳定性等特征,发挥着人才生产、能量流动和信息传递的功能。[④]

教育生态平衡是指教育系统的综合平衡、运行高效、功能优异

① 方然:《教育生态的理论范畴与实践方向》,载《云南师范大学学报(哲学社会科学版)》1997年第1期。

② 任凯、白燕:《教育生态学》,辽宁教育出版社1992年版,第41页。

③ 黄远振、陈维振:《中国外语教育:理解与对话——生态哲学视域》,福建教育出版社2010年版,第9页。

④ 任凯、白燕:《教育生态学》,辽宁教育出版社1992年版,第56~58页。

及其与社会环境的良好协同。维持教育生态平衡是教育发展的基本规律。①教育生态平衡是应用生态学的原理，特别是生态系统、生态平衡、协同进化等原理与机制，研究各种教育现象及其成因，进而掌握教育发展的规律，揭示教育发展的趋势和方向。其精神实质可以概括为：以人为本，和谐共生。②

教育生态平衡的理论来源于自然生态和语言教育生态，同时也融合生态学的精髓，立足于"人""生命观""生态观"，终极目标是实现人的发展，为了人的全面发展。具体到教育教学中，教育生态平衡主要涉及课堂教学生态环境的理想境界，是以教学关系为主的课堂教学活动与学生身心发展关系的和谐。教育生态平衡的根本意义是最大限度地促进学生的全面发展与和谐发展，实现人与自然、人与生态的和谐和共生。教育生态平衡涉及各个层面，如教育政策的制定与实施、教育师资的构成、教育投入、学生人数、教学质量、学校环境、城乡差距等因素。即便是同一地区的不同学校之间、同一城市的不同区域之间、农村地区的学校与城市学校之间、同一学校的不同年级或不同班级之间都会存在师资水平的差异。教育系统中任何一个因素的改变和演化，都会直接影响整个教育生态系统的平衡。

教育生态位是关于教育生态系统在整个社会大系统中的地位及其与其他系统的关系。生态位理论对于指导教育系统的定位与发展具有普适性意义。根据生态位分化的原理，教育生态与不同生态的群体之间、生态系统之间能够相辅相成、相互促进，但同时也会相互竞争。教育系统与社会其他系统的竞争的内容主要是物质资源和能量资源。这种竞争是正常的，符合大自然的生存法则，因为即便在教育大系统内部，亚系统和子系统之间也会经常出现竞争，而且在同一生态位的

---

① 黄远振、陈维振：《中国外语教育：理解与对话——生态哲学视域》，福建教育出版社2010年版，第9页。

② 张俊：《温馨教室：中小学班集体建设的新探索》，广西师范大学出版社2018年版，第36~37页。

子系统内部不同生态群体之间、不同个体之间也会出现竞争。①相互竞争有积极和消极两种作用。积极的竞争能够促进系统主动进取、鼓舞斗志、奋发向上；消极的竞争是一方排斥另一方，剥夺对方的生态位，把对方排挤出局。在教育生态建设中，应倡导同一生态位中个体之间和群体之间的竞争与合作、竞争与互补、竞争与互利的原则，使不同的主体充分发挥竞争的积极因素，化解竞争的消极因素。根据适者生存的原则，教育生态位是可以调整的，也是可以改变的，调整与改变生态位的前提是知己知彼。②就语言教育而言，语言教育的每个环节都有自己的生态位。教育者应该准确认知和把握每一个环节，上好每一堂课，认清每一位学生所处的生态位，充分运用教育学、心理学、生态学、语言学和语言生态学相关的知识，科学分析课程和学生，拓展和优化教与学、教师与学生发展的生态空间，打造语言教育的"金课"，杜绝语言教育的"水课"，实现语言与教育、语言与生态之间的平衡发展。整体的、和谐的教育生态环境和教育生态观对语言教育、教育改革、实现语言教育生态可持续发展具有重要且积极的意义。

二、语言教育是语言生态学研究的一部分

我国少数民族众多，民族语言使用情况十分复杂。构建良好的语言生态环境和语言教育有密切的关系。③基础教育阶段是语言发展的关键阶段，儿童在小学阶段对民族母语和汉语方言的习得，对汉语普通话和外语（英语）的学习和掌握情况直接关系到个体未来语言能力的发展，民族地区基础教育阶段的语言教育因此具有其民族性和生态性。

---

① 吴鼎福、诸文蔚：《教育生态学》，江苏教育出版社1990年版，第147页。
② 陆思选：《教育生态论》，载《曲靖师专学报》1996年第1期。
③ 冯广艺：《论语言生态与语言教育》，载《湖北师范学院学报（哲学社会科学版）》2011年第2期。

　　《国家中长期语言文字事业改革和发展规划纲要（2012—2020年）》（以下简称《纲要》）中明确提出："加快民族地区国家通用语言文字的推广和普及。加大宣传培训力度，积极稳妥推进双语教育。到2020年，少数民族双语教师达到国家通用语言文字教学要求，完成义务教育的少数民族学生能够熟练掌握国家通用语言文字。"《纲要》中要求在民族地区通过双语教育推广国家通用语言文字，同时，在指导思想中也明确指出："科学保护各民族语言文字。尊重各民族使用和发展自己的语言文字的自由。树立各民族语言文字都是国家宝贵文化资源的观念，有针对性地采取符合实际的保护措施，充分发挥语言文字在传承和弘扬中华优秀文化中的重要作用，构建中华民族共有精神家园。"其中，语言教育或双语教育是构建中华民族共有精神家园的关键。

　　在我国民族地区进行双语教育，必须分清主流语言和非主流语言，不能主次颠倒。"双语"指汉语和某种少数民族语言，主流语言是作为所有中华儿女共同用语的汉语普通话。在面向国际对中国学生进行双语教育的时候，主流语言仍然必须定位为汉语普通话。只有"以我为主"，着力于弘扬中华民族精神，强化民族意识，才能处理好母语使用和外语学习的关系。如果双语教育推行的结果，让学生从小就觉得英语是优越于汉语的语言，潜意识地滋长起卑微的心态，那将是教育的大失败。[①]语言生态学和语言使用、语言集团等密切相关，且涉及一定的交际手段，这使它与语言运用的实际紧密联系，因此，语言生态学带有明显的应用语言学的特征。[②]应用语言学的概念指出，应用语言学是一门研究语言在实际应用中的规律和方法的学科。它涉及语言的各个方面，包括语音、语法、词汇、语用等。应用语言学的研究对象是语言的实际应用，它的目的是解决语言应用中的实际问

---

　　① 汪国胜：《语言教育论》，华中师范大学出版社2006年版，第14页。
　　② 张艳玲、冯广艺：《语言生态学的几个概念》，载《湖北社会科学》2010年第9期。

题，如语言教学、翻译、语言评估等。总之，语言生态学与语言教育交叉且联系密切，语言教育是语言生态学研究的议题。随着学界语言生态学关照下的语言教育研究的逐步深入，人们对其内涵的理解必将会逐步加深。

我国少数民族语言资源丰富、语种多样、语言环境复杂，教育改革难度巨大。如何科学地调查少数民族聚居区的各级各类学校语言教育生态环境中的母语教育、少数民族语言教育及外语教育的现状，调查语言教育环境对母语教育、少数民族语言教育及外语教育的影响等，是揭示少数民族聚居区语言教育生态的关键问题。通过语言教育生态问题的研究和探讨，引发语言教师及相关部门对我国，尤其是西南地区以彝语、苗语为代表的少数民族语言传承问题和保护人类语言多样性的重视，构建和谐的、可持续发展的语言生活，这也是语言生态学理论构建和研究价值所在。

参考文献

［1］Carla J.McCowan，Reginald J.Alston.Racial Identity，African Self-Consciousness，and Career Decision Making in African American College Women［J］.Journal of Multicultural Counseling and Development，1998（2）.

［2］Charles F.Keyes.The Dialectics of Ethnic Change［M］//Charles F.Keyes.Ethnic Change.Seattle：University of Washington Press，1981.

［3］Haugen E.The Ecology of Language［C］//Dilanwar S.The Ecology of Language Essays by Einar Haugen.Stanford：Stanford University Press，1972.

［4］巴战龙.如何打造双语家庭——裕固族语言文化遗产传承问题研究［J］.西南民族大学学报（人文社科版），2016（5）.

［5］巴战龙.在学校教育中追求语言公平传承的历程——对三次裕固语教育试验的本质性个案研究［J］.湖南师范大学教育科学学报，2012（3）.

［6］白新杰.我国少数民族语言濒危现象的生态学思考［J］.广西民族研究，2020（6）.

［7］陈国华.和谐社会构建进程中的语言和谐支撑［J］.河南师范大学学报（哲学社会科学版），2006（3）.

［8］陈茜.语言生态学和生态语言学辨析［J］.湖北大学学报（哲学社会科学版），2014（4）.

［9］陈卫亚，王军.从社会学相关理论看我国少数民族语言传承之必要性及政策调整［J］.民族教育研究，2013（4）.

［10］陈枝烈.原住民儿童族群认同与文化认知之探讨［J］.原住民教育，1998（6）.

［11］程建华.城镇化建设与黔中苗族文化的传承与保护［C］//杨茂锐.苗族地区城镇化建设研讨会文集，光明日报出版社，2016.

［12］楚雄市地方志编纂委员会.楚雄市志［M］.天津：天津人民出版社，1993.

［13］楚雄彝族自治州民族事务委员会.楚雄彝族自治州民族志［M］.昆明：云南民族出版社，2014.

［14］戴庆厦.构建我国多民族语言和谐的几个理论问题［J］.中央民族大学学报（哲学社会科学版），2008（2）.

［15］戴庆厦.开展我国语言和谐研究的构想［J］.黔南民族师范学院学报，2013（3）.

［16］戴庆厦.语言国情调查的几个问题［C］//中国民族语言学报编委会.中国民族语言学报（第2辑）.北京：商务印书馆，2019.

［17］戴庆厦.语言竞争与语言和谐［J］.语言教学与研究，2006（2）.

［18］戴庆厦.正确处理民族语言研究中的四个关系［J］.河北师范大学学报（哲学社会科学版），2006（2）.

［19］戴庆厦.中国的语言国情及语言政策［J］.黔南民族师范学院学报，2015（2）.

［20］丁石庆.论中国少数民族语言资源保护可持续精进路径［J］.中央民族大学学报（哲学社会科学版），2020（6）.

［21］范俊军.生态语言学研究述评［J］外语教学与研究，2005（2）.

［22］方然.教育生态的理论范畴与实践方向［J］.云南师范大学学报（哲学社会科学版），1997（1）.

［23］费孝通.费孝通民族研究文集［C］.北京：民族出版社，1988.

［24］冯广艺，陈碧.生态文明建设与语言生态构建互动论［J］.中国地质大学学报（社会科学版），2009（3）.

［25］冯广艺.关于语言和谐的研究［J］.江汉大学学报（人文科

学版），2007（5）.

［26］冯广艺.论语法和谐的语用要求［J］.毕节学院学报，2007（5）.

［27］冯广艺.论语言接触对语言生态的影响［J］.中南民族大学学报（人文社会科学版），2012（5）.

［28］冯广艺.论语言生态与语言国策［J］.中南民族大学学报（人文社会科学版），2013（3）.

［29］冯广艺.论语言生态与语言教育［J］.湖北师范学院学报（哲学社会科学版），2011（2）.

［30］冯广艺，李庆福.南方少数民族语言生态研究［M］.北京：中国社会科学出版社，2017.

［31］冯广艺.生态文明建设与语言生态变异论［J］.中南民族大学学报（人文社会科学版），2009（4）.

［32］冯广艺.生态文明建设与语言生态构建本质论［J］.贵州社会科学，2011（1）.

［33］冯广艺.生态文明建设中的语言生态对策［J］.贵州社会科学，2012（6）.

［34］冯广艺.生态文明建设中的语言生态问题［J］.贵州社会科学，2008（4）.

［35］冯广艺.时代呼唤语言生态意识［J］.湖北师范学院学报（哲学社会科学版），2012（4）.

［36］冯广艺.谈谈语言生态规划及其原则［J］.湖南师范大学社会科学学报，2013（6）.

［37］冯广艺.影响语言和谐的几个重要因素［J］.湖北师范学院学报（哲学社会科学版），2007（3）.

［38］冯广艺.语言和谐论［J］.修辞学习，2006（2）.

［39］冯广艺.语言和谐论［M］.北京：人民出版社，2007.

［40］冯广艺.语言人与语言生态［J］.江汉学术，2013（1）.

［41］冯广艺.语言生态学的性质、任务和研究方法［J］.毕节学

院学报，2011（1）.

［42］冯广艺.语言生态学引论［M］.北京：人民出版社，2013.

［43］冯广艺.语言生态研究［M］.北京：光明日报出版社，2020.

［44］冯广艺.语言生态与语言嫉妒［J］.江汉大学学报（人文科学版），2011（4）.

［45］冯广艺.再论语言和谐——从语言和谐所面临的几个关系谈起［J］.海南师范学院学报（社会科学版），2007（1）.

［46］国家民委民族问题研究中心.中国民族［M］.北京：中央民族大学出版社，2001.

［47］黄国文.生态语言学的兴起与发展［J］.中国外语，2016（1）.

［48］黄行.中国少数民族社会语言生活的可持续发展［J］.世界教育信息，2014（16）.

［49］黄远振，陈维振.中国外语教育：理解与对话——生态哲学视域［M］.福州：福建教育出版社，2010.

［50］蒋冰冰.双语与语言和谐——来自上海市学生语言使用情况的调查［J］.修辞学习，2006（6）.

［51］劳允栋.英汉语言学词典［M］.北京：商务印书馆，2004.

［52］李春风.国内语言传承研究综述［J］.海外华文教育，2019（1）.

［53］李蕊.新经济形势下朝鲜族语言的可持续保护和开发［J］.贵州民族研究，2016（12）.

［54］李宇明.语言和谐生活　减缓语言冲突［J］.语言文字应用，2013（1）.

［55］李增华.彝族毕摩的产生、地位职能变迁和对传承彝族传统文化的贡献［C］//禄绍康.布（毕）摩祭祀文集.北京：团结出版社，2019.

［56］龙国贻，孙宏开.八江语言路　浓浓古道情——中国民族语言学家孙宏开先生之茶马古道语言文化专访［J］.百色学院学报，2021（6）.

［57］陆思选.教育生态论［J］.曲靖师专学报，1996（1）.

［58］罗骥，余金枝.语言和谐论集［C］.四川大学出版社，2014.

［59］吕艳明，刘晓艳.近年来我国语言学研究进展［J］.吉林省教育学院学报，2017（3）.

［60］普忠良.中国彝族［M］.银川：宁夏人民出版社，2013.

［61］瞿继勇.湘西地区少数民族语言态度研究［M］.北京：民族出版社，2017.

［62］饶卫忠.语言生态学视域下闽西客家方言的保护和传承研究［J］.新乡学院学报，2021（4）.

［63］任凯，白燕.教育生态学［M］.沈阳：辽宁教育出版社，1992.

［64］石硕.青藏高原东缘的古代文明［M］.成都：四川人民出版社，2011.

［65］孙宏开，胡增益，黄行.中国的语言［M］.北京：商务印书馆，2007.

［66］孙宏开.关于怒族语言使用活力的考察——兼谈语言传承和保护的机制［J］.玉溪师范学院学报，2015（1）.

［67］（美）萨利科科·S.穆夫温.语言演化生态学（修订译本）［M］.郭嘉，胡蓉，阿错，译.北京：商务印书馆，2017.

［68］唐楚臣.彝族族源主源［M］.昆明：云南民族出版社，2013.

［69］汪锋.从汉藏语言比较看茶马古道的演化——以汉、白、彝语比较为基础［J］.思想战线，2016（6）.

［70］汪国胜.语言教育论［M］.武汉：华中师范大学出版社，2006.

［71］王成有.彝语方言比较研究［M］.成都：四川民族出版社，2003.

［72］王均.中国少数民族语言研究情况［C］//《民族语文》编辑部.民族语文研究文集.西宁：青海民族出版社，1982.

［73］王远新.多语言、多方言社区和谐的语言生活——湖南省城步县长安营乡大寨村语言使用、语言态度调查［J］.绍兴文理学院学报（哲学社会科学版），2008（4）.

［74］吴鼎福，诸文蔚.教育生态学［M］.南京：江苏教育出版社，1990.

［75］吴坤湖.文化的传承与少数民族濒危语言的保护研究［J］.贵州民族研究，2016（10）.

［76］张曦.民族走廊与地域社会：羌族社会·文化的人类学思考［M］.北京：社会科学文献出版社，2017.

［77］向会斌.从语言生态学视角看我国少数民族语言的保护与传承［J］.韩山师范学院学报，2014（5）.

［78］徐世璇，廖乔婧.濒危语言问题研究综述［J］.当代语言学，2003（2）.

［79］许娥.少数民族濒危语言的保护研究［J］.贵州民族研究，2012（4）.

［80］阳柳艳，李锦芳.中国仡佬语使用现状及发展趋势［J］.贵州民族研究，2019（6）.

［81］杨甫旺，鲁文兴.中国彝乡：楚雄研究［M］.昆明：云南人民出版社，2019.

［82］杨正权.彝族文化史纲［M］.昆明：云南人民出版社，2016.

［83］原一川，胡德映，冯智文，等.云南跨境民族学生三语教育态度实证研究［J］.民族教育研究，2013（6）.

［84］云南省民族学会彝学专业委员会.云南彝学研究［M］.昆明：云南大学出版社，2018.

［85］张俊.温馨教室：中小学班集体建设的新探索［M］.桂林：广西师范大学出版社，2018.

［86］张先亮，谢枝文.生态观视野中的汉语言和谐［J］.语言文字应用，2010（2）.

［87］张兴权.接触语言学［M］.北京：商务印书馆，2012.

［88］张艳玲，冯广艺.语言生态学的几个概念［J］.湖北社会科学，2010（9）.

［89］郑咏滟，高雪松.国际学术发表的语言生态研究——以中国人文社科学者发表为例［J］.中国外语，2016（5）.

［90］周大鸣.论族群与族群关系［J］.广西民族学院学报（哲学社会科学版），2001（1）.

［91］周大鸣.中国的族群与族群关系［M］.南宁：广西民族出版社，2002.

［92］周庆生.语言和谐思想刍议［J］.语言文字应用，2005（3）.

［93］邹晓燕.语言生态学视域下汉语方言区语言调查与语言教育规划研究［J］.西安外国语大学学报，2020（3）.

［94］左广明.语言生态学视角下少数民族语言的保护［J］.贵州民族研究，2018（2）.

附　录

附录一：彝族密岔支系语言使用情况
调查问卷

你好：

本调查问卷主要调查你在日常交流中的语言使用（兼用）情况，问卷共分三个部分，请按题目要求填写即可。此问卷主要用于学术研究，不会泄露你的个人信息，也不涉及任何其他用途。十分感谢你的参与!

第一部分：个人信息

1.受访者信息

姓名（选填）：　　　　性别：　　　年龄：　　　民族：

母语：　　　　　　　婚姻状况：　　　　　配偶民族：

教育情况：　　　　　职业：　　　　　　电话（选填）：

2.你对以下几种语言口语能力掌握情况的自我语言能力评价（在对应栏下打√即可）

	流利	可以和别人沟通	沟通有点困难	听得懂不会说	完全不会
彝语					
汉语方言					

（续表）

	流利	可以和别人沟通	沟通有点困难	听得懂不会说	完全不会
汉语普通话					
傈僳语					
苗语					
其他民族 语言					

第二部分：语言选择及兼用问卷

请你勾选出下列各种场合你的语言选择和使用情况。

1.在家里时，你和你辈分相当的人（同辈）交流时最常使用何种语言？（ ）

A.彝语　B.彝语夹杂汉语方言　C.汉语方言　D.汉语普通话

E.其他少数民族语言

2.在家里时，你和辈分比你高的人（长辈）交流时最常使用何种语言？（ ）

A.彝语　B.彝语夹杂汉语方言　C.汉语方言　D.汉语普通话

E.其他少数民族语言

3.在家里时，你和辈分比你低的人（晚辈）交流时最常使用何种语言？（ ）

A.彝语　B.彝语夹杂汉语方言　C.汉语方言　D.汉语普通话

E.其他少数民族语言

4.在自己村里，你碰到本民族人时，打招呼、聊天最常使用何种语言？（ ）

A.彝语　B.彝语夹杂汉语方言　C.汉语方言　D.汉语普通话

E.其他少数民族语言

5.在自己村里，你碰到其他民族人时，打招呼、聊天最常使用何种语言？（　　）

A.彝语　B.彝语夹杂汉语方言　C.汉语方言　D.汉语普通话

E.其他少数民族语言

6.在自己村里，既有本民族人又有其他民族人时，在节日、聚会、婚丧、嫁娶场合，你最常使用何种语言？（　　）

A.彝语　B.彝语夹杂汉语方言　C.汉语方言　D.汉语普通话

E.其他少数民族语言

7.在汉族聚居村里，你碰到本民族人时，打招呼、聊天最常使用何种语言？（　　）

A.彝语　B.彝语夹杂汉语方言　C.汉语方言　D.汉语普通话

E.其他少数民族语言

8.在汉族聚居村里，你碰到汉族人时，打招呼、聊天最常使用何种语言？（　　）

A.彝语　B.彝语夹杂汉语方言　C.汉语方言　D.汉语普通话

E.其他少数民族语言

9.在汉族聚居村里，既有汉族人又有其他少数民族时，在节日、聚会、婚丧、嫁娶场合，你最常使用何种语言？（　　）

A.彝语　B.彝语夹杂汉语方言　C.汉语方言　D.汉语普通话

E.其他少数民族语言

10.在傈僳族聚居村里，你碰到本民族人时，打招呼、聊天最常使用何种语言？（　　）

A.彝语　B.彝语夹杂汉语方言　C.汉语方言　D.汉语普通话

E.傈僳语

11.在傈僳族聚居村里，你碰到傈僳族人时，打招呼、聊天最常使用何种语言？（　　）

A.彝语　B.彝语夹杂汉语方言　C.汉语方言　D.汉语普通话

E.傈僳语

12.在傈僳族聚居村里，既有本民族人又有傈僳族人时，在节日、聚会、婚丧、嫁娶场合，你最常使用何种语言？（　　）

　　A.彝语　B.彝语夹杂汉语方言　C.汉语方言　D.汉语普通话

　　E.傈僳语

13.在苗族聚居村里，你碰到本民族人时，打招呼、聊天最常使用何种语言？（　　）

　　A.彝语　B.彝语夹杂汉语方言　C.汉语方言　D.汉语普通话

　　E.其他少数民族语言

14.在苗族聚居村里，你碰到苗族人时，打招呼、聊天最常使用何种语言？（　　）

　　A.彝语　B.彝语夹杂汉语方言　C.汉语方言　D.汉语普通话

　　E.苗语

15.在苗族聚居村里，既有本民族人又有苗族人时，在节日、聚会、婚丧、嫁娶场合，你最常使用何种语言？（　　）

　　A.彝语　B.彝语夹杂汉语方言　C.汉语方言　D.汉语普通话

　　E.苗语

16.在乡镇集市上，你碰到本民族人时最常使用何种语言？（　　）

　　A.彝语　B.彝语夹杂汉语方言　C.汉语方言　D.汉语普通话

　　E.其他少数民族语言

17.在乡镇集市上，你碰到本地其他少数民族时最常使用何种语言？（　　）

　　A.彝语　B.彝语夹杂汉语方言　C.汉语方言　D.汉语普通话

　　E.其他少数民族语言

18.在乡镇集市上，你碰到外地人（陌生人）最常使用何种语言？（　　）

　　A.彝语　B.彝语夹杂汉语方言　C.汉语方言　D.汉语普通话

　　E.其他少数民族语言

19.在县城或省内外其他城市，你碰到本民族人时最常使用何种语言？（　　）

A.彝语　　B.彝语夹杂汉语方言　　C.汉语方言　　D.汉语普通话

E.其他少数民族语言

20.在县城或省内外其他城市，你碰到本地其他民族时最常使用何种语言？（　　）

A.彝语　　B.彝语夹杂汉语方言　　C.汉语方言　　D.汉语普通话

E.对方的语言

21.在县城或省内外其他城市，你碰到外地人（陌生人）最常使用何种语言？（　　）

A.彝语　　B.彝语夹杂汉语方言　　C.汉语方言　　D.汉语普通话

E.其他少数民族语言

22.在学校/工作单位里，你碰到本民族人时最常使用何种语言？（　　）

A.彝语　　B.彝语夹杂汉语方言　　C.汉语方言　　D.汉语普通话

E.其他少数民族语言

23.在学校/工作单位里，你碰到本地其他民族时最常使用何种语言？（　　）

A.彝语　　B.彝语夹杂汉语方言　　C.汉语方言　　D.汉语普通话

E.对方的语言

24.在学校/工作单位里，你碰到外地人（陌生人）时最常使用何种语言？（　　）

A.彝语　　B.彝语夹杂汉语方言　　C.汉语方言　　D.汉语普通话

E.其他少数民族语言

25.在政府机关里，你碰到本民族人时最常使用何种语言？（　　）

A.彝语　　B.彝语夹杂汉语方言　　C.汉语方言　　D.汉语普通话

E.其他少数民族语言

26.在政府机关里，你碰到本地其他民族时最常使用何种语言？（　　）

A.彝语　B.彝语夹杂汉语方言　C.汉语方言　D.汉语普通话

E.对方的语言

27.在政府机关里，你碰到外地人（陌生人）时最常使用何种语言？（　　）

A.彝语　B.彝语夹杂汉语方言　C.汉语方言　D.汉语普通话

E.其他少数民族语言

28.在医院里，你碰到本民族人时最常使用何种语言？（　　）

A.彝语　B.彝语夹杂汉语方言　C.汉语方言　D.汉语普通话

E.其他少数民族语言

29.在医院里，你碰到本地其他民族时最常使用何种语言？（　　）

A.彝语　B.彝语夹杂汉语方言　C.汉语方言　D.汉语普通话

E.对方的语言

30.在医院里，你碰到外地人（陌生人）时最常使用何种语言？（　　）

A.彝语　B.彝语夹杂汉语方言　C.汉语方言　D.汉语普通话

E.其他少数民族语言

31.在餐馆里，你碰到本民族人时最常使用何种语言？（　　）

A.彝语　B.彝语夹杂汉语方言　C.汉语方言　D.汉语普通话

E.其他少数民族语言

32.在餐馆里，你碰到本地其他民族时最常使用何种语言？（　　）

A.彝语　B.彝语夹杂汉语方言　C.汉语方言　D.汉语普通话

E.对方的语言

33.在餐馆里，你碰到外地人（陌生人）最常使用何种语言？（　　）

A.彝语　B.彝语夹杂汉语方言　C.汉语方言　D.汉语普通话

E.其他少数民族语言

34.在车站（汽车站、火车站、飞机场）里，你碰到本民族人时最常使用何种语言？（　　）

A.彝语　B.彝语夹杂汉语方言　C.汉语方言　D.汉语普通话

E.其他少数民族语言

35.在车站（汽车站、火车站、飞机场）里，你碰到本地其他民族时最常使用何种语言？（　　）

A.彝语　B.彝语夹杂汉语方言　C.汉语方言　D.汉语普通话

E.对方的语言

36.在车站（汽车站、火车站、飞机场）里，你碰到外地人（陌生人）最常使用何种语言？（　　）

A.彝语　B.彝语夹杂汉语方言　C.汉语方言　D.汉语普通话

E.其他少数民族语言

第三部分：入户访谈问题（仅罗列部分问题，具体问题可参见各章节的访谈录部分。）

受访人：

年龄：

访谈时间：

访谈地点：

访谈问题：

1.你在家会偶尔使用汉语方言和汉语普通话吗？如果会，在什么情况下使用？

2.你平时跟其他村的彝族人交流用什么语言？

3.当其他村的彝族人跟你讲彝语的时候，你会跟他讲什么语言？

4.你是不是只要知道对方是彝族都会最先跟他说彝语，不会首先考虑其是否会说彝语？

5.当你不知道对方是什么民族的情况下，你最常使用什么语言？

6.你会说一些简单的傈僳语吗？一般在什么场合下使用？当你知道对方是傈僳族时，你会选择用简单的傈僳语和他交流吗？当别人用傈僳语跟你交流时，你会用什么语言进行回应？（若第一个问题不成立，第二、三个问题省略。）

7.你会说一些简单的苗语吗？一般在什么场合下使用？当你知道对方是苗族时，你会选择用简单的苗语和他交流吗？当别人用苗语跟你交流时，你会用什么语言进行回应？（若第一个问题不成立，第二、三个问题省略。）

8.在实际的交际过程中，你觉得当地的傈僳族和彝族可以用自己的母语进行对话吗？

附录二：彝族密岔支系族群认同及语言认同调查问卷

第一部分：彝族密岔支系族群认同调查问卷

1.我以身为彝族人为荣。（　　）

A.非常不同意　B.不同意　C.无意见　D.同意　E.非常同意

2.我知道自己属于彝族的哪个支系。（　　）

A.非常不同意　B.不同意　C.无意见　D.同意　E.非常同意

3.在初次认识的朋友面前，我会主动表明自己的民族身份。（　　）

A.非常不同意　B.不同意　C.无意见　D.同意　E.非常同意

4.我会在公开场合使用本民族语言与他人交谈。（　　）

A.非常不同意　B.不同意　C.无意见　D.同意　E.非常同意

5.如果到外地，遇到故乡的人，我会用母语和他交谈。（　　）

A.非常不同意　B.不同意　C.无意见　D.同意　E.非常同意

6.我期待政府举办各种活动来提升彝族的语言与文化影响力。（　　）

A.非常不同意　B.不同意　C.无意见　D.同意　E.非常同意

7.我喜爱、认同彝族的语言与文化。（　　）

A.非常不同意　B.不同意　C.无意见　D.同意　E.非常同意

8.我认为我是具有彝族族群意识的人。（　　）

A.非常不同意　B.不同意　C.无意见　D.同意　E.非常同意

9.我认为彝族文化值得好好保存。（　　）

A.非常不同意　B.不同意　C.无意见　D.同意　E.非常同意

10.我认为身为彝族人是一件值得骄傲的事。（　　）

A.非常不同意　B.不同意　C.无意见　D.同意　E.非常同意

11.我觉得彝语的未来和我一点关系也没有。（　　）

A.非常不同意　B.不同意　C.无意见　D.同意　E.非常同意

12.我愿意维护彝族的语言与文化。（　　）

A.非常不同意　B.不同意　C.无意见　D.同意　E.非常同意

13.我乐意向朋友介绍本民族的文化。（　　）

A.非常不同意　B.不同意　C.无意见　D.同意　E.非常同意

14.电视上有播放彝族语言的节目，我很乐意收看。（　　）

A.非常不同意　B.不同意　C.无意见　D.同意　E.非常同意

15.我乐于参加家乡举办的民俗庆典活动。（　　）

A.非常不同意　B.不同意　C.无意见　D.同意　E.非常同意

16.我知道本民族的传统饮食。（　　）

A.非常不同意　B.不同意　C.无意见　D.同意　E.非常同意

17.我知道本民族独特的文化。（　　）

A.非常不同意　B.不同意　C.无意见　D.同意　E.非常同意

18.我知道本民族的服装饰品。（　　）

A.非常不同意　B.不同意　C.无意见　D.同意　E.非常同意

19.我知道彝族传统的民俗信仰。（　　）

A.非常不同意　B.不同意　C.无意见　D.同意　E.非常同意

20.除了本地有彝族外，我还知道在云南及全国其他地区有彝族。（　　）

A.非常不同意　B.不同意　C.无意见　D.同意　E.非常同意

第二部分：彝族密岔支系语言认同调查问卷

1.你认为彝语（　　）。

A.非常不好听　B.不好听　C.一般　D.好听　E.非常好听

2.你认为彝语（　　）。

A.不亲切　B.不太亲切　C.一般　D.亲切　E.非常亲切

3.你认为彝语（　　）。

A.没用　B.不太有用　C.一般　D.有用　E.非常有用

4.你认为彝语（　　）。

A.很没地位　B.没地位　C.一般　D.有地位　E.很有地位

5.你是否愿意维护本民族的语言文化。（　　）

A.不愿意　B.不太愿意　C.一般　D.愿意　E.很愿意

6.你是否愿意收听、收看本民族的语言文化类节目。（　　）

A.不愿意　B.不太愿意　C.一般　D.愿意　E.很愿意

7.你认为汉语普通话（　　）。

A.非常不好听　B.不好听　C.一般　D.好听　E.非常好听

8.你认为汉语普通话（　　）。

A.不亲切　B.不太亲切　C.一般　D.亲切　E.非常亲切

9.你认为汉语普通话（　　）。

A.没用　B.不太有用　C.一般　D.有用　E.非常有用

10.你认为汉语普通话（　　）。

A.很没地位　B.没地位　C.一般　D.有地位　E.很有地位

11.你是否愿意学习、使用汉语普通话。（　　）

A.不愿意　B.不太愿意　C.一般　D.愿意　E.很愿意

12.你是否愿意收听、收看汉语普通话节目。（　　）

A.不愿意　B.不太愿意　C.一般　D.愿意　E.很愿意

附录三：访谈录

一、马鞍村委会书记张自堂访谈录

访谈对象：张自堂，男，57岁，彝族，仁兴镇马鞍村委会岔河村人，马鞍村委会书记

访谈时间：2023年5月6日

访谈地点：马鞍村委会办公室

1.你好，请介绍一下你的个人经历。

张：这个有点复杂。简单地说，我初中毕业就回来务农了。1988年，我到马鞍村委会当农科员，当了三年的农科员后，又陆续担任过会计、书记。2000年，我就一直担任马鞍村委会的书记到现在了。

2.请你介绍一下马鞍村委会的整体情况。

张：马鞍村委会有10个自然村、12个村民小组。其中少数民族主要有彝族、苗族、傈僳族，马鞍桥村的彝族就属于彝族密岔支系。傈僳族村寨有燕麦地、鲁家村、新村，白石岩、长麦地属于苗族村寨，其余的就是彝族村寨。马鞍桥村的密岔话和鲁家村、燕麦地的傈僳语相差不大，几乎都能通话。马鞍就是一个彝族、苗族、傈僳族杂居的村委会。

3.据你的观察，你认为马鞍村委会近十年来在语言使用方面有什么新的变化？

张：总的来说，大的变化没有。包括彝族、苗族、傈僳族在内，除了那些读书出去了的，在家里的老的这部分人，他们基本上是把汉语和彝语、汉语和苗语、汉语和傈僳语混着说或者两种语言相结合着

来说。这些年轻人，让他们完全讲傈僳语，他们讲不出来。你不要说，你不研究这个问题，我都还不注意这个现象，你一说研究我想了一下，现在的民族语还是比较麻烦的。以前，没有家用电器之前，大家都是用自己的本民族语言，有家用电器之后，始终都是按照现在的汉语去讲。比如，电视机、冰箱、电脑，民族语言就直接使用汉语了，都不会用本民族语言来说这些词了。

4.你们民族语里面有"电视机""冰箱""电脑"等这些词吗？

张：有。民族语言里面是有这些词的，只是我们讲不成。包括"楚雄彝族自治州"，都有对应的词放进去的。

5.马鞍桥村的族源问题你了解吗？

张：这个问题说不清楚，老一辈说的是"南京应天府""高石坎柳树湾"，这些都是他们讲的。实际上这个族源，要追本溯源，我们也搞不清楚，只能说是一种传说，说从哪里搬到这里的。实际上，我小的时候听好几个老人说，我们都是从"南京应天府"搬过来的。多数的说法都是这种。

6.马鞍村委会的这些民族，最早迁徙到此的是哪个村？

张：从整个马鞍村委会来说，来得最早是岔河，其次是马鞍桥、燕麦地、梨树村，来得最晚的是白石岩的苗族。白石岩的苗族，以前的森林植被比较好，他们在那些植被后住了数年，外界都不知道。包括到梅子箐的这些山林，全部都是岔河的，等到岔河的人上去收梅子箐的租，那个时候才发现白石岩有苗族居住，后来也就开始去收白石岩的租。

7.你的彝语应该很流利吧？

张：不流利，半彝半汉的。很多时候，彝语讲着讲着又去讲汉语了，现在基本成这个样子了。

8.你在家里讲彝语吗？

张：不讲了，讲汉语。

9.你的爱人会讲彝语吗?

张：她是地地道道的傈僳族，但是她的傈僳语跟我的彝语没法交流，所以我们就讲汉语。

10.你的孩子讲彝语还是汉语?

张：孩子也是讲汉语。孩子听得懂彝语，但不会讲。她妈妈跟她讲傈僳语，她也听得懂，就是不会讲。相当危险了，到下一代就不会讲彝语、傈僳语了。

11.你会教你的孙辈讲彝语吗?

张：见都见不着。毫无疑问，到孙子这辈就不会讲彝语了，傈僳语也不会。小时候就要和他讲，他才会讲。除非他的爸爸妈妈是彝族，和他讲彝语。但我家的孩子现在就不会讲了，会面临着你说的濒危问题。

12.你认为未来岔河村是否会出现直接转用汉语的情况?

张：会的。这点我可以明确地告诉你，会的，就和绿竹园村现在的情况一模一样。

13.你认为彝族聚居村转用汉语在多少年后会出现?

张：最多一二十年，往多说就是二十年，到时候也就是被同化了，大部分会出现懂是懂的，但就是讲不出来。现在好多人都是出去外面工作和务工，像你们这年纪的孩子那一辈基本就是不会讲了。户口上民族成分写着彝族，实际上语言有很大的问题。

14.你平时会用得到汉语普通话吗?

张：用不着。

15.你一般在什么时候会使用汉语普通话?

张：汉语普通话还不如我这种话，我讲我这种话人家还听得懂。汉语普通话以前我们讲的，主要是在党风廉政建设演讲时候会讲。

16.你觉得说汉语普通话别扭吗?

张：别扭的。汉语普通话讲着讲着就又讲成我们汉语方言去了。实在需要讲汉语普通话的时候，我一般会等一下，然后再转成汉语普通话。

17.你认为会说彝语是否对找工作有一定的帮助?

张：有的。如果懂一两种民族语言，像我们马鞍村委会，如果你懂彝族、傈僳族或者苗族的语言，相当于对你下一步的工作应该是帮助很大的。比如说，被安排去调研啊，对工作的开展都是相当好的，我认为是这样的。但是这个民族语言，慢慢地估计要出问题，我说的是我们马鞍村委会。像武定、禄劝这些应该不会，那些地方都是纯彝族或者苗族，那些地区的少数民族，包括读书的孩子，都会找自己同一个民族通婚，我估计应该不会像我们这个样子。

18.你认为我们应该如何保护苗族语言和文化?

张：这个要怎么说呢，在我们马鞍村委会这个地方，基本属于彝族、苗族、傈僳族杂居的地方，双语教学针对哪个民族都不行。要说从哪方面来保护民族语言，唯一的只能说是从娃娃时候就开始，只能从小就培养孩子，让他们能传承这个民族的语言，只能如此。我想着双语教学是有点不现实，我们这里是多民族杂居的村委会，所以说只能从家庭教育方面去考虑。

19.如果你去带孩子，你会教你未来的孙辈讲彝语吗?

张：应该不会教，一开始要让他具备讲汉语的能力。在外面，不是要具备适应这个民族的能力，而是要适应外面社会的发展。只能说同时进行，孩子的父母跟孩子讲汉语，带孩子的老人教孩子彝语，要不然适应不了社会。所以，语言保护有困难的。

20.你觉得应该首先教会孩子哪种语言是最好的?

张：现在，要教会孩子一种语言，我觉得有条件的情况下，还是要先让孩子学汉语普通话。现在的新闻联播电视节目，都是讲汉语普通话，孩子在看的过程中就学会了汉语普通话，电视也是像老师一样。所以，只能说同时进行。

21.村里的孩子之间是否有直接使用汉语普通话的情况?

张：有的。现在的孩子都是直接使用汉语普通话，和我们讲话都是讲汉语普通话。我们村的这些孩子，去学校里面读书之后，和我们都是讲汉语普通话了。从一年级开始，他们都是讲汉语普通话了。汉语方言他们会讲，彝语他们也会讲，但是去到学校就以老师的要求为准，老师要求讲汉语普通话他们就讲汉语普通话，基本是这个样子。

22.6岁及以下的孩子，能够讲彝语的比例高吗？

张：6岁及以下讲彝语的比例可能占100%的，但是只针对没出去的。如果是出去务工和工作的父母带的孩子，那就免谈了。我们这些地方6岁及以下的孩子都会讲的，这个你就放放心心的。如果是男女双方在外面工作、结婚生子，住在外面的那些孩子，就基本不会讲了。

23.目前是否有外出工作后，回到家乡便不再讲彝语的情况？

张：一般在外工作的人，回到村子里、家里都还是讲自己的民族语。有些人回到村子里，讲着讲着可能会讲成汉语，但还是又调过来讲彝语。

24.你认为跨族婚姻是不是导致民族语转用汉语的原因？

张：不是。因为哪怕是彝族娶了苗族或汉族的媳妇，在家里都还是讲彝语的。像我们马鞍村委会，好几个彝族都是娶苗族媳妇，这些家庭都是又会讲彝语又会讲苗语的，慢慢地都会成这个样子。苗族和彝族通婚，苗族学习彝族语言的能力相当强，最多两年，苗族媳妇就把彝语练得很熟了，搞不好彝族说彝语都还不如苗族媳妇。

25.马鞍村委会的彝族曾经对跨族婚姻排斥吗？

张：以前还是排斥的。

26.多少年前？

张：应该是十五六年前。现在只要你找得着，什么民族都可以，地域上也是都可以接受的。

二、政府公职人员张治元访谈录

访谈对象：张治元，男，43岁，苗族，仁兴镇大箐村委会后石洞村人，大学毕业，仁兴镇人民政府宣传办

访谈时间：2023年5月4日

访谈地点：仁兴镇人民政府宣传办公室

1.请介绍一下你的个人基本情况。

张：我是1980年6月出生，大学文化（汉语言文学专业），仁兴镇人民政府宣传办公室负责人，文化系列群众文化馆员（中职），1999年7月大姚师范学校（今楚雄师范学院）毕业，2008年7月取得云南大学汉语言文学专业函授本科学历。2015年12月被中共禄丰市委、禄丰市人民政府表彰为2011—2015年度科普工作先进个人。2016年12月当选禄丰市十七届人大代表，2017年2月当选楚雄彝族自治州第十二届人大代表，2021年12月当选禄丰市第二届人大代表。工作履历：1999年7月至2009年2月在禄丰市仁兴镇小学从事教育工作；2009年3月至2012年3月借调到仁兴镇党政办工作；2012年3月至今在仁兴镇人民政府工作，期间：2012年3月至2014年1月在仁兴镇文化和旅游广播电视体育服务中心工作；2014年2月至2015年1月在仁兴镇人民政府科协办工作；2015年2月至2017年10月在仁兴镇文化和旅游广播电视体育服务中心工作；2017年11月至2020年11月在仁兴镇党政办工作，先后担任党政办副主任、负责人；2020年12月至今在仁兴镇宣传办工作。

2.大箐村委会的村民小组构成情况如何？

张：大箐村委会是由大箐、后石洞、背阴箐、老吴箐、大平地、广地山、石谷村、烂泥箐、沙帽山9个村民小组组成的。我是后石洞村的。

3.这几个村的语言使用情况你了解吗？

张：这个我还是很了解的。基本上我们这几个村都是讲苗语，我们大箐的人几乎都会讲苗语。好多老人不仅会讲苗语，还懂苗文的阅读和书写。

4.后石洞村除了苗族还有哪些少数民族？

张：后石洞村全部都是苗族，没有其他民族。

5.后石洞村有哪些大姓？大概有多少户人家？

张：大姓有好几个的，具体几户人我不太清楚了，出来得有点早，数据这方面掌握得不太准确，你明天去村委会的时候问一下。主要的大姓有张家、潘家、龙家，还有就是王家和马家。

6.大箐所有自然村的苗语可以相互通话吗？

张：可以的，所有自然村的苗语都是一样的，基本上整个仁兴镇的苗语都是相通的，甚至禄丰、武定、禄劝、富民这几个县的苗语都是相通的，只是贵州那边的苗语和我们这里的有一些差异。

7.苗族如果和汉族通婚，新生儿落户一般登记为什么民族？

张：我们这里的苗族基本没有和汉族通婚的情况，有也是个别户。整个村委会我记得就只有一家，这家也是大理的白族。像我们后石洞村没有和汉族通婚的情况。

8.苗族和其他少数民族通婚的情况多吗？你如何看待苗族和其他民族通婚现象？

张：不多。和汉族通婚的家庭现在是有的，大平地村有一个，比较少。苗族和其他少数民族通婚我觉得不影响，包括从民族的发展、家庭的发展方面都没有影响。

9.村里的苗族节日有哪些是最重要的？苗族也过汉族的节日吗？

张：我们苗族的花山节比较隆重。好多汉族的节日我们也过。

10.现在苗族村里外出务工的村民多吗？他们的小孩会跟着出去务工的地方吗？

张：外出务工的苗族很多，但是孩子一般不带着出去，学龄前会跟着出去，基本上到读书年纪的孩子就回来读书了。

11.村里的苗族最希望自己的孩子最先学会什么语言？

张：这个就要看这个家族的环境。比如，在老家传统的种植养殖这类家庭，首先教会的就是苗语。像我们这些出来的家庭，基本上生活的地区都是汉族，周边的人都是讲汉语，我们基本上就会教孩子汉语。

12.汉语方言、汉语普通话和苗语，你觉得哪种语言最为重要？

张：首先，我觉得汉语普通话重要，但是苗语也是非常重要的。苗语首先作为本民族的一种传承，所以很重要。其次，我自己也是苗族，也希望自己的子女能够讲苗语，甚至是苗文，也希望自己的子女能懂。

13.你的孩子会讲苗语吗？还流利吗？

张：会讲。苗语流利的。

14.在家庭内部你们主要是讲什么话？

张：在家庭内部我们主要是讲汉语。现在，我们在家庭内部基本上是苗语也讲，汉语方言也讲，汉语普通话也讲，有时候还会讲英语，但就是简单的几句。

15.如果你的孩子在家里不再讲苗语，你同意吗？

张：在家庭里面都是同意的，她想讲什么语言都可以。但是回老家，我还是希望她用苗语来表达。

16.在生活和工作中，你最常使用的语言是什么？

张：除了苗语，应该就是汉语方言了。

17.你一般什么时候使用汉语普通话？

张：在政府工作，领导平时安排工作的时候一般就是说汉语方言，有上级领导下来开会的时候就会说汉语普通话。

18.你和同为苗族的同事在政府工作期间会讲汉语方言吗？

张：会的。我们有时候讲苗语，有时候讲汉语方言。

19.你认为会说苗语的好处有哪些？

张：会说苗语的话，方便回老家的时候与村子里的人沟通，作为苗族会讲苗语，以后出去到哪里都具有较高的认可度。

20.你认为会说苗语是否对找工作有一定的帮助？

张：有帮助的。

21.你对会说少数民族语言在就业方面的政策有了解吗？

张：有一个高考招生政策，会说少数民族语言的学生可以优先录取。云南民族大学也有这个方面的专业。

22.你觉得民族语言（苗语）思维会影响孩子学习其他语言吗？

张：不影响。

23.苗族学生在学校会说苗语吗？

张：跟苗族学生在一起还是说苗语，不在一起就不说了。

24.你女儿他们班的苗族学生多吗？

张：多的，他们班差不多有六七个。

25.学校是否允许少数民族学生在校说自己的母语？

张：允许的，学校不会反对。

26.你认为苗族学生与汉族学生学习能力上有差异吗？是否受到了语言能力的影响？

张：差异不大，懂苗语对语言学习有一定的优势，我家孩子的语文比较好，写作这些也是比较不错的。基本上所有科目中最好的就是语文，我觉得多语能力对语言学习有一定的帮助。

27.你觉得苗语在若干年之后会濒危和消失吗？

张：会存在濒危和消亡的情况。语言的话可能会慢一点，苗语慢慢地会用汉语来替代。文字方面，濒危和消亡的速度那就相当快了。你看我们老一辈，包括我的爹妈，能说会写文字的占90%以上，但是到我们这一代，能说会写的50%都到不了。再到我们子女这一代，能说会写的就很少了，再过一些年，能说会写的这一批人会越来越少。

28.你预测还有多少年会出现濒危？

张：只要我们还是独立的自然村，我预计七八十年还是保留得住，我说的是会说的这种状况。但是能说会写这种情况，我估计十年都难。

29.你是否担忧语言传承相关问题？

张：非常担忧。作为一个苗族，大箐小学以前是开设双语教学，现在基本不是很重视了。可能是多种原因，现在开设的特色不明显了。但是在以前，大箐小学每周都有两节苗文课，讲苗语不需要教，但是苗文课程都在开设。大箐可能是楚雄彝族自治州唯一一个双语教学点了。大箐有好几个老师精通苗文，有些可以作为兴趣课开设。

30.你觉得苗语需要保护吗？

张：需要的。

31.你希望学校或者政府应该采取哪些措施来保护苗语？

张：其实从上级政府来说，我觉得上级在鼓励民族节日开展的同时，应该有相应的民族语言的培训。目前，苗语培训有是有，譬如，今天搞一场培训，大家基本入门了，但是不巩固又忘记了。在说的这方面，苗族在村子里面都在使用苗语，问题不大。但是文字方面，整体来说用得比较少，哪怕是国家有专项资金培训，但培训以后不使用，基本上慢慢地也会失传，文字的话，过不了几年就会失传。实际上，苗族的语言和文字，老一代人学习得最多，以前写信都是用苗文来写。但是到后面我们这一代，慢慢地以汉语为主，苗文使用频率也就少了很多。这两年苗文的培训在大箐、武定、禄劝都举行着呢。苗学会州上、县（市）上都有，武定就有苗学会。我们禄丰，有彝学会，没有苗学会。这些学会应该要真正起到作用，一是语言文字工作，二是对彝族、苗族这些孩子上学的鼓励、支持和奖励。

32.在小学开设苗语选修课有必要吗？

张：有必要的，像大箐小学这些学校，应该继续开设苗语相关课程。

33.据你的观察，现在具有语言能力的差不多五六岁的孩子，苗语语言能力下降了吗？

张：有一些下降，但是不明显，说的能力还是比较强的，村子里的孩子都会讲苗语。

34.村里是否出现部分人已经不会讲苗语的情况？

张：没有，我们全村都会讲苗语的。

35.未来你会教你的孙辈说苗语吗？

张：会的，我会主动教他们说苗语的。

36.如果你的孙辈及他们的后代不会讲苗语了，你觉得这是一种损失吗？

张：会遗憾的，但我以后也会尽力地教自己的孙辈讲苗语。

三、政府公职人员张云福访谈录

访谈对象：张云福，男，47岁，苗族，仁兴镇大箐村委会人，中专毕业，仁兴镇文化广播电视服务中心主任

访谈时间：2023年5月4日

访谈地点：仁兴镇文化广播电视服务中心（文化站）

1.请介绍一下你的个人基本情况。

张：我工作20多年了，2003年至今担任仁兴镇文化广播电视服务中心主任，主要从事全镇群众文化活动的组织管理，研究民族民间传统文化。工作期间，我积极组织开展文体活动，活跃群众精神文化生活，推出大箐苗族芦笙滚锅舞、大箐苗族合唱团等精品文艺，6次被禄丰市委宣传部表彰为"优秀通讯员"。

2.听说你热爱写作，经常发表文章，你发表过的刊物和文章有哪些？

张：我先后在《云南日报》《云南群众文化》《楚雄日报》、楚雄《马缨花》《楚雄苗学研究》、禄丰《龙城社科》《龙乡文苑》等发表了300余篇论文、新闻、图片等稿件。

3.我在网上阅读过你的《浅谈大箐苗剧的保护与传承》一文，受益匪浅，你手上有苗剧的剧本及相关资料吗？

张：有的。你需要的话我可以提供给你。

4.之前有学者到大箐进行过苗语语言方面的调查吗？

张：多多少少有一些。

5.大箐各个村民小组的语言使用整体情况你了解吗？

张：总的来说，我们大箐都讲苗语。有一些老一辈的汉语不流

利，也不会讲汉语普通话，但大部分人都是苗语流利，汉语流利。

6.大箐除了苗族还有哪些少数民族？

张：有一个大理的白族是嫁过来的，其余都是苗族。

7.大箐有哪些大姓？

张：我们这里的苗族最主要的姓氏就是张姓、龙姓、王姓。

8.苗族是否有约定俗成的跨族婚姻的规矩？

张：没有。

9.苗族如果和汉族通婚，新生儿落户一般登记为什么民族？有人会登记为汉族吗？

张：一般都是登记为苗族，很少登记为汉族。

10.大箐村委会里的苗族节日有哪些是最重要的？

张：以前，我们最主要的节日是花山节，但是办着办着就不叫这个名字了。现在，苗族的斗牛文化节最为隆重。这个村斗牛那个村斗牛，这里搞活动也叫花山节，那里搞活动也叫花山节，但实际上我们这里的苗族的花山节是在端午时过。

11.那现在苗族斗牛不分时间吗？

张：斗牛不分时间，一有什么节日就可以斗牛，谁想举办就举办，到处都可以举办。民间举办的斗牛节就是各家拉来斗一斗，然后发发奖品。现在的斗牛主要是为了拉动经济，斗牛期间，唱歌跳舞都在进行，这时候，卖羊汤锅的、油炸洋芋的，什么都有。

12.现在苗族村里外出务工的村民多吗？他们的小孩会跟着出去务工的地方吗？

张：外出务工的很多，但孩子带出去读书的是少数，多数都是留在家里。

13.你的孩子会讲苗语吗？流利吗？

张：会讲，很流利。

14.在家里，你们主要讲什么话？

张：在我家，我们多数是讲苗语。

15.你在家庭内部会使用汉语方言吗?

张:讲的。以前我家孩子和贵州来的一户人家的孩子玩得好,孩子经常一起玩都是讲汉语普通话。

16.你的孩子最早学会的语言是什么?

张:苗语。后来三岁去读幼儿园才学会汉语的。到了三四年级就基本讲汉语普通话了。

17.如果你的孩子不再讲苗语你同意吗?

张:原则上,我作为一个文化人,再加上我们大箐是一个民族传统文化保护区,我的第二个孩子一岁零四个月,反正我都是要求我的孩子先学会苗语,以后再学会其他语言。儿子可能有点犟,但姑娘我也告诉她,不要觉得你是苗族你就低人一等。但是现在有一些苗族在外面上班和务工,有时候会觉得害羞。当有其他民族在场时,打电话的时候,老人讲苗语自己还是讲苗语,实在不方便的时候也还是用汉语答应。

18.那你的妻子是苗族吗?彼此可以沟通吗?

张:是苗族的,基本可以沟通。有时候她听不懂我又用汉语来讲,听得懂就讲苗语。由于地区差异还是有一些不习惯,听不懂就讲汉语。

19.你认为苗族学生与汉族学生学习能力上有差异吗?苗族学生语言学习是否会受到自身母语语言能力的影响?

张:有差异的。从我的经验来看,我觉得苗语对语言学习有一定影响。发音上苗语会影响汉语学习,现在我打字是用拼音,有时候打字都还会出现打不出来,甚至不如我姑娘的情况。

20.你觉得孩子会讲苗语是否有利于找工作?

张:这个就要看机遇和政策了。现在有苗学会、彝学会这些,包括现在的公检法部门,都需要民族语言的翻译官,应该有一定机会。因为毕竟现在还是有一些人,尤其老一辈的苗族,会听但不会说汉语。平时我们买一点药给我妈,我们告诉她应该每次吃几片,她都要用苗文写在药品壳子上。

21.你如何看待大箐村委会各苗族村未来的语言发展？你觉得苗语在若干年之后会濒危和消失吗？

张：会出现濒危这些情况的，不乐观啊！包括我自己是从事民族文化研究的人员，连我自己的情况都是苗语流利，苗文还是有一些问题。我曾经还和我的女儿一起去武定培训苗文，我和我女儿坐同桌，学习了一个星期苗文，我们两个都考了90分，分数一样。我都想着有机会的话，以后可以专门来研究苗文。

22.你如何预测苗语未来的发展？

张：我们大箐的苗语至少一百年以后才有大变化。

23.未来你会教你的孙辈说苗语吗？

张：我会教他们，也会和他们讲一下我们苗族的语言、历史和文化这些，都会和他们讲的。

24.如果你的孙辈及他们的后代不会讲苗语了，你觉得这是一种损失吗？

张：原则上是不能接受的，但是现在的孩子，大的方面都不听家长的话，语言方面估计更不好说了。

四、大箐村委会书记袁正光访谈录

访谈对象：袁正光，男，1976年12月出生，苗族，仁兴镇大箐村委会后石洞村人，中专毕业，大箐村委会书记

访谈时间：2023年5月4日

访谈地点：大箐村委会会议室

1.请问你在村委会担任书记这一职务多长时间了？

袁：我是2021年2月才上任的，我之前是村委会的副书记，差不多在2013年起担任的副书记。我来村委会工作的时间是2004年左右，在村委会干了很多年了。

2.请介绍一下你的个人经历。

袁：我是1976年12月出生的，仁兴镇大箐村委会后石洞村人。可以算是当地民族体育运动员，在赛马、射弩项目上成绩突出，曾经参加过一届全国民运会，多届省、州民运会，曾获奖牌30余枚。2012年被县人民政府命名为市级非物质文化遗产代表性项目代表性传承人。

3.请你介绍一下大箐村委会的整体情况。

袁：我们大箐有9个村民小组，12个自然村。譬如，背阴箐有上村和下村，合并为一个村民小组，广地山村也是一样。因此，自然村多，村民小组少。

4.请你谈一谈大箐村委会的语言使用情况。

袁：我们整个村委会的苗语都非常流利。汉语方言的话，小一些的孩子就不太会讲了，外人来村里就直接讲汉语普通话了，包括我家的小孩子，我们用汉语方言跟他讲他都听不太懂了。因为平时在学校里面老师都是跟孩子讲汉语普通话。我家老大是19岁，小的这个是8岁。

5.你和你的孩子都是讲汉语普通话吗？

袁：我用汉语讲的话肯定只能讲汉语普通话了，汉语方言他听不懂啊。

6.在家里面你们讲什么话？

袁：在家里都是讲苗语。

7.在家里面会使用汉语普通话吗？

袁：讲的，都是掺杂着讲，在家里面跟孩子讲着玩，正式地讲都会讲汉语普通话。

8.各村是否还有不会讲汉语方言的老人？

袁：多数都会讲的，很少有不会讲的。

9.那比较老的这部分苗族会讲汉语普通话吗？

袁：60岁以上的老人都不太会讲汉语普通话。

10.你是否觉得年轻一代已开始逐步较少地使用苗语？

袁：有这种情况的，你就说苗语的1、2、3、4、5、6这些数字，小孩子就不太会说了，小孩子不知道是数字，或者说数字是哪个不太清楚。比如说"100元钱"，"钱"用苗语会说的，但是"100"这个数字，就不会说了。现在这些孩子都不会。

11.除了数字，还有哪些苗语语言使用有退化的趋势？

袁：现在，手机、电脑、电视、饮水机这些，都是掺杂着使用，特别是手机和电脑，以前也没有这些东西，苗语里面也没有这些词，主要反映在电脑和手机这方面。还有就是火车、拖拉机，如，"走，去坐火车。"苗语里面就有掺杂着汉语词汇的情况。我们村谁家买了一辆拖拉机了，"拖拉机"就直接用汉语。

12."拖拉机"也是因为在苗语里面没有这个词吗？

袁：有是有的，只是还要去找，我们也可以翻译出来的，但是我们苗语就直接用"拖拉机"，这样比较方便。很多可以直接用的词就直接用了，省得还得去翻译。

13.你觉得苗族会说苗语的好处有哪些？

袁：主要是方便，自己交流也好交流。我们在村委会这里上班，所有人几乎都是用苗语交流。你们来，外面有人来，我们几个都是用苗语来交流。

14.你觉得是苗语好听还是汉语普通话好听？

袁：肯定是汉语普通话好听，听起来就觉得汉语普通话好听。

15.你在除了后石洞村外的其他地方居住过一年以上的吗？

袁：我年轻时候去过楚雄，但是去的时间短，时间长一点的就是去香格里拉了。后来也就回来了。

16.据你的观察，你认为大箐近十年来在语言使用方面有什么新的变化？

袁：新词方面有变化，语言方面没有变化。以前没有手机、电脑，也没有出现掺杂着汉语讲的情况。后来，随着社会发展，变化也只是变化在新词这方面。

17.你会说汉语普通话吗？汉语普通话流利吗？

答；会讲的，但不是很流利。

18.你一般在什么时候会使用汉语普通话？

袁：与自己的孩子交流时会讲，但是也不是随时讲。平时教作业讲汉语普通话，只有拿汉语普通话讲他才能听得清楚。你拿汉语方言来读的话她就不理解。我有一个侄女，她嫁到东北那边，他们全部都是讲汉语普通话，她们回来，大大小小都要和她们讲汉语普通话她们才听得懂。

19.你除了给孩子读题讲解题目会讲汉语普通话，还会在什么情况下讲汉语普通话？

袁：一般不讲，在我们这里就只是讲苗语。

20.那你去昆明这些地方会讲汉语普通话吗？

袁：如果对方是用汉语普通话我就用汉语普通话，比如去昆明尤其是去医院，医生这些都是讲汉语普通话，我肯定也是要讲汉语普通话才能和他们沟通。

21.你觉得说汉语普通话别扭吗？

袁：其实也自然得很。比如，我去昆明，我要买一个什么东西，商家用汉语普通话来说，我也只能转用汉语普通话。

22.你认为会说苗语对找工作是否有一定的帮助？

袁：没有帮助。会苗语的好处只是在于好沟通一些，但是对于找工作绝对是牵扯不到，没有什么帮助。

23.我知道大箐小学一直是双语教学改革的示范小学，你觉得还有必要在学校继续设置苗语选修课吗？

袁：有必要。大箐小学还有一个老师在教着苗语，但是教得太少了。

24.你觉得有必要保护苗语吗？

袁：有必要保护的，毕竟是自己的语言。我们小的这些孩子，慢慢地很多人苗语都不是很清楚了，但是我们正常使用的，他们也还是听得清楚。比如"粪箕"，他们都搞不清楚怎样用苗语说，而家里面经常使用的东西，你让他去拿什么东西过来，还是听得懂。

25.你预测苗语未来的发展会怎么样？

袁：我认为，苗语未来会失传。

26.你觉得我们应该如何来做？

袁：我觉得还是需要从小学开始学，现在年轻且会苗语的老师越来越少，这些老教师退休以后就不知道什么情况了。

27.招聘教师的时候可以招到苗族教师吗？

袁：招是可以招到的，但是以前招了一个文山那边的苗族老师，他们的语言跟我们的还是有很大的区别。

28.如果你的小孙子以及他们的后代不会讲苗语了，你的态度如何？

袁：我个人是反对的。我希望他们会讲，实在不会也没有办法了。

29.你未来会教你的孙子讲苗语吗？

袁：会的。在大箐，我们都不会用汉语沟通，都是用苗语。苗族有一个好处，不管我们是否认识，突然遇见的也好，只要你是苗族，我们到什么地方都是用苗语来沟通。

五、大箐村委会副主任张丽苹访谈录

访谈对象：张丽苹，女，34岁，苗族，仁兴镇大箐村委会大箐村人，大学专科，仁兴镇大箐村委会副主任。

访谈时间：2023年5月5日

访谈地点：大箐村委会会议室

1.请问你在村委会担任副主任这一职务多长时间了？

张：2021年换届，到现在两年多。我2015年5月就在村委会工作了，之前是当报账员，2021年换届后任副主任。

2.请介绍一下你的个人经历。

张：我老家是昆明市五华区西翥街道办迤六社区前进村，2015年嫁到禄丰市仁兴镇大箐村委会大箐村。以前一直在迤六小学代课，是一名代课老师。我的户口之前是昆明户口，现在转到了大箐。我小学是在昆明市五华区迤六小学就读，中学是五华区厂口中学，中专是在云南艺术学院附属艺术学校，读了4年中专，2008年毕业。最擅长苗族古歌、民歌演唱，多次参加禄丰恐龙文化节、丰收节开幕式文艺等演出活动，多次参加省、州、县青年歌手大赛并获奖。2022年被禄丰市人民政府命名为市级非物质文化遗产代表性项目代表性传承人。

3.在语言使用方面，你对大箐语言使用的感受是什么？

张：我们大箐这几年大部分人都讲汉语了，只是有一部分年纪比较大的，他们出去得少。以前没有公交车，他们就一直在村里面，只有外面的人会进来卖东西，他们都是在村里面买，所以汉语很不通。

4.目前还有一部分老人不会讲和听不懂汉语吗？

张：只是少数了。现在大多数都会讲也会听了，只是一些不外出的老人才不会讲汉语。

5.据你观察，是否出现不会讲苗语的青少年？

张：没有。因为从小就住在村子里面，大家都是讲苗语长大的，所以都会讲苗语。

6.大箐各个村民小组都是用苗语交流吗？

张：是的。每一村的人彼此之间都是讲苗语。

7.你的孩子是在大箐小学读书吗？

张：不是，孩子是在武定的小学就读。

8.你的孩子会讲苗语吗？流利吗？

张：会讲的，苗语很流利。

9.你们在家都是讲苗语吗？

张：是的。

10.在家里会讲汉语方言和汉语普通话吗？

张：汉语方言也讲，汉语普通话也讲。回村里面，大家在一起就是讲苗语。去城里面，刚进幼儿园的时候，孩子要学习汉语，我们也会教孩子说汉语，也希望她进幼儿园不那么吃力，老师也是讲汉语普通话。一开始进幼儿园的时候，我的孩子听不懂老师讲的话，只能别人做什么自己就跟着做什么。一年多以后，听多了，孩子自己就适应一些，也就会讲汉语了。

11.幼儿园老师在学校会讲汉语方言吗？

张：讲的。幼儿园里面也会讲汉语方言。

12.你的孩子的汉语方言和汉语普通话都很流利吗？

张：也不算吧，但是还可以的，就像我自己，我们在交流的时候，有些词用汉语我都表达不了。

13.你在县城里的时候，你和孩子在家都是讲汉语普通话吗？

张：孩子上学了以后，为了孩子能在学校听得懂，我们就会和孩子讲汉语普通话和汉语方言。平时也讲汉语普通话和汉语方言，在家里大多讲的是苗语。

14.大箐的孩子上幼儿园在哪里上？

张：我们这里没有幼儿园，只有一个学前班，五岁就送去读一年学前班。村里大部分孩子就直接送去读学前班，很少送出去街上读幼儿园。

15.孩子之间见面讲什么话？

张：孩子们在一起玩的时候，一开始讲汉语，讲一两句之后就讲苗语，他们什么话都会讲。

16.你认为大箐的苗语会出现濒危吗？预计多少年会出现？

张：会的。我估计5年左右。因为现在的孩子，汉语讲得多，本民族的语言讲得少。像我这一辈，很多语言我自己都表达不出来。

17.在家庭内部，你和你的父母亲主要说什么语言？

张：就说苗语，完全是苗语。

18.你懂苗文吗?

张：懂一点。

19.你觉得是苗语好听还是汉语普通话好听?

张：都好听！但是就像他们说的一样，我们说苗语的时候，可能是声调和语气都比较柔和，所以我们唱歌的时候比较好听。可能就是和我们的语言有关吧。

20.据你的观察，你认为大箐近七八年来在语言使用方面有什么新的变化吗? 现在的语言使用情况是否和七八年前不一样?

张：确实是不一样的。因为在村委会，我们可以学到很多东西，甚至性格都会改变。因为随着年龄、时间以及和村民、群众相处的变化，很多事情都会改变，你要学着跟不同的人，要学习不同的东西。

21.除了刚才你说的，为了让孩子适应学校教学，你们之间会说汉语普通话之外，你自己一般在什么时候会使用汉语普通话?

张：因为我是艺术类院校毕业的，所以村子里面办喜事的时候，也会受到邀请去主持婚礼，在这种情况下，我会使用汉语普通话。还有出去演讲的时候，我也会说汉语普通话。

22.你主持过村里的婚事，那你有主持词吗?

张：我的主持词都大同小异，我们只是主持文艺。

23.你觉得说汉语普通话别扭吗?

张：不别扭。

24.你认为会说苗语对找工作是否有一定的帮助?

张：有很大的帮助。

25.你觉得是对你自己有帮助还是对你的孩子有帮助?

张：对我有帮助，对孩子也有很大的帮助。就像我刚才说的，有些老人根本听不懂汉语，我们如果要宣传政策或开展什么工作，我们就用苗语和他们进行交流。

26.我知道大箐小学一直是双语教学改革的示范小学，你觉得还有必要在学校继续设置苗语选修课吗？

张：我觉得有必要。看现在的社会发展和出现的现象，以后这些孩子可能苗语是什么、苗文是什么都不晓得了。

27.你觉得有必要保护苗语吗？

张：非常有必要。

28.你预测苗语未来的发展会怎么样？

张：根据现在小孩子的情况，包括我们这一代，苗族文字我们都不熟，以后他们可能连自己的民族文字都不晓得。随着他们每个人都在学习汉语普通话，汉语方言讲得越来越少，苗语讲得越来越少，以后苗语可能都不会讲了。

29.你认为我们应该如何保护苗族语言和文化？

张：从小让孩子多学习，多举办培训班。让孩子学习苗文，我们也可以组织孩子学习苗族文化，开设培训班，让更多的苗族孩子来学习苗文。多举办这些培训可能才传承得下去。

30.未来你孩子的后代不会讲苗语了，你的态度如何？

张：在我还能传承苗语的时候，我希望他们能多讲苗语，多一种语言始终是好的。

31.你会教你的孙子讲苗语吗？

张：我还是会教的，也希望他们都会讲。

六、大箐小学校长王自祥访谈录

访谈对象：王自祥，男，49岁，苗族，仁兴镇大箐村委会大平地村人，大专毕业，大箐小学校长

访谈时间：2023年5月4日

访谈地点：大箐小学办公室

1.你好，请你简单介绍一下你的个人经历。

王：我12岁读完小学六年级，后来在仁兴中学读了3年初中。我填报了志愿，被楚雄师范学院录取，读了4年后毕业。我毕业后在大坝河、大箐的广地山、革里五七中学烤酒基地、革里小学待过，2009年左右回来之后，就一直在大箐直到现在，现在被上级安排担任校长。

2.请你说一说你的个人语言使用情况的变化和感受。

王：我工作了29年，快50岁了。因为苗语是自己的民族语言，从小就讲，这辈子是丢不掉的，但是我感觉苗语的很多规范化的语言自己掌握不足，之前自己说得也不标准。我都是通过后期的培训和学习才更加规范了我的苗语。有的语言之前本来不是这种说法，只是后期人们在使用过程中逐步改变后才这么说。

3.你的子女会讲苗语吗？

王：两个都会讲的。大的这个专科毕业，小的这个现在读一年级。我们这里，基本上都是用苗语对话才显得有礼貌。

4.你认为会说苗语对找工作是否有一定的帮助？

王：我觉得目前这个政策，其实会不会说民族语言都是一样的。简单来说，云南民族大学办的苗语班，好多学生毕业后也找不到工作，从事业单位和公务员这块来说，这些学生的专业是受限制的。现在，基本上县级以上的事业单位都招硕士以上了，招本科的也有，但专业对口的很少，所以，他们的学生毕业后也不好说。所以，我觉得懂少数民族语言和不懂少数民族语言是一样的。

5.大箐小学有除了苗族以外的学生吗？

王：基本上没有。有些学生的爸爸是汉族或者妈妈是汉族，但是孩子的户口都是苗族。

6.苗族学生在校期间主要讲什么语言？

王：现在我们校园内基本是以汉语普通话为主，没有去上学前班的孩子在家里面都是讲汉语普通话了，因为他们从手机和电视上都是学习汉语普通话，但是听不懂汉语方言。包括我们的学生，讲汉语方言他们都听不懂了，大多数三年级以下的学生，交流都是用汉语普通话。

7.学校允许学生之间在校园内讲苗语吗？

王：讲的，他们会自己讲的。但是现在的孩子讲苗语，很多词都是用汉语来替代了。比如，"垃圾"这个词，现在的孩子不知道用苗语如何说，而是直接习惯性地说"垃圾"。

8.你认为允许学生在校园内讲苗语和国家在学校推广汉语普通话之间有冲突吗？

王：这个东西要一分为二地来看，学习了汉语普通话不影响学生用苗语交流。包括我们老师在内，进教室和学生对话基本是用汉语普通话。苗语其实是学生在家和父母交流自然学会的，丢不掉。学生在学校很大一部分还是用民族语交流。

9.你认为学生学习成绩的好坏是否和自身的语言能力有关？是不是汉语普通话越流利，学生的学习能力就越强呢？

王：感觉不太明显。我们感觉主要是从写作文这块可以反映出一些问题。我们苗语的语序有一些和汉语是相反的，孩子在用自己苗语的语序和使用习惯去思考这句汉语应该如何说如何写，所以学生写出来的句子很多都是反的。所以我们改作文时候，也会发现很多句子是颠倒的，但是按照学生的思维或者说苗语的思维来说是非常正确的。

10.学生的这种思维是否对英语学习有促进作用？

王：因为我们小学英语学得很简单，所以语序这方面几乎不涉及。

11.你觉得有必要保护苗语吗？

王：我觉得还是要靠各方面的努力，尤其是要靠父母亲了。要靠其他民族来帮助你保护自己的语言是不可能的，就是要靠自己的民族。靠这些有知识有文化的人提出来，不是说提出方案也不是说倡议，而是让这些父母亲自己教孩子。一个民族的语言只有在一定的环境中才能学会，假设我的孩子被我带到城里面去住，我要把苗语学习强加给他的话，他也学不会，因为环境已经不是那个环境。所以，很多苗族的父母亲到城里面找工作或者其他，孩子也就不会苗语了。

12.如果你的孙子以及他们的后代不会讲苗语了，你的态度如何？

王：这个事情要一分为二地来看，看他在什么地方生活，假设真的生活在没有苗族居住的地方，父母亲也有义务教自己的孩子一些常用语。如果不教，应该也无所谓了，因为生活在那个环境，接触的是那个环境的人，但最好还是可以传承下去。如果真的没有传承的条件，也就只能如此了。

13.未来你的子女不教你的孙辈学习苗语，你会教吗？

王：如果他们在城里生活的话，我跟着他们生活，我也会教的，但是估计也学不了多少了。

14.你听到过村内的苗族和自己的孩子讲汉语普通话吗？

王：有的。出去城里面生活的这些人，回来的好多不讲苗语，包括我带我的孩子去昆明，我都和他们讲汉语普通话的。在街上走着也会讲汉语普通话的。

15.在村里生活的孩子，是否出现只会讲几句苗语常用语的情况？

王：没有。他在这里生活，不用出去很远，在本地的苗族都会讲苗语。

16.苗族在家庭内部是否会直接使用汉语而不是苗语？

王：不会。都是同一个民族的情况，在家里都是只会使用自己的母语来交流。

17.你们学校的双语教学一直很有特色，你如何看待云南省的双语教学？

王：我认为云南省的双语教学要形成自己的一套理论是非常难的，虽然要靠大学的这些教授来研究，但是没有真正形成自己的体系。

后　记

　　本书是笔者在华中师范大学语言研究所攻读博士学位期间所写。2020年，笔者初步把毕业论文题目定为《西南彝族、苗族聚居区语言生态及和谐语言生活可持续发展研究——以云南省楚雄彝族自治州为例》。随着论文写作的开展及田野调查的深入，发现一篇博士论文难以容纳如此丰富的内容，最终决定博士毕业论文仅涉及云南彝族密岔支系语言生态研究，后经多次修改，本书则从彝族、苗族族群入手，探讨西南少数民族语言生态。

　　2020年12月至2023年5月期间，为了顺利完成毕业论文写作，收集到有价值的第一手语言研究资料，笔者多次抵达云南省禄丰市、武定县、禄劝彝族苗族自治县、富民县等地的各少数民族聚居村落进行田野调查。调研过程中发现，彝族密岔支系是云南彝族中人数较多、居住地偏远、民族人口分散、语言文化保持良好但受外界关注较少的一个族群。有关密岔支系这一族群的国内外研究成果不多，研究其语言、文化等意义重大且势在必行。云南省的武定县、禄劝彝族苗族自治县、禄丰市和富民县，"大分散、小聚居"着众多的彝族和苗族。这些彝族和苗族一般由几家、十几家或几十家形成一个村寨，大都居住在海拔两千米以上的高山，只有少数居住在平坝地区。其中，作为调查地的禄丰市仁兴镇，该镇管辖范围内的大箐村委会，是楚雄彝族自治州一个苗族聚居村委会。大箐村委会的苗族沿山而居，刚好位于禄丰、武定、富民三县（市）交界，素有"一村连三县"之称。大箐村委会既是乌蒙山余脉与罗次坝子东北面青山山脉的接合部，又是乌蒙山与哀牢山分界线上的一个行政村。从大菁村遥望，便是一望无际连绵起伏的群山。长期以来，群山之间的彝族和苗族因道路等原因，缺乏与外界的沟通。然而，近十多年来，随着社会的发展和人民生活水平的提高，政府全面推进少数民族聚居村落的乡村道路硬化工程，民族与民族之间的互通和交融更为频繁和密切，原有的语言生态势必正在发生和即将发生天翻地覆的变化。因此，研究该地区彝族和苗族的语言生态问题显得十分有必要。

本次语言生态调查地仁兴镇苗族聚居村大菁村、彝族聚居村马鞍桥村及彝语转用汉语的彝族聚居村绿竹园村独特的区位优势和彝族、苗族聚居特点，加之云南北部和东北部地区彝族和苗族"大杂居、小聚居"的民族分布现状，使得这些散落在群山之间的彝族和苗族聚居村落和连同其他县的苗族、彝族聚居村落形成了"以点到面"的较大范围的彝族、苗族聚居村落景象，这种特殊的彝族、苗族分布状况在云南省乃至整个西南地区都非常典型。除此之外，笔者是调查地仁兴镇绿竹园村人，从小熟悉当地风土人情和民族、语言分布情况，也有很多亲戚和朋友能够提供帮助。因此，我们的田野调查开展得还算顺利，也收集到了大量的云南农村地区的彝族、苗族语言文字和文化方面的一手资料，最后决定撰写成书，刚好可以作为博士毕业的科研成果之一，两全其美！

这里，我要特别感谢我的导师冯广艺教授。4年来，导师从来不嫌弟子愚笨，也充分理解迈入不惑之年拖带两娃的我。导师渊博的知识、令人称道的学术精神和崇高的师德风范经常在我犹豫困惑时给予我无声的鼓励。无论是期刊论文的写作，还是毕业论文、学术专著的撰写，导师都会从题目、框架、研究方法、逻辑思维、字句表达等方面给予耐心引导和修正。说真的，我时常感觉有愧于导师的培养！借此机会，我要再次感谢我的导师冯广艺教授对我的体谅和宽容，我将终身感谢，永不忘师恩！

同时，衷心感谢华中师范大学语言研究所邢福义教授、汪国胜教授、匡鹏飞教授、姚双云教授、谢晓明教授、苏俊波教授在课堂内外的指导，使我受益匪浅；感谢朱芸、龚睿等老师在我学习期间给予的帮助；感谢我的舍友班曼、谢易延和侯小华博士，我的同学刘红原、郑亚豪、李忠亮、周福雄、王飞、孙少波、李海燕、田密、李盖玛吉、郁可唯博士的陪伴；感谢楚雄师范学院党委、楚雄师范学院语言文化学院领导及同事对我的支持；感谢仁兴镇党委、政府各班子成员、仁兴镇文化广播电视服务中心主任张云福、仁兴镇宣传办负责人张治元、绿竹园村民张继科和李太兴、马鞍村委会书记张自堂、马鞍小学校长薛勇、马鞍桥村村民刘赐映、大箐小学校长王自祥、大箐村委会书记袁正光、大箐村委会副主任张丽苹、革里村委会书记饶家祥等人提供的材料和支持；感谢我所有的被调查对象；感谢我的闺蜜周敏博士，十多年来我们始终并肩前行；感谢我的家人，尤其要感谢我的母亲李兰芬女士，母亲十年如一日帮我带娃，付出了无数的爱和关怀；感谢我的父亲张继科同志，我的每一次入村、入户调研都有他的各方协助，调研中的每一张出镜照几乎都是由他所拍。是我求学路上的所有老师、同学、同事、家人和朋友们的帮助和支持，才让我一路走到今天！

张春艳

2023年7月于楚雄市雁塔山